JN268939

東南アジア諸国の国民統合と教育
―多民族社会における葛藤―

National Integration and Education in Southeast Asian Countries
:Conflict in Multi-ethnic Societies

村田 翼夫 編著

東信堂

1998年9月7日、ジャカルタ。スハルト大統領から政権を
引き継いだハビビ大統領に対する学生の抗議デモ。

写真は©ロイター・サンより提供

序──国民統合と教育の新たな諸相

東南アジアの教育──民族、国家、共同体

　東南アジア諸国は戦後、国民学校制度を整え、学校教育の普及や質の向上に努めてきた。初等教育はかなり普及した国が多いが、いまだ不十分な国もみられる。中等教育レベルの普及となると、これからの課題であり、タイやインドネシアでは、近年、前期中等教育の義務化に努めている。教育普及と共に、東南アジア諸国にとって大きな悩みの種となっているのは、国民統一性の脆弱さということである。それが教育に大きな影響を与えている。

　東南アジア諸国は多民族国家であり、一つの国に言語・宗教、文化の異なる多様な民族が生活している。また、殆どの国は西欧の植民地支配を受け、民族や社会階層が分断された歴史を有している。植民地支配の影響もあってそれらの国は文化の異なるコミュニティが併存する多文化社会から成っている。戦後あるいは近年にも、民族が対立して紛争を引き起こしたこともあるし、多数派民族の支持によって維持される政府に反発して少数民族が分離・独立を図る運動もみられた。スリ・ランカにおけるシンハラ人とタミル人の争い、マレーシアにおけるマレー人と華人の衝突等は前者の例であるし、後者の例としては南タイのマレー系イスラーム教徒のタイからの分離運動、ミャンマーのカレン族による政府に対する分離・独立運動やミンダナオ島のイスラーム教徒であるモロ民族解放戦線等のフィリピン政府への分離・独立運動等がある。近年では1998年のタイに端を発した経済危機に伴ってインドネシアにおいて華人住民に対する攻撃、その後東ティモールの独立、イスラーム教徒とキリスト教の対立紛争等が相次いで発生した。

　独自のエスニシティをもった民族は、その文化を保持するために、固有の言語、宗教、文化の教育に力を入れる。それは、しばしば私立の民族学校や、宗教学校、学校外の宗教・言語教育の形態を取っている。筆者が1995年にタイの私立学校を訪問したとき、ある華人学校で、校長先生が「華語を教える

時間が1日に1時間しかとれず、実力がつかない。せめて2時間教えられるように願っている」と政府の厳しい規制を嘆いていた。南タイの私立イスラーム学校を訪ねると、従来、イスラームのみを教えていたのに、数年前から文部省カリキュラムに従い普通教科も教えるようになっていた。イスラーム教の授業には、コーラン学習やイスラーム教の歴史以外にアラビア語、マレー語（ジャウィ文字を含む）も含まれる。それに加え、普通教科を学習するわけであるから、2つの学校に通うのと同じこととなり、その学習量の多さは、生徒にとって過重負担になっている。暑い気候、冷房もない校舎での午後の授業では疲れから居眠りしている生徒も見かけた。生徒達に「将来、留学したい国はどこですか」と尋ねると、サウジアラビア、マレーシア等のイスラーム教国の答えが多く、同じイスラーム教徒同志の結びつきの強さを感じた。

同年にマレーシアでは、クアラ・ルンプールとイポーにおいて私立の華文独立中学を視察した。そこでは国立中等学校と全く違う3－3制を採用し、教授用語は華語、カリキュラムも独自なものであった。その時、校長は「正式な私立学校として認可されていないのが残念である。卒業後、マレーシアの大学へ入学できないので、大学入学希望者は、香港、台湾、日本の大学へ留学する者が多い。シンガポールで華語を教授用語とする南洋大学が廃止されたことは大変残念に思っている」と話していた。

上述のような私立学校において、独自の民族語、民族文化あるいは宗教教育を行っている学校が東南アジアでは多く見受けられる。しかもそれらの学校は政府から時には厳しい規制を受け、自由な教育ができずに苦悩しつつ、許容範囲内において各種の工夫を行っている。華人、マレー系イスラーム教徒、あるいは他の少数民族等は、民族、移民集団のエスニシティの保持、あるいは彼らが帰属する共同体の維持発展のために、このような宗教・民族教育を存続させているのである。

国家がその安定と発展を期すためには、国民の統一を達成することが重要な条件となる。ナショナリズムはその典型的な現れであって、その際、政府は多文化社会を共通な言語、法律、または宗教、道徳等によって国家単位に統一しようと国民教育に力を入れる。国民に共通な言語、文化を身につけさ

せる手段として教育を重視し、国家統一の求心力を生むモーターの役割を担わせようとする。

近年、トランス・ナショナルな動きやグローバリゼーションの影響が強まり、またアセアン（ASEAN）加盟国の増大にみられるような地域統合の傾向に拍車がかかり国家を相対化する動きもみられる。確かに、環境問題が広がり、情報化の進行に伴い東南アジアにおいても国境を越えて問題が処理されることは増えている。しかし、東南アジア諸国のように、国民の統一性が脆弱な国家にとっては、多様な民族を抱える多文化社会の存在は、不安定要素の内包をも意味する。実際に、今日でも、上に述べたミャンマー、スリ・ランカ、インドネシアのケース等のように、民族間の紛争が国家の安定を揺るがしている国もみられる。このような国々にあっては、トランス・ナショナル、グローバリゼーションや地域統合の進展があれば、なお一層、国家の枠組みを見直し、再強調する傾向も窺われるのである。

それ故、東南アジア諸国は国民性の強化を求めて、国民統合のための教育を重視しているのである。しかし、その方法となると、いかなる国民統合政策を採るか、教授用語はモノリンガルかバイリンガルか、宗教について国教主義か政教分離主義か、宗教と道徳は統合させるか切り離すか等によって異なってくる。その上、各国の植民地支配の経験、独立の経緯、主要民族と少数民族の構成と関係、国家体制等も大きく作用するであろう。近年、シンガポールやタイのようにグローバリゼーションの影響による西欧的価値の浸透に対応してアジアの共通価値や伝統文化を重視する国もある。

また、東南アジア諸国でもマイノリティ（先住民族を含む）の文化を尊重していこうとする動きもみられ、それに伴ってマイノリティの母語や宗教に配慮した教育も行われるようになってきた。そのようなマイノリティ文化を含めた多文化尊重の動きは、国民統合政策にも少なからぬ影響を与えている。

本書の目的は、第一に東南アジア諸国における多様な民族、言語、宗教、文化の実態、および各国における多様な文化を反映した現代教育の実情を明らかにすることである。第二は、東南アジア各国にみられる多様なエスニシティの存在と国民統合の関係に焦点を当てて、国民統合を達成して行く過程で生じる葛藤とその課題の解決における教育の役割について考究することで

ある。第三に、東南アジア諸国共通にみられる教育を、国の枠を越えた横断的な共同体、例えば英語圏、華人ネットワーク、キリスト教やイスラームといった宗教圏等を通して検討することである。それら外文明の共通な影響を受けた内世界の教育が、異なる地域文化や国家政策によって異質な特色を帯びることを明らかにする。第四に、東南アジア諸国の教育と日本の教育の関係についての検討である。近年、日本の東南アジア諸国への協力・援助は経済分野にとどまらず、教育・文化の面でも活発化してきている。日本の東南アジア諸国への教育協力・援助の実態とあり方を分析することにより、東南アジア諸国に対する日本の役割ならびに東南アジア諸国と日本の共生の方法を得る手がかりを探ろうとするものである。

この『東南アジア諸国の国民統合と教育』は、第一に、1980年代の終わりから1990年代の初めにかけて行った東南アジア諸国における多文化と国民教育に関する一連の研究の成果に負っている。主な研究プロジェクトは、「第三世界の国民統一と宗教・道徳教育」(東南アジアはタイ、インドネシア、マレーシア、フィリピンを対象)、「東南アジア諸国における多文化と国民教育」(タイ、インドネシア、マレーシア、シンガポール、ミャンマー、スリ・ランカ、インドを対象に多文化状況と国民統合を図る国民教育の関係を研究)、「東南アジア諸国における多言語社会と教授用語—国民統合政策との関連を中心として—」(前項の対象国以外にフィリピンを加えて言語教育の歴史と現状を分析した) 等であった。第二に、国際教育交流・協力に関する分析では、最近、日本比較教育学会のメンバーが中心になって行った文部省科学研究費研究 (1997-99年度)「アジア諸国に対する日本の教育の影響に関する実証的比較研究」の成果も踏まえている。本書は、これらの研究プロジェクトのメンバーが中心になって構想を練り、新たな情報を加えつつ内容を検討したものである。同研究プロジェクトに積極的に参加していただいた方々に厚く御礼を申し上げたい。

本書の概要

第1章において東南アジアの多文化状況と国民統合状況の背景を概観した。第1・2節では、東南アジアにおける多様な民族、言語、宗教の分布状態を概観し、その社会における多元性温存のパターンとしてヌガラ型国家、植民地

下の複合社会に分けて多元性の歴史的由来を説明した。その上で、近代国家の多元性克服のための政治経済体制や政策の傾向を概説した。

　第3節では、東南アジア諸国にみられるナショナリズムの特色を、伝統的国家、独立国家、経済発展後の国家に分けて記述し、そのナショナリズムが多文化社会において国民統合の観点から有する意義について述べている。

　第4節では、前節を受けて、東南アジアの多文化社会と教育の関係を分析した。まず、社会的多元性と教育の関係を伝統的ヌガラ型国家、植民地下の複合社会、独立後に分けて各国別に概観した。次に、ナショナリズムと教育の関係を伝統的国家、独立後および開発独裁下の国家、現代国家の順に特色をもつ個別の国の例を挙げつつ記述した。国民統合と教育の関係を大陸部の「中央－周辺型」と島嶼部の「均衡多元型」に分けて整理し、それらの特色を述べた。

　第2章では、東南アジア各国における多文化状況と国民教育の実態ならびに関係を記述した。各国共通に述べているのは、まず、存在する民族、彼らの使用する言語、信仰する宗教等の多文化状況である。次に、国民教育制度の特色として、学校制度、共通カリキュラム、公的試験、教授用語、言語教育、国家原理の教育等が言及される。それらと関連して多文化と国民教育の葛藤状況を、少数民族の教育、私立学校、ノンフォーマル教育、言語教育、宗教・道徳教育の状況あるいは国民アイデンティティと民族アイデンティティの関係や伝統教育と近代教育の関係等に焦点を当てて論じている。

　取り上げた国は、タイ、インドネシア、マレーシア、シンガポール、フィリピン、ベトナム、ミャンマー、スリ・ランカの8か国である。ミャンマー、ベトナム、スリ・ランカの教育はあまり知られていなくて興味深い。

　第3章では、東南アジア共通にみられる教育が、各国においていかに対応されているかに注目し、各国間の対応の類似性と相違性を明らかにしようとした。

　第1節の英語教育では、タイ、マレーシア、シンガポール、フィリピンの4か国を例にして、英語の使用環境、英語教育の実情と問題点を明らかにした。4か国の共通点としては、初等教育レベルから開始しているが、開始学年、授業時間数は異なっている。シンガポールとフィリピンでは教授用語に

もなっている。各国において英語使用者の社会的地位は高く、英語能力は社会的地位上昇の手段として有力視されている。

　第2節の華語教育では、インドネシア、タイ、シンガポール、マレーシア、フィリピン、ベトナム等多くの国において華僑学校、華人学校が設立されてきたが、各国共通に排斥の対象となり政府の規制を受けたことを指摘する。しかし、規制の方法は各国によって異なっている。また、近年の華語教育に対する規制緩和の動向についてもアジアの国際政治、経済危機、社会不安等の背景から考察している。

　第3節はイスラーム教育である。インドネシア、マレーシア、タイにおけるイスラーム教育の特色と相違を解明した。マレーシアではイスラームは国教であり、学校のカリキュラムにイスラーム教育が正式に取り入れられた。インドネシアでは、イスラームは5つの宗教の1つとして学習する。普通学校（スコラ）とイスラーム学校（マドラサ）が二元的な制度として成立している。タイでは、南タイに多い私立イスラーム学校が、政府の規制を受け、普通教育も教授するように変化していることを明らかにした。

　第4節はキリスト教教育である。東南アジアへキリスト教が入ってきてミッションスクールが設立された経緯を述べた。そのミッションスクールの普及ぶりや役割の国による類似性と相違性を明らかにしている。同スクールは、フィリピン以外の地域には仏教やイスラームなど既存の宗教があってあまり普及せず、キリスト教関係の影響は周縁的なものにとどまった。しかし、タイ、マラヤ、インドネシア等において近代学校のモデルとされた。また、各国の国民教育制度が整備されると共に、ミッションスクールはカリキュラムや教授用語の規制を受けつつも私立学校として存続してきたことを指摘した。

　第5節は少数民族教育についてまとめた。東南アジアの大陸部に焦点を当て、国境を越えて移住する少数民族の状況と各国の少数民族政策、教育政策、および少数民族の対応を概観している。取り上げた国は、ミャンマー、タイ、ベトナム、ラオスである。特に山地民の言語・文化の保持と国民教育の関係の相違性を比較考察している。

　第4章において東南アジア諸国と日本との間の教育交流・協力の関係を検

討した。

　第1節では、国際教育協力における日本の役割を論じた。東アジア諸国が1965-90年間に持続的な経済成長を達成したのは、主に基礎的条件の整備、物的・人的資本の蓄積、および教育・訓練制度の発展によった。1990年のジョムティエン会議以来、教育協力の焦点は基礎教育におかれている。日本は南西アジアやアフリカの途上国に対しては基礎教育の質の改善に取り組むべきである。他方、東アジア諸国に対しては、中等教育の拡充、リーダーや民間人材の育成、留学生支援等への協力が必要であることを強調している。

　第2節は、東南アジア諸国と日本との高等教育交流を取り上げた。日本では、東南アジア諸国との高等教育交流が活発化している。この節では日本における留学生ばかりでなく研修生にも配慮して、その受け入れ状況を概観し、日本が国際的責務を果たすための課題について述べている。特に大きな課題は、国際的な援助・開発に従事できる人材の養成である。

　第3節は、東南アジア諸国における日本語教育の援助を論じた。まず、東南アジア諸国における日本語学習者数の増加傾向とわが国の日本語普及への援助事業を示した。そして従来の日本語教育には東南アジアの民族や文化を視野に入れた研究や実践が行われてこなかったことを指摘し、今後は、東南アジアの多民族社会で通用する実用的な日本語教育を行っていく必要性を強調している。それは、日本語を非純粋化し、国際語への方向を目指すものであるといえよう。

　第5章は、東南アジアにおける多文化と国民教育の関係を第2章、第3章で分析された国別、課題別状況を踏まえてまとめたものである。第1節では第1章の多文化と国民教育に関する記述から、共通にみられる項目を挙げ、東南アジア諸国における民族と教育、とりわけ多文化と国民教育の間の葛藤にみられる類似性を指摘し、その特色を概観した。共通項目は、伝統教育、植民地教育、国民教育制度、ナショナリズム、国民統合のための教育であった。第2節では、第3章で取り上げられた東南アジア共通にみられる英語教育、華語教育、イスラーム教育、キリスト教教育、少数民族教育、識字教育等について、各国の対応の類似性や、相違性について鳥瞰してみた。また、筆者が行ったタイ、フィリピン、マレーシア、インドネシアの高校生に対す

る調査の結果から共通の世界観、社会観を探った。第3節では、国民統合と教育のまとめとして、国民統合政策のタイプ、民族・国家・共同体における教育、教育作用の特色をみた上で、国民統合教育の葛藤状況と課題を指摘した。その際、エスニシティの保持、国家・地域開発、マイノリティへの配慮、民主化、グローバリゼーション、民営化、分権化等最近の各国共通な動きとの関係にも留意した。第4節において、近年における国際教育交流・協力の傾向として外国人研修生受け入れの増大や途上国の基礎教育に対する援助が重視されていること等を指摘すると共に、国際教育協力の課題を提示した。特に、東南アジア諸国を初めとする開発途上国の文化的、社会的背景への配慮の重要性を強調した。

　なお、本書は日本学術振興会の平成12年度科学研究費補助金「研究成果公開促進費」（一般学術図書）の交付を得て刊行されるものである。東信堂の下田勝司氏には申請用の書類作成や原稿の修正、調整等で大変お世話になった。心より感謝申し上げる次第である。また、文献整理や索引作成で協力いただいた鈴木康郎氏（日本学術振興会特別研究員）と鎌田亮一氏（筑波大学大学院教育学研究科院生）にも御礼を述べたい。

　　2000年12月

　　　　　　　　　　　　　　　　　　　　　　　　　　　村田　翼夫

東南アジア諸国の国民統合と教育―多民族社会における葛藤―目　次

序――国民統合と教育の新たな諸相 ………………………… 村田　翼夫 ……… i

第1章　東南アジアにおける多文化と国民統合 …………………………… 3
　第1節　民族・言語・宗教の多元性 ……………………… 小野澤正喜 … 4
　　1　言語の多元性(4)
　　2　生業・生活様式の多様性(6)
　　3　宗教の多元性(6)
　　　注(9)
　第2節　東南アジア社会の政治的多元性 ………………… 小野澤正喜 … 10
　　1　東南アジア社会における多元性温存のパターン①(10)
　　2　東南アジア社会における多元性温存のパターン②(11)
　　　――植民地体制下の二重経済と複合社会――
　　3　近代国家の成立と多元性の克服(11)
　　　注(12)
　第3節　多文化社会とナショナリズム ……………………… 小野澤正喜 … 14
　　1　伝統的国家においてみられたナショナリズムと
　　　　反植民地主義の抵抗運動(14)
　　2　独立国家におけるナショナリズム(16)
　　3　経済発展後の東南アジアにおけるナショナリズム(16)
　　4　国家の周縁部からのナショナリズムの台頭(17)
　　　注(18)
　第4節　多文化社会と教育 ……………………………………… 村田　翼夫 … 19
　　1　社会的多元性と教育(19)
　　2　ナショナリズムと教育(23)
　　3　国民統合と教育(29)
　　　注(30)

第2章　東南アジア諸国の民族と教育 ……………………………………… 33
　第1節　タ　イ ………………………………………………… 村田　翼夫 … 34
　　　――ラック・タイに基づく民族教育政策――
　　はじめに(36)
　　1　民族構成と多層文化(36)
　　2　タイのナショナリズムと教育政策(38)
　　3　多文化と国民教育(41)
　　4　教育改革動向(47)

x 目　　次

　　注(50)

第2節　インドネシア ……………………………… 西野　節男 … 52
　　──パンチャシラ教育の現実──
　　はじめに(54)
　1　多文化・多民族社会の現実(55)
　2　多文化と国民教育の葛藤(59)
　3　国民教育制度の現在(62)
　　おわりに(67)
　　注(68)

第3節　マレーシア ……………………西野　節男・杉村(高橋)美紀 … 69
　　──ブミプトラ政策と複合社会の教育──
　　はじめに(71)
　1　植民地時代の教育(72)
　2　独立後のマレー化政策と国民教育制度の整備(74)
　3　国民教育制度の現在と改革の方向性(79)
　　おわりに(82)
　　注(82)

第4節　シンガポール ……………………………… 池田　充裕 … 84
　　──"アジア的価値"を志向する教育──
　　はじめに──国民国家形成の基本原理──(86)
　1　シンガポールの多文化状況と教育の歴史的背景(86)
　2　多種族社会と国民教育の葛藤(90)
　　おわりに──「共有価値」の制定と「国民教育」再定位──(96)
　　注(97)

第5節　フィリピン ………………………………… 渋谷　英章 … 99
　　──ナショナリズム教育の模索──
　1　外来勢力による「フィリピン」の形成と
　　　民族的アイデンティティの模索(101)
　2　「新社会」建設と教育(105)
　　──マルコス体制下のナショナリズムと言語教育──
　3　エスニック・グループの言語と教育(107)
　4　「2月革命」と教育──民主化とナショナリズム──(110)
　5　フィリピンの経済的発展と国民統合(114)
　　注(115)

第6節　ベトナム …………………………………… 石村　雅雄 …117
　　──ドイモイ政策による民族教育──

はじめに(119)
1　多文化と教育の背景(119)
2　多文化と国民教育の葛藤(123)
3　まとめにかえて(127)
注(129)

第7節　ミャンマー …………………………………… 牧野　勇人 …131
　　　　――ビルマ化政策と少数民族教育――

1　ミャンマー連邦の民族・宗教・言語の多様性(133)
2　各時代の統治と教育の特色(133)
　　　――教授用語を中心に――
3　現在の教育制度とその特色(1962年～)(136)
　　　――ビルマ化政策の段階的実施からの転換と科学教育の重視――
4　少数民族の教育――キリスト教系カレン族を例として――(139)
おわりに(141)

第8節　スリ・ランカ ………………………………… 土屋　博子 …143
　　　　――民族紛争に揺れる国民教育――

はじめに(145)
1　スリ・ランカの教育の歴史的な背景(146)
2　学校教育の実情(148)
3　教育機会の均等化政策(152)
4　言語と国民教育の葛藤(153)
注(157)

東南アジア諸国共通資料 ……………………………………………159
　Ⅰ タイ王国(159)　Ⅱ インドネシア共和国(160)　Ⅲ マレーシア(162)　Ⅳ シンガポール共和国(163)　Ⅴ フィリピン共和国(165)　Ⅵ ベトナム社会主義共和国(166)　Ⅶ ミャンマー連邦(167)　Ⅷ スリ・ランカ共和国(168)

第3章　東南アジアの文化と教育 …………………………………171

第1節　英語教育 ………………………… 池田　充裕・手嶋　將博 …172
はじめに(172)
1　タイにおける英語教育の現状(172)
2　マレーシアにおける英語教育の現状(175)
3　シンガポールにおける英語教育の現状(177)
4　フィリピンにおける英語教育の現状(181)
おわりに(183)
注(184)

第2節　華語教育 ……………………………………… 杉村(高橋)美紀 … 185
　　はじめに(185)
　　1　華語教育の排斥(1970年代および80年代)(186)
　　2　華語見直しの動き(1990年代)(189)
　　3　まとめ――華語教育の変遷と華僑・華人の対応――(192)
　　注(193)

第3節　イスラーム教育 ………………………………………… 西野　節男 … 195
　　はじめに(195)
　　1　伝統的なイスラーム教育と近代学校(196)
　　2　独立後の国家形態とイスラーム教育の位置づけ(198)
　　3　イスラーム教育の改革(201)
　　4　ムスリムの社会進出と教育改革(206)
　　注(207)

第4節　キリスト教教育 ………………………………………… 渋谷　英章 … 208
　　1　東南アジアへのキリスト教の到来と
　　　　キリスト教ミッションの教育活動(208)
　　2　ミッションスクールの発展(210)
　　3　国民教育制度とキリスト教教育(212)
　　4　東南アジアにおけるキリスト教教育の意義(214)
　　注(215)

第5節　少数民族の教育 ………………………………………… 渋谷　　恵 … 217
　　1　東南アジアにおける民族分布の多様性と教育(217)
　　2　国境を越える民族と各国における少数民族教育政策(218)
　　3　政府による教育の普及と少数民族の対応(223)
　　注(225)

第6節　識字教育 ………………………………………………… 渋谷　　恵 … 226
　　はじめに(226)
　　1　東南アジアにおける識字の歴史(227)
　　2　国家の独立と開発のための識字――1945年以降の展開――(230)
　　3　統計資料にみる識字率の推移と問題点(232)
　　4　識字教育の課題(235)
　　注(236)

第4章　東南アジア諸国と日本の教育交流・協力 ……………………… 239
　第1節　日本の教育協力 ……………………………………… 豊田　俊雄 … 240
　　　　――理念と実態――

はじめに(240)
　1　アジアの経済成長とその要因(240)
　2　東アジアの教育開発(244)
　3　日本の教育協力(246)
　注(248)

　第2節　東南アジア諸国と日本の高等教育交流 ……… 山本　一巳 …249
　　1　留学生の受け入れと派遣(249)
　　2　研修生の受け入れ(253)
　　3　日本の国際的責務(255)
　注(257)

　第3節　東南アジアに対する日本語教育の援助 ……… 野津　隆志 …258
　　　　──今後の日本語普及のあり方をめぐって──
　　はじめに(258)
　1　わが国の日本語普及への援助事業(259)
　2　日本語教育における民族の不在(261)
　3　東南アジアの民族と言語教育(263)
　4　日本語の国際化(266)
　5　今後の日本語教育の課題(268)
　注(269)

第5章　東南アジア諸国の国民統合と教育 …………………………………271

　第1節　多文化状況と教育 ……………………………… 村田　翼夫 …271
　　1　植民地支配下の教育(272)
　　2　現代に生きる伝統文化・教育(277)
　　3　国民統合のための教育(278)
　注(281)

　第2節　共通文化と教育 ………………………………… 村田　翼夫 …282
　　1　共通文化と各国の教育の取り組み(283)
　　2　高校生の世界観、社会観(286)

　第3節　国民統合と教育 ………………………………… 村田　翼夫 …294
　　1　国民統合政策のタイプ(294)
　　2　民族、国家、共同体(296)
　　3　教育の作用──両義性──(299)
　　4　国民統合教育の葛藤と課題(300)
　注(307)

　第4節　国際教育交流・協力の意義と課題 ……………… 村田　翼夫 …309

    1　国際教育交流と協力(309)
    2　国際教育協力の課題(311)
     注(313)

文献目録……………………………………………………………314
  総論編 ……………………………………………………………314
    比較教育学(314)　国際理解教育(316)　異文化理解(317)　教育開発・教育協力(318)
  各国編 ……………………………………………………………319
    タ イ(319)　インドネシア(320)　マレーシア(321)　シンガポール(323)
    フィリピン(324)　ベトナム(324)　ミャンマー(325)　スリ・ランカ(326)

索　引 ………………………………………………………………327

東南アジア諸国の国民統合と教育
―― **多民族社会における葛藤** ――

第1章

東南アジアにおける
多文化と国民統合

第1節　民族・言語・宗教の多元性

　東南アジアは稀にみる多元性の世界である。多くの言語集団、民族集団が新たに発生してはそれぞれの固有の軌跡を描き続け、重層化された集団間の関係は日常的な人間関係に複雑な襞を織り込み続けてきた。本章ではそうした東南アジア世界の多元性を鳥瞰すると共に、そのよってきたる要因を文化、宗教、政治等に焦点をおいて考察することによって文化と教育を考えるための最初の手がかりの提示を行いたい。

1　言語の多元性

　東南アジア世界は大まかに大陸部と島嶼部に分けられるが、言語や文化を担った集団がいくつかの波をなして、大陸部の北方から島嶼部へと移動したことが確認できる[1]。まずプロトマレーの集団の流れが先行し（BC1000年紀）、次いでアウストロネシア系マラヨポリネシア諸民族の移動が始まり、島嶼部を経てポリネシアに向かって進んだ。原住民化したアウストロネシア系に遅れて、紀元後の東南アジア大陸部に台頭したのはアウストロアジア系諸民族であった。モン族、クメール族によって代表される有力な諸民族は農耕と交易に依拠する国家群を大陸部に成立させた。しかし10世紀を前後する時代より大陸部北方に台頭した新たな諸民族タイ族、ビルマ族等は、南下運動を開始し、アウストロアジア系諸民族に替わって国家を成立させる。更に16世紀以後の植民地主義の進展は、東南アジア世界の多元性にもう一段の攪拌を加えた。アウストロアジア系に属する中国人たちは華僑として、タミル系インド人たちは印僑として東南アジアの民族構成の重要な要素となっていった。植民地の労働者としての定着した時代から既に2-5世代を経ており、その同化の過程で都市部の民族文化の融合と民族間の統合を加速させたのは彼らであった。

上記のような民族文化史的な過程の結果として、現在の東南アジア世界には次に示すように多くの集団が共存している。
(1) **アウストロネシア以前の言語集団**（アンダマン語、パプア諸語）
主に狩猟・採集民として周辺地域に残存している。
(2) **アウストロネシア語族**（マレー・ポリネシア語族）
西部語派——インドネシア語派あるいはヘスペロネシア語派ともいう。フィリピン－インドネシア－マレーシアに分布している。
東部語派——オセアニア語派ともいい島嶼部から東進し、太平洋諸島にイモ農耕をもたらした。

アウストロネシア諸語を話す人口の殆どは西部語派に属し二億人を数え、東部語派諸語人口は約200万人にすぎない。西部語派はマレーシア、インドネシア等の主要民族となっている。
(3) **アウストロアジア語族**

アウストロアジア（南アジア）語族は東南アジア各地域に分布し、その生業も多様である。そのうちモン・クメール語派は採集狩猟民のピー・トン・ルアンやセマン、穀物焼畑耕作民のラメート族、ワ族、平地水稲犂耕民のモン族、クメール族、ベトナム族等を含んでいる。そのうち政治・文化的に重要なのは、モン・クメール語族に属するクメール語（カンボジア語）、ベトナム語、モン語であり、モン語は古く栄えたモン族の言語として、ミャンマーとタイとに文化的に大きな影響を与えた。
(4) **シナチベット語族**

このうちチベット・ビルマ語派は中国西南部からチベットを起源地とし、ピュー族、ビルマ族、タイ族等を含んでいる。西はインドのカシミールから、チベット、中国大陸を経て、東の台湾に及び、北は中央アジアにわたる広大な地域に分布している。中国語、インド系諸語の影響下に古くから文字を有する言語も多いが、西欧植民地体制下で殆どの言語は文字言語となった。大まかな分類では、東の地域に分布するシナ・タイ語派と西の地域のチベット・ビルマ語派に分けられる[2]。
(5) **タミル語系**

インド亜大陸南部に住むドラヴィダ人の主要言語の一つであり、マレーシ

ア、インドネシア等に移住した集団によって話されており、文字言語となっている。

2 生業・生活様式の多様性

次に文化の根幹である生業による分布をみていこう。この面でも多様性がみられる。採集狩猟民文化から高文化にいたる様々な生活様式が存在している。

採集狩猟民としてはアンダマン諸島民、マレー半島のセマン族等ネグリトと総称される諸民族のほか、北タイからラオスにかけてのピー・トン・ルアン族、ボルネオのプナン族がある。またマレー半島南端からインドネシア、フィリピン南部に広く分布し、漁撈に従事する漂海民（モーケン、オラン・ラウト等）がいる[3]。

農耕民は大きくみて次の3種に分かれる。
① 穀物栽培を行わず、タロイモ等のイモ類と果樹を栽培する人々で、東南アジア島嶼部の東西の周辺部に分布している。
② 焼畑耕作により、穀物栽培に従う人々で、東南アジアの山地民の多くはこのカテゴリーに入る。陸稲が主たる作物となっている。数年単位で耕地を移動させている。
③ 平地の水稲耕作民で、大陸部の大河川流域やとジャワ島等の島嶼部に、国家をつくりあげた民族によって担われた。

②、③の境界は流動的で歴史的に山地民の平地民化、平地民の山地民化が繰り返されてきた。

マレーシア、インドネシア、フィリピンには、海岸に居住し、農耕と漁撈も併せ行う集団もいる。

3 宗教の多元性

文化の多重性の内でも宗教における多元性は顕著である。その中でも大陸部に伝わった上座部仏教と島嶼部に伝わったイスラーム教は最も重要である。

(1) 仏　教

　東南アジアへの仏教の伝来は紀元前にさかのぼり、記録や遺物によって南方上座部仏教と大乗仏教が重層的に伝播したことを確認できる。更に他宗教との競合関係の中で複雑な宗教習合をみせており、各地の仏教の実態は多様である。ジャワ仏教はのちにシバ教と混交してマジャパイト王朝下で発展したが、15世紀以後イスラームの圧力下で消滅した。スマトラ島の仏教は14世紀後半まで存在したが、これもイスラームの到来に伴って消滅している。

　大陸部では 1 世紀から 7 世紀までインドシナ半島南東部の扶南に仏教が伝播した。6 世紀の真臘では大乗仏教が受容されていた。9 世紀に成立したアンコール王国ではヒンドゥー教と大乗仏教の習合がみられ、アンコール・ワット等多くの仏教遺構を残した。ミャンマーでは 3 世紀ころから 9 世紀にかけて台頭したピュー国で上座部仏教と大乗仏教の共存がみられた。現在、ミャンマー、タイ、ラオス、カンボジアでは上座部仏教が国家宗教的な地位を確保している。その中でも19世紀中ごろよりタイのタマユット派のように原理主義の方向を目指すものの台頭がみられる。近年、山地民への布教が各国で活発にみられる。他方東南アジア各地の華人によって中国系の大乗仏教が維持されている[4]。

(2) イスラーム

　中東を起点に広まったイスラーム世界の拡大は聖戦（ジハード）の形をとることが多かったが、東南アジアでは別の形をとった。ムスリム商人たちは、東南アジア地域に進出し、湾岸都市を異教徒改宗の拠点とした。更に現地の首長のイスラーム化、または自らのスルタン領の確立を進めた。神秘主義教団が相次いで設立され、13～14世紀までには、宗教学校のネットワークが張り巡らされた。このような神秘主義教団の努力によってインド亜大陸と東南アジア島嶼部のイスラーム化が進められた。東南アジアのイスラーム教徒の数は現在、約 1 億 8 千万人と推定されている。インドネシア人口の88％、マレーシア人口の50％が突出しているが、ミャンマー、タイ南部、フィリピン・ミンダナオ島等にも分布がみられる。マレーシアのブミプトラ政策のようにイスラーム国家によるイスラーム教徒の優遇策がみられ、他の宗教集団との摩擦が生じている。一方、仏教国家タイにおけるイスラーム系マレー語地域

の分離独立運動や、キリスト教国家フィリピンにおけるモロ解放戦線の独立闘争のようにイスラーム集団を軸にした民族問題は引き続き緊張状態にあり、国際的なイスラーム教徒のネットワークによる支援活動も行われている。

(3) キリスト教
① カトリック

フィリピン人口の85％を占め、ベトナムでも多くの信者数を有する等、東南アジア各地に広く分布している。布教の歴史は16世紀にさかのぼることができる。植民地主義時代、ポルトガル領とスペイン領は1529年に制定されたサラゴサ条約の境界線をはさんで東南アジアの植民地化を競ったが、現地社会のキリスト教化は植民地経営の重要な要素だった。次いでフランスの植民地主義への参入に伴ってカトリックの布教活動は多様化した。大陸部山地民族はカトリック布教の重要な対象とされ、山地民族の言語のローマ字表記法の確立においてカトリック集団は大きな貢献をしている。

② プロテスタント

フィリピン人口の3％がプロテスタント系であるほか、ベトナムでも14％を占めている。プロテスタントの土着化としてはフィリピンのイグレシア・ニ・クリスト派が挙げられ、土着化したカトリック系（フォーク・カトリシズム）と拮抗している。またバプティスト派その他は山地民への布教を1世紀近くにわたって進めている。ビルマのカレン族、タイのラフ族、インドネシアのバタク族への布教が特筆される。また東南アジア華人の中でも一定の勢力を占めてきたが、近年都市部の若い世代を中心に信者数をのばしている。

(4) ヒンドゥー教

紀元前後以来のインド系の交易活動が東南アジアで活発になる中でヒンドゥー教の布教がみられた。古代ヒンドゥー教の発展を現在に残すものとしてインドネシア・バリ島の300万の信者を挙げることができる。近代ヒンドゥー教の拡大は植民地体制下の労働移住とインド系の商業活動の展開に伴って進められた。マレーシアを筆頭にタミル系等のインド系住民（印僑）の中に多くの信者がみられる。また、タイ等のインド系の一部はシーク教徒であり、ヒンドゥー教徒と対立競合している。

（小野澤正喜）

注
1) 東南アジア民族の移動史については、1920年代以後ドイツ、オーストリアで確立した歴史民族学派の伝播主義的研究の中心テーマとなり、文化要素の地域的分布を基礎とする検証が進められた。石斧の形式を指標としたハイネ=ゲルデルン（R. Heine-Geldern）の研究等は大きな貢献をなした。
2) 言語の系統については、次々と旧説が覆される過程が進んでいる。大陸部全域に分布するタイ系諸族についても、近年はシナチベット系とは区別してカダイ系に分類する説が有力になっている。
3) これら少数民族の呼称については、植民地時代の蔑称を起源にしている問題、語族、人種レベルの混乱等が問題視され、それぞれの民族の自称を使用する方向が強まっている。一方、マレーシアのようにイスラーム化していないマレー系をオラン・アスリ（原住民）としてまとめていく行政的動きもみられる。
4) 東南アジア大陸部の仏教化の流れは、モンクメール時代は大乗系（クメール族）、上座部系（モン族）の混在の状態が続いたが、10世紀以後、タイ、ミャンマー等の王国による上座部系の採用以後、上座部系への一元化が進み、現在みられる分布がもたらされている。考古学資料と基層文化に関する民族学研究によって歴史的重層関係が明らかにされている。

第2節 東南アジア社会の政治的多元性

1 東南アジア社会における多元性温存のパターン①

　伝統的な東南アジア各国では、ヒンドゥー的世界観に基づく国家が成立していたが、その支配体制は中央集権的なものではなく、従属地域の半独立性と民族文化や宗教伝統の保持を容認する緩やかなものであった。これらの国家の基礎をなす単位は首長国または小国家と呼べる小規模な政治的領域であったが、経済的には稲作農耕地域を基礎にするものと、陸海路の交易の中心地を基礎とするもの、およびその複合形態がみられる。いずれも、「小型家産制」の小国家の形態をとり、ヒンドゥー的な神聖王権と伝統的な精霊信仰の複合するイデオロギーを基層におきつつ、仏教、イスラーム等の大伝統を取り入れている。支配領域相互の統合は、大河川、広域可耕地等の条件を備えた大陸部とジャワ島では大国家が成立した一方、島嶼部のような半島、群島といった地理的条件に制約された地域では比較的小規模な国家や国家群の並存がみられた。「中央－周辺型」の大陸部に対する、「均衡多元型」の島嶼部という類型化が行われている。いずれの規模、形態においても基礎的な政治単位の独立性は強く、それが緩やかな服属関係で重層的なヒエラルキーをなしたものであり、歴史学では一種の「アジア的専制国家」と呼ばれることもあり、人類学者タンバイア（S.J. Tambiah）によって「銀河系的政体構造」等と表現されている[1]。

　上記いずれの形態の国家においても、伝統的な政治単位のもつ政治的、経済的、文化的、言語的独立性は大きなものがあり、中枢国家による世界宗教の意識的導入と国家レベルの宗教組織構築の努力には、下位政治体系のもつイデオロギー的統一性を解体し、宗教によって国家を統合しようとした意図を認めることができる。しかし、例えばタイ王国内のイスラーム教徒地域、

ビルマ国内のキリスト教地域等にみられるように、一定の歴史伝統をもつ異教徒地域では改宗は強要しない等の多元的な共存の方策が施されていた。また、山地少数民族や漂海民等に関しては、国家中枢による統合の努力は皆無の状況があり、伝統的国家の周縁部分においては常に国家境界は曖昧で、しばしば二重所属がみられた。

2　東南アジア社会における多元性温存のパターン②
―― 植民地体制下の二重経済と複合社会 ――

　右記のような伝統的支配体制に加えて16-19世紀の植民地支配体制はブーケ（J.H. Boeke）が二重経済と分析し、ファーニバル（J.S. Furnival）が複合社会と分析した状況をつくりだした。二重経済とは、ヨーロッパの植民地経営によって導入された近代資本主義経済が、伝統的農業経済を破壊し尽くすことなく、近代部門と非近代部門の異質な部分が並存した状態をさし、現在でもその痕跡は東南アジア各地で濃厚に認めることができる。一方、複合社会とは植民地宗主国によって多数の外国人労働者が搬入され宗教的要素、人種的要素等様々な面で、社会構成が複合化した状況をいう。東南アジア各地の植民地体制の中では同一の政治単位内に二つ以上の要素または社会体制が並存しながら、互いに融合することがないような状況が生み出されていった[2]。

　このように植民地体制下の国際的な移民の流れと民族集団の階層化、および経済の部分的な資本主義化によって東南アジア世界は従来抱えていた多元性を、質的にも量的にも複雑さの度合いを増幅させることになった。その中でもイギリスが主導権を握った後期植民地主義の展開の中で進められた中国南部からの中国人労働者、インド亜大陸からのインド人労働者の移住は大規模なものがあり、その一部は現地に定着し、商工業分野に進出している。

3　近代国家の成立と多元性の克服

　第2次大戦後、西欧の植民地体制から解放された東南アジア各国では西欧型の近代国家の建設を目指す動きが活発化した。そこで追求されたものは工

業化によって農業国からの脱却を図る経済発展と言語、文化、宗教等の面における多元性の克服であった。そのために支配的民族の文化伝統を基礎にしつつ、近代的に再編したイデオロギーを軸にナショナリズムの運動が組織された。当初反植民地主義が主たるスローガンとして唱えられた。しかし、運動の中心を担ったのは西欧教育を受けた伝統的支配層である場合が多かった。彼らによる上からの統合の運動は、政治的経済的統合の条件が脆弱な中で多くは挫折していった。その後東南アジア各国は多様な形をとって、近代国家確立の道を模索していった。新生国家の課題として伝統は多様性が残存する国内諸集団の利害調整を行いながら、植民地体制の負の遺産（モノカルチャー経済、インフラストラクチャーの未整備、経済的分配における格差等）の克服が目指された。しかし、いずれの国も多くの苦難を経験し、多くの曲折を伴った軌跡をえがいていった。

1960年代になると、植民地型経済からの脱却を目指した工業化政策は主要各国で「開発独裁」と呼ばれる形で進められた。軍人と一部政治指導者が独裁体制をしき、意志決定と執行に多数の国民を結集させる民主的方策を犠牲にする形で、政府の主導による上からの改革が進められた。「冷戦構造」に規定された国際情勢の中で国家主権を確保し、国内的な多元性を克服する政策が最優先されていった。こうした開発、発展の推進の過程で個人の民主的権利や少数民族の主権が抑圧されていった。しかし、こうした「開発独裁」体制による上からの経済発展は、一定の工業化、都市人口の増大、労働者数の増大を引き起こしていった。その結果が開発独裁推進の十数年後に各国の政治変動を引き起こしていった。

1970年代以後、こうした労働者、学生、都市中間層を基礎においた運動と政治変革がみられ、1980年以後は各国で軍部を中心にした独裁体制の克服がみられるようになった。

(小野澤正喜)

注
1) タンバイアは、タイの19世紀までの政治体制を「銀河系的政体構造」と呼び、近代化による中央集権化が進んだ状態を「放射状政体構造」と呼んでいるが、この転換がタイの場合、1890年代に始まったチャクリ改革と呼ばれる行政制度の再編によっ

第2節　東南アジア社会の政治的多元性　13

て進んだとしている。
2）東南アジアにおけるシステムの多元性については、「二重経済」と「複合社会」をめぐる議論を通して研究が進んだが、その社会の特性に関しては「弛緩性」(looseness)、「インボルーション」(involution) 等をめぐって論争が行われてきた。「弛緩性」はタイ研究者 J. エンブリー（J. Embree）によって提唱され、「インボルーション」はインドネシア研究者 C. ギアツ（C. Geertz）によって主張された。

第3節 多文化社会とナショナリズム

1 伝統的国家においてみられたナショナリズムと反植民地主義の抵抗運動

　植民地体制からの独立以前の段階から、伝統的支配層の一部は西欧列強の脅威を意識し、他方国内少数民族の慰撫と抑圧を狙ったトップダウンのナショナリズムを組織していた。その典型であるタイを例にその展開をみよう。

　タイ社会におけるサンガ(僧侶組織)と国王の関係は基本構造においてヒンドゥー社会におけるバラモンと王権(クシャトリア)の関係と類似している。つまり国王は在家仏教徒の力を結集して仏教コミュニティの聖域であるサンガを支援し外敵から防衛する。そのことを通じて仏法(ダルマ)の維持が可能となり、その行為によって王権自体の正統化が行われる。

　歴代のタイ王権が行ってきたサンガ強化の運動は上からの原理主義的改革運動の装いをとることが多かった。仏教の原点への回帰を理想とし、内面性、禁欲型救済の側面の強調がなされた。しかし、最終的に結果されたものは王権を中心とする伝統秩序の強化でしかなかった。19世紀中葉に設立されたタマユット派という新宗派については、その成立過程がタイ国家の近代化の推進と植民地化の危機が背中合せに存在した時期であり、最も典型的な展開をみせている。

　19世紀中葉から今世紀の第1四半紀にかけて、列強間の力関係の絶え間ない変動、植民地の再分割等を含む激動の時代であり、その中でタイ国家は主体性を確立してゆかなければならなかった。第一に、西欧列強の脅威を前にして、いかにして国家の独立を維持していくかは、この時期この国の支配層の第一義的な課題となった。第二に、ボウリング条約締結(1855年)による開国によって、国内経済体制は激変した。タイは米輸出国として国際的な分業

第3節　多文化社会とナショナリズム　15

体系の枠内に組み込まれた。王室は米の輸出と、それに伴う経済発展、税収の増大で、近代化を推進してゆくための財源を確保した。第三に、西欧思想、近代科学の知識と技術が流入したことによって、仏教やヒンドゥー教等の伝統的なイデオロギーは危機にさらされることになった。しかし、新たに開かれた印刷技術、コミュニケーション手段の拡大は、タイ王権にシンボル体系操作の面で新たな可能性を与えた。

　行政機構の改編に対応して、シンボル体系の主柱、仏教に関連して王権の基本的戦略は、「泰魂洋才」をもって新たなシンボル体系を構築することだった。枠組みとしての仏教とサンガはあくまでも堅持し、一方その下位体系として近代科学の知識と技術を大胆に取り入れて近代化を押し進めた。タイ人の中に伝統的に確立していた仏教－ヒンドゥー教－アニミズムの結合を、仏教－近代科学と西欧思想の結合でおきかえるという方針に転換している。それを実現するために、仏教教義とサンガが、十分に純粋であり、統制されている必要があった[1]。

　上記のタイの近代化過程は、伝統的国家の近代的再編・強化によって植民地勢力と対抗しようとした例であるが、東南アジア各国の伝統的な国家の多くにおいて同様の動きがみられた。特にミャンマー、ベトナム、カンボジア、インドネシア等の大国家を成立させていた国における抵抗と国家改革の努力はみるべきものがある。タイ国以外の伝統的王国が19世紀の間に次々と植民地化されていったが、植民地化直前の段階でいずれの国家においても伝統的国家体制の再編が進められていた。一方、小規模な国家の地域においては本格的な抵抗もなく植民地化を余儀なくされた。各地域は19世紀後半までには植民地化されていくが、植民地宗主国による統治政策には上記の類型的変異に応じて大きな違いがみられた。抵抗の強かった旧大国家地域では植民地化の後でも伝統的な政治体制と文化の温存が認められ（例えばジャワ島のプリヤイ文化）、旧王族、貴族、大土地所有層には特権的な待遇が与えられることを通じて体制の中に取り込まれていった。一方、非抵抗地域や小国家地域では伝統体系の破壊と徹底的な西欧化が進んだ。

2 独立国家におけるナショナリズム

　第 2 次世界大戦後の混乱が収拾された1960年代半ばになると、一方では米ソの緊張緩和が進みながら、ベトナムへのアメリカ軍の介入が本格化した。こうした内外情勢に直面して東南アジア各国が選んだのは、強力な政府による強権的な抑圧による安定の道であった。国内治安体制を強化し、強い政府が主導する経済開発政策を遂行する開発独裁体制が成立していく。この中で経済開発を掲げた新たなナショナリズムが上から組織される時代を迎える。

　この開発独裁体制は、経済政策に最大の特徴をもっている。外資の導入、国家主導の社会経済開発、国内市場よりも外国市場への輸出を目標とした輸出代替工業の育成といった政策が推進された。この体制下では政党や議会が無力化され、国家が無謬の存在とされ、「開発」、「発展」が国是とされた。それへの抵抗や不満は反国家的だとして抑圧する権威主義支配が成立した。このような経済開発政策と政治的安定が互いに正当化しあうといった体制の中で、各国の一般国民、特に労働者、農民が抑圧の対象になったばかりでなく、周辺的な少数民族はトータルに抑圧され、強権的に支配民族の文化に同化させられる事態が生じた。開発の中で、従来半独立性を維持していた少数民族に対する言語教育、近代教育の普及が進み文化的同化が強制的に進められたばかりでなく、タイ、ミャンマー等における仏教化、フィリピンにおけるキリスト教化、マレーシア、インドネシアにおけるイスラーム化の動きにみられるように、宗教面でも支配的民族主導で文化統合が推進されるといった事態がみられる[2]。

3 経済発展後の東南アジアにおけるナショナリズム

　1960年代以後進められた東南アジアの開発独裁型の社会経済開発の展開は、1970年代後半になると各国の産業構造の根底的な変革をもたらし、新たな政治経済状況を創出していった。第一に、多くの国において高度経済成長が達成され国民全体の生活水準が向上した。第二に、これまで頻発していた国家

間の紛争が終息していった。全般的な状況としては、近代国家の民主的な諸制度を整備する条件が成熟していった。一方、国内の階層構造の面では開発独裁政治の結果、労働者人口の増大と階層分化が進んでいった。貧富の格差が大きくなる中で、数を増した市民層、労働者、農民等が政策をめぐって意志表示をする方向を強めている。こうして都市部の市民、労働者を中心に社会的公正や民主的な諸権利の獲得を掲げた運動の組織化がみられるようになった。1980年以後東南アジアの多くの国で開発独裁を掲げてきた政権が相次いで崩壊し、政党活動を基礎においた非軍事的、非権威主義的な政権に移行していっているが、そうした政治的変化を支えたのは上記の諸階層であった。そうした状況下で、文化伝統のあり方と教育政策は新たな係争点になっている。従来の伝統的国家の手直しによって強権政治を行ってきた国家体制とそれを支えてきたナショナリズムは根本的な見直しを迫られることになり、下からのナショナリズムの形成といえる現象が生じている[3]。

そうした中で各国で第2-4世代として本格的な同化を進めている都市部の華人やインド系が、その経済力を基礎に新たなナショナリズムの定義づけに対して特別な役割を果たしつつある。

4 国家の周縁部からのナショナリズムの台頭

上記の状況に呼応する形で、近代国家の周辺に隔離されていた少数民族の中からも新たな動きが生じ、近代的ナショナリズムの一翼を担いつつある。開発独裁体制下で言語的、文化的、宗教的な同化の対象となった周辺少数民族が、近代国家の枠内でその民族的な主権を主張し始めている。行政的に国家の枠の中に組み込まれる中で、彼らは支配民族とは違う宗教への改宗（タイにおけるキリスト教など）や、伝統文化の復興、自民族言語の活性化等に意識的に取り組み、民族としてのアイデンティティを確立しつつある。特に森林地域における焼畑耕作など、伝統的な生業形態を維持してきた少数民族にとり、国家による「森林不法占拠者」や「森林地区違法開発」等の烙印を押され、排除されることは集団としての存亡に関わる事態である。一定の教育を受け、抵抗の手段とネットワークを確立している集団の場合、強固な抵抗運動を組

織しつつある。国内外における恒常的な出稼ぎ経験は、国際的な人権擁護の支援運動と相まって、従来の支配民族の文化と開発を国是とするナショナリズムに対して国家周辺からする強力な対抗価値の提示となっている[4]。都市部を中心にした新たなナショナリズムの台頭に呼応しつつ、その一翼を担う動きになってきていることは注目に値する。

（小野澤正喜）

注
1) タイにおける宗教の近代化と平行して近代的教育システムが確立した。従来寺院内の「寺学校」として存在した宗教教育制度は、当初近代教育確立のための基礎となったが、近代教育の発展の中で次第に「寺学校」のもつ機能が限定されていった。
2) タイにおけるタンマー・チャリク（仏法の伝道）運動にみられるように、諸宗教のせめぎ合いの中で、周辺少数民族に対する意識的、組織的改宗運動が、山地民定着化政策と即応しながら進められている。この事態によって、少数民族に多様な生存戦略の選択を可能にさせている面がある。
3) フィリピンにおける非タガログ言語地域の抵抗運動や、南タイのマレー語存続運動にみられるように、文化政策における一元化に対する抵抗は、開発独裁体制の崩壊後大きな政策係争点として浮上している。
4) 国外への出稼ぎと資金の流れの確立によって、従来中央政府の一方的な同化、統合政策に無抵抗であった周辺少数民族が、固有の文化を維持確立する方向を強めることができるようになったとみられる。大陸部における戦乱は多くの海外流出難民を生み出したが、その結果海外在住の東南アジア系民族集団が多数みられるようになり、彼らが母集団の文化運動、政治運動等を支援する動きを開始しており、事態は複雑の度を増している。

第4節　多文化社会と教育

多様な民族集団、言語集団が混住し重層化された多元性社会において実施されてきた教育も、言語、宗教、教育内容・方法等の面において極めて多種多彩である。この節では、多元性社会にみられる教育を、歴史的に顕著な特色をみせた伝統的小型家産制国家、植民地下の複合社会、独立後の国民国家に分けて概観してみる。次に、国家との関係をみるに当たって、ナショナリズムと教育の関係に焦点を当て、伝統的国家、独立後および開発独裁下の国家、現代国家の状況を素描する。最後に、国民統合と教育の関係を、大陸部と島嶼部に分けてその特質を述べることにする。

1　社会的多元性と教育

(1) 伝統的な小型家産制国家における教育

東南アジアのメコン河、メナム河、イラワジ河、クァンタン河、ソロ河等主要な河川沿いに発達した小型家産制国家では、住民によって外来の仏教、ヒンドゥー教、イスラーム教等が信仰され、それらの多様な宗教教育が盛んであった。

現在のタイ領土の中央平原には、メナム河沿いにスコータイ王朝やアユタヤ王朝が栄えた。それらの王朝では、スリ・ランカから伝えられた上座部仏教が人々に強い影響を与えていた。王国の各地の建立された寺院（ワット）において寺院教育が行われた。少年たちは、6、7歳になると寺院へ行き、特定の僧に仕えて彼の身辺の用事をしながらパーリ語の仏典、タイ文字の読み書きや算数を習った。アユタヤ時代の寺院では、仏教以外に天文学、占星術、医学、数学、文学、法律まで教育した[1]。

南タイでは、18、19世紀にパッタニー土侯国が栄えた。殆どの住民はマレー系イスラーム教徒で、彼らは回教寺院（モスク）や小型モスクであるスラ

ウまたはモスク近くのポンドックでイスラーム教育を受けた。ポンドックは、元来、参詣に来る人々の寄宿舎であったが、のちに教師（イマム）よりイスラーム教育を受ける一種の寄宿塾となっていた。

ミャンマーにおいても上座部仏教が普及し、各地域社会には少なくとも一つの僧院（チャウン）が建立され、そこで僧が修行を行うと共に尊敬を受ける僧と信徒住民の交流も盛んであった。僧院には附属する学校があり、地域の子ども達は同校において仏教原理と読み書きを習った。その種の僧院学校は、イギリスの植民地統治以前に約2万校あったといわれる。

マレーの各地方には、15世紀頃からモスクが設立され、イマムが6歳以上の男の子にコーランやジャウイと呼ぶアラビア文字またはイスラーム法について教えた。教える場所は教師の家やスラウ、北部地方ではポンドックを利用することが多かった。

インドネシアでも、近代学校が設立される以前からイスラーム教育が盛んであった。村の子ども達はモスクや教師の家で礼拝の仕方やコーラン学習（プンガジアン・クルアーン）をし、主にアラビア文字の発音とコーランの読み方を学んだ。その後、若者になるとポンドック・プサントレン（イスラーム寄宿塾）でキヤイと呼ばれる師からキターブ（イスラームの古典的な教義書や注釈書）の学習を続けた。学習内容は、フィクフ（法学）、タウヒード（神学）、タサウフ（神秘主義）の分野が中心であった[2]。

このように、伝統的な小型家産制国家では、主に宗教教育が実践されていたが、異質な文化、教育に対して比較的無関心であり、基本的に自由放任政策が取られていた。また、別の国家に対しても関心が薄く干渉することは少なかった。小型家産制諸国家は、仏教教育、イスラーム教育等多様な教育を行っていたといえよう。

(2) 植民地下の複合社会における教育

東南アジア諸国が欧米諸国の植民地支配下におかれた時、各国の教育制度は、エリート層と大衆の教育に二分された二重制度、また民族別に分離した複合社会に対応した民族別の教育制度になっていた。

例えば、イギリス植民地下のマラヤでは、19世紀初頭からミッショナリー

によって英語学校が開設されたが、19世紀末には植民地政府は、官吏養成を主目的とする英語学校のエリート・スクールを設立した。一方、マレー農村において伝統的にコーラン塾やポンドック等においてイスラーム教育が実施されていたが、植民地政府は、マレー人大衆に対する初等教育レベルのマレー語学校を設立した。それが却ってマレー人を農村コミュニティに閉じ込める役割を果たした。

他方、植民地マラヤの開発のために労働者として雇用された中国系移民およびインド系移民は、19世紀前半から増え始めた。彼らは、19世紀末には華僑学校やタミル語学校を設立し、それぞれ華語や中国の歴史・文化、タミル語やインドの歴史・文化を教えた。中国系住民、インド系住民の中でも中流・上流の子どもは英語学校に入学したが、貧しい労働者の子どもは、華語学校やタミル語学校に通ったのである。このように植民地マラヤにおいては、エリート層と大衆の二重の教育制度があり、しかも文化の違う各コミュニティには、母語学校（vernacular school）が設立され、別々の教授用語で内容も全く異なる教育が行われていた。いわば、複合社会に対応して教育の分裂状況がみられたのである[3]。

その他、植民地支配を受けたベトナム、ミャンマー、フィリピン、インドネシア、スリ・ランカ等においても、エリート層と大衆が分断されて異なった教授用語で異なる教育を受ける複線型教育制度になっていた。エリート・スクールの教授用語は、植民地宗主国の言語で、ベトナムはフランス語、ミャンマーとスリ・ランカは英語、フィリピンではスペイン語から英語、インドネシアはオランダ語であった。一般大衆は、現地語で初等レベルの教育を受けたが、現地語が統一されておらず共通語が確立されていなかったため地方によって、また民族によって多様な言語が使用された。そのことが教育の分裂と不統一を助長した。しかも、その初等教育はあまり普及しておらず、教育を受けた子ども達は限られていた。

(3) 独立と国民教育制度の確立

戦後、東南アジア諸国は植民地支配を受けた宗主国から独立を果たした。それと同時に、教育面では、国民教育制度の確立を図った。まず、学校制度

を統一し、二重性の複線型学校制度を単線型学校制度に改めた。それでも学校制度の枠組みには、基本的に宗主国の影響がみられた。ミャンマーは4－4－2制、フィリピンは6－4制、マレーシアは6－3－2－2制、インドネシアは6－3－3制、スリ・ランカは5－3－3－2制を採用した。ベトナムでは、北部は1956年に4－3－3制になったが、フランスの影響が強かった南部は5－4－3制であった。多くの国は初等教育を無償義務制にしたが、マレーシア、シンガポールは義務教育にしなかった。

　第二に、教授用語の統一である。ベトナム民主共和国は、1946年憲法において「少数民族公民は、各地の小学校において自民族の言語で学習する権利をもつ」と規定したが、実際には実現が困難で、クォック・グー（国語）によるベトナム語教育の普及に努めた。ミャンマー連邦共和国は、ミャンマー化政策によりミャンマー語による統一を図ると共に、自治州では少数民族の母語使用を認めた。フィリピンでは、英語に加えてピリピノ語も公用語とし、また小学校低学年では地方語の使用を認めた。マレーシアでは教授用語の統一に関して論争が繰り返されたが、1957年に小学校は、英語、マレー語、華語、タミル語を教授用語とする4種類の学校とし、1961年に中等学校は英語とマレー語の2種類の学校に限定することになった。インドネシアでは国語であるインドネシア語で統一し、小学校の低学年ではフィリピンと同様に地方語の使用を認めた。スリ・ランカにおいては、シンハラ語とタミル語のいずれを採用するかをめぐって紛争がみられたが、両方を国語と定め教授用語にしてもよいことにした。それ以外に英語を教授用語とすることも可能であった。以上のように、各国とも多様な民族語、地方語の使用を認めつつ共通の教授用語をできるだけ多く使用するように工夫して国民教育制度の確立を図っている。

　第三に、カリキュラムの統一、国家試験制度の確立、教員養成制度の整備等も行い、学校によって教育内容や教育水準が異なることがないように統一を図った。タイ、フィリピン、インドネシア等の私立学校（民族語学校、宗教学校を含む）でも、国・公立学校と同様な国家制定のカリキュラムに従うよう要求された。

2 ナショナリズムと教育

(1) 伝統的国家のナショナリズムと教育

　タイのように伝統的な小型家産制国家が植民地支配の脅威に遭遇したり、またはベトナムやインドネシアのように植民地体制下にあっては伝統的支配層が中心になってナショナリズムを展開させたりした。また、伝統文化を生かそうとする試みも行われている。そのようなナショナリズムの影響からいかなる教育が行われたのか。タイ、ベトナム、インドネシア、スリ・ランカの例をみてみる。

　タイのラタナコーシン王朝におけるラーマ五世チュラロンコン王およびラーマ六世ワチラウット王の時代は、絶対君主制時代であり、西欧列強の東南アジア諸国における植民地化が進む中でナショナリズムが高揚した。しかし、このナショナリズムは、民衆から起こったものではなく、国家のリーダーが主唱した公定ナショナリズムの性格が強かった。

　1910年には、絶対君主制を一層強固なものにしようと日本の教育勅語をモデルにした「シャム教育勅語」の草案が作成された。しかし、草案が完成した翌年1911年にチュラロンコン王が逝去したことから草案は実現しなかった[4]。1911年ラーマ六世は、ボーイスカウトを組織し国王自身がボーイスカウト入隊式を執り行い、隊旗を授与した。1913年にはボーイスカウト活動が学校の教育活動に取り入れられ、小・中等学校における選択の特別活動となった。これらのシャム教育勅語やボーイスカウト活動は、国王と臣民が一体であることを想定して展開した公定ナショナリズムの教育政策であった。

　19世紀半ば始まったフランスの植民地支配に対しベトナム民族は絶え間ない抵抗運動を行った。しかし、20世紀に入り各地の抵抗運動は鎮圧された。その中から、日本の明治維新や中国清朝の変法運動をモデルとした開明的儒学者による民族主義運動が起こった。特に、ファンボイチャウは、皇族クォンデを盟主にした武力革命を目指し、ベトナム青年を日本に留学させ革命の人材を育てようとした。それは東遊運動（トンズゥバンドン）と呼ばれたが、1907年に日本政府の弾圧により消滅した。また、慶應義塾に倣い、実学振興

と民族の富強を目指す平民学校の東京義塾もハノイに開設されたが、それもフランス当局の弾圧を受け長続きしなかった[5]。

インドネシアにおいて20世紀に入って高まりをみせたナショナリズムの教育分野の現れとして、インドネシア民衆のための学校設立を目標としたタマン・シスワ運動が顕著である。創始者であるキ・ハジャル・デワントロは、オランダ植民地政府が設立した学校体系とは別に、民族自身の文化に基づいたインドネシア人のための教育を施すタマン・シスワ（児童の園）を創設した。1930年代半ばには、ジャワ、スマトラ、スラウェシ等において200以上のタマン・シスワが設立され、そこから多くの民族指導者が育ったのである。キ・ハジャル・デワントロは、インドネシア独立後初代の文部大臣となった[6]。

イギリス植民地統治下のスリ・ランカでは、英語教育を受けたキリスト教徒がホワイトカラーを独占しエリート化させたのに対し、後れをとった仏教徒の間で反キリスト教、反英語の風潮が強くなった。そして彼らは仏教復興運動を起こし、仏教の伝統の上に立つシンハラ語による教育を推進し、社会的地位の向上を図った。同時に展開されたスワーバーシヤ（母語）運動は、独立後の言語教育に影響を与えた[7]。

(2) 独立後および開発独裁下におけるナショナリズムと教育

独立後、東南アジア諸国はナショナリズムを強調し、国民統合を進める教育政策を採用した。その後、各国は経済発展を目指しつつ、多くの国は開発独裁体制によって国家主導型の経済開発政策を進めた。教育政策では、主要な民族語を教授用語とし、少数民族や移民集団の教育に対しては厳しい規制を実施した国が多かった。タイ、ベトナム、ミャンマー、マレーシア、シンガポール、フィリピン、インドネシアのケースをみてみよう。

タイでは、1950年代から1960年代にかけて軍事独裁政権が続き、1973年には民主化を求める学生達による革命が起き、それを契機に文民政府が誕生した。しかし、1976年にクーデターが起き再び軍事政権が復活した。1978年に成立した国家カリキュラムは、学生革命による民主化時代の平等主義的性格と軍政により強調された国家原理への忠誠を折り込んだナショナリズムの性

格の2要素を結合させていた。目標として、国民統合の強化を念頭において国家原理を重視しつつ経済発展と工業化社会に対応できる生産型人間の育成を目指したのである。ナショナリズムの内容では、初等教育の生活経験分野においてタイ国という単元を設け、タイの歴史・文化、国家原理、タイ人のアイデンティティ保持等を強調した。1954年の私立学校法（1975年、1982年に改正）を通して民族学校、宗教学校に対する規制を強化し、特に華人学校にはタイ語による教育や国家カリキュラムを強制しつつ華語教育を制限した。

　1945年のベトナム民主共和国樹立後、ベトナム政府とホーチミン大統領は、非識字一掃運動を展開した。フランス植民地主義者がベトナムへ復帰すると、解放地区では真の独立の達成、国民生活の質的向上、国防のニーズに見合うマンパワー育成を目標に、普通教育・職業教育の確立、成人のための識字教育・補習教育の普及に力を入れた。1956年には北ベトナムと南部の解放区には労働者と農民のための補習教育学校が設立された。一方、ベトナム政府は、民族自決権を重視する政策を取り、1955／56年に山岳地帯に少数民族自治区が設立したが、引き続く祖国解放戦争のため政策の後退を余儀なくされ1975年には自治区を廃止した。その背景には、多数民族であるキン族を中心とした国民的一体性への認識が存在している[8]。

　1950年代のミャンマーではウ・ヌー首相の時代に、植民地時代に軽視された民衆の復権を目指してミャンマー化政策を進めた。まず、ミャンマー語の普及を図り、教授用語は、本州ではミャンマー語のみとしたが、少数民族の多い自治州では、小学校低学年において母語も認めることとした。自治州小学校の教員養成のために「民族発展アカデミー」という特別な教員養成施設を設立し、連邦精神の養成と各民族の文化、伝統も学ばせた。また仏教の威信回復に努め、基礎教育を施す僧院附属の学校や社会教育のために僧院教育の夏期コースを設置した。しかし、ネ・ウィン軍事政権になると、ミャンマー族への同化政策を強め、1973年以降、本州、自治州ともに幼児級から母語教育を認めず、ミャンマー語のみの教育を施すことにした[9]。

　マレーシアの初等教育には、複合民族国家の性格が反映して、マレー語学校、華語学校、タミル語学校、英語学校の4種類が併存したが、教育内容の統一を図り、国家中等学校修了試験は英語とマレー語に統一した。1970年代

から1980年代にかけて進められた英語学校のマレー語学校への転換、国家修了資格試験の国語化（英語からマレー語へ）、職業・技術教育の拡充等が実施された。それは、マレーナショナリズムの現れであり、ブミプトラ政策の理念の下、マレー系住民の社会的、経済的優遇を求める具体的教育施策であった[10]。

シンガポールにおいても独立後リー・クァンユー（李光耀）首相の指導の下に、開発専制政治が続けられた。その際、強調されたのは、第一に国民意識の醸成、第二に二言語教育政策、第三に伝統的価値観の普及であった。1960年代には、国旗掲揚、国歌と国民誓詞の斉唱、軍事訓練等が実施された。1970年代には、英語を重視しつつ、民族語も教授する二言語主義が採用された。英語指向が強まると、1980年には華語を教授用語としていた東南アジア屈指の最高学府であった南洋大学が廃止された[11]。

1946年の独立達成以後フィリピンではナショナリズムが強調され、すべての教育機関で毎朝の国旗掲揚儀式が実施され、ホセ・リサールの生涯とその著作の学習が必修化された。1970年代にマルコス体制の下で国家主導の教育が行われた。特に、1972年の戒厳令の布告以降、新社会運動が展開され、教育では、国民意識の高揚、バイリンガル教育の推進が図られた。1973年の憲法における教育条項では、祖国愛や市民的義務の教育が強調された。また、カリキュラムにおいてハイスクールの1－3年生は青年発達訓練（ボーイスカウト、ガールスカウト活動を含む）、4年生は市民軍事訓練を行うことにした。後者について、1973年憲法においてピリピノ語が国語化され、1974年の文部省令においてバイリンガル教育（英語とピリピノ語）が開始された。また、1973年にマルコス大統領は布告によって4年以内に外国人学校を廃止することを定め、華人学校も法制上消滅し、フィリピン化された[12]。

1945年の独立宣言後、直ちに発布されたインドネシア共和国家憲法の前文に、パンチャシラ国家五原則がうたわれ、インドネシアの教育目的の中核に位置づけられた。初等教育6ヵ年の義務教育を目標にして、教育文化省所管の小学校以外に宗教省管轄のマドラサも設立された。スハルト体制になると、1968年、1984年にカリキュラム改定が行われ、独立闘争史と並んでパンチャシラ道徳が全国的に推進された。華人学校に対しては厳しい規制を実施し、

1952年には登録を義務づけ、1957年には国民学校への転換を促した。その結果、1965年には、それらを完全閉鎖に追い込んだ。

　スリ・ランカでは、独立後の教育改革においてシンハラ語が公用語化された。1956年総選挙で圧勝したバンダラナーヤカが率いるスリ・ランカ自由党は、シンハラ民族路線に従いシンハラ・オンリー法を成立させた。それは、公用語をシンハラ語に限り、タミル語は排除するものであった。同法に反発した少数派のタミル人は、反対抗議運動を起こし暴動に発展した。バンダラナーヤカ政権は、1957年にタミル語を部分的に認める法案を発表し、逆にシンハラ人の抗議運動が高まった。結局、北部の学校や役所においてタミル語使用を認めるタミル語法は、1966年にようやく成立施行された。

(3) 現代におけるナショナリズムと教育

　1990年代になって国際化が進展し、東南アジア諸国の相互依存関係が緊密化しているが、国民統合の重視は変わらない。一般的傾向として、アジア的価値を見直し、少数民族や移民集団を国民の枠内で捉え、彼らの言語や文化を尊重して行こうとする動きがみられる。

　国際化の影響もあってタイの華人学校では、華語を教える時間数が増え、また従来小学校4年生までしか中国語教育が認められなかったのに、1989年から小学校6年生まで、1991年から中学校でも教えることができるようになった。南タイの私立イスラーム学校では、イスラーム教育に加えて文部省制定のカリキュラムに従った普通教育を行う学校が増えている。他方、イスラーム教徒の多い小学校では、従来、普通のタイ人が通う小学校と同様な普通カリキュラムを教えていたが、最近、タイ語以外にアラビア語、マレー語、仏教の代わりにイスラーム教育も選択することが可能になっている。山地民に対しても、タイ語による普通初等教育が普及しつつあるが、ノンフォーマル教育では、山地民の言語や文化を尊重し保持していくような教育もみられるようになっている。タイでは、このように少数民族をタイ国民に統合していくと共に、彼らの言語や、文化の重要性を認めその教育も取り入れていく動きがみられるのである。

　1980年代後半から始まったドイモイ政策の進展に伴い、ベトナムの経済、

教育、福祉等の状況において地域格差が増大してきている。とりわけ、遅れをとっている少数民族教育の問題が1990年代から重視されるようになってきた。少数民族の子どもの未就学者への配慮、彼らの母語に対する配慮がなされるようになってきている。例えば、イスラーム教徒のチャム族の子どもに対しバクニンの小学校では週2時間チャム語を教えている。

マレーシアでは、私立中等学校である華文独立中学は、国立中等学校と異なる制度をもち、その卒業資格では国立の高等教育機関に入学することができなかった。しかし、1990年代半ばから国家試験を受けて合格すれば国立大学や専門学校へ入学することができるようになった。これも異質の教育機関を公教育の中に取り込んでいこうとする統合化の動きの現れと思われる。1995年より実施されている小・中等学校の地域科の中で、マレー人、華人、インド人に加えてオラン・アスリ、イバン人、カダザン人、ビダユ人等の先住民族を挙げ、彼らの人口、生活様式、宗教、食文化、芸術、遊び等の特徴を調べさせて各民族に対する理解を深めさせようとしている。

1970年代の終わりから英語社会への移行が進んだシンガポールでは、過度の個人主義や浪費志向といった西欧的価値の悪弊が指摘され、勤労孝行、家庭の尊重といったアジア的価値の見直しが行われるようになった。1979年から華語推進運動が展開され、1984年の中学校の試験科目に宗教知識科（儒家倫理、仏教学、ヒンドゥー教学等）が選択教科として設けられた。しかし、その人気が上がらず、1990年代に入って国民共有価値を制定し、国家・社会・家族の尊重、民族的・宗教的調和を打ち出した。同時に、少数民族への教育対策として、国家試験科目にタミル語のみでなく、ベンガリ語、グジャラティ語なども選択できることにした。貧しいマレー人の子弟には、授業料の免除や補助も行われるようになった[13]。

インドネシアでは、1994年にカリキュラム改定が行われ、基礎教育レベル（小・中学校レベル）のパンチャシラ道徳教育は公民的な内容を統合してパンチャシラ公民教育とし、独立闘争史教育は廃止した。また、地域科が設けられ各地域の実情とニーズに応じた教育内容を教えることができるようになった。観光産業を重視するバリでは英語と伝統芸能、イスラーム色が強い西スマトラではコーラン朗誦とジャウィを学習することができるようになった。

地方文化や異民族文化を継承し国民文化の中で生かしていこうとする傾向が看取される。

3　国民統合と教育

　国家の民族関係をみると、人類学者の綾部恒雄やミルトン・エスマンが指摘するように、東南アジアの大陸部においては伝統的な王国を引き継ぐ「王国世襲型国家」が多い。ベトナム、カンボジア、ラオス、タイ、ミャンマー等、いずれもその形態を取ってきた。その中で実際に王制（君主制）を敷いているのはタイのみであるが、それらの国では、王国を形成していた主要民族が中心的役割を演じ、周辺にいる少数民族を支配するような「中央－周辺型」(center-periphery pattern)の民族関係がみられるのである[14]。これらの国々においては、国民統合のための民族政策としては、同化政策を取る傾向が強い。同化政策は、中央で勢力を張る主要民族の言語、文化様式を周辺の少数民族の強制することにより国民統合を図ろうとするものである。教育においても、主要民族の言語、宗教、慣習等を周辺の少数民族に押しつける同化教育がみられた。それは、タイ、ミャンマーにおける開発独裁下の政権が行った教育政策において顕著であった。

　一方、島嶼部にある国家では、植民地域世襲型国家と呼べるような旧植民地域を引き継ぎ、しかも多様な民族の力がバランスを取って共存し合う「均衡多元型国家」がみられた[15]。これらの国では、国民統合政策に関しては、比較的緩やかな統合政策が取られている。インドネシアでは、ジャワ島に住むジャワ族が中央にいて他の島々の民族を支配する傾向もあるが、アチェ族、ミナンカバウ族、スンダ族、バリ族、ブギス族等、多くの民族と均衡を保っている点では、「均衡多元型」(balanced pluralism pattern)である。フィリピンも基本的にインドネシアに近い。ルソン島のタガログ族が中央支配を行っているが、同時に多様なセブ族、イロカノ族、ビコール族、サマル族、カパンパンガ族、パンガシナン族等とバランス関係を維持している。マレーシアでは、ブミプトラ（bumiputra）政策というマレー人優遇策を取っているが、華人やインド系との共存を考慮して彼らの言語、宗教、文化はある程度配慮されて

いるのである。教育面をみると、インドネシアやフィリピンでは、独立後、言語はインドネシア語やフィリピノ語・英語で統一されているが、小学校低学年における地方語教育は認められている。私立学校においては宗教教育を自由に行ってもよいことになっている。マレーシアでは、初等教育レベルにおいて国語であるマレーシア語による国民学校以外に華語学校やタミル語学校等が国民型学校として設立されている。シンガポールは、華人が大多数を占めるが、国語はマレー語、教授用語は主に英語としながら民族語も教える二言語教育を行っている。宗教の自由も認め文化多元主義政策を採用する国家ともみなされる。このように、島嶼部の国々では国語、公用語以外に民族語または地方語も教える二言語教育、国教以外の宗教教育も認める多元宗教教育を行っており、基本的に主要民族と異なる民族、集団のエスニシティを認め、多様な教育が実践されているのである。

(村田　翼夫)

注

1) David K. Wyatt, *The Politics of Reform in Thailand: Education in the Reign of King Chulalongkorn*, Yale University Press, 1969, pp.10-12.
2) 西野節男「インドネシアにおける教育と言語・宗教の問題」村田翼夫（研究代表者）『東南アジア諸国における多文化と国民教育』1989年度文部省科学研究費補助金（一般研究C）最終報告書、1990年、16-17頁。
3) 村田翼夫「マレーシア―複合民族国家の統一と教育改革―」馬越徹編『現代アジアの教育』東信堂、1989年、196-201頁。
4) Wutichai Moolsil, *Karnphatiroop Karnsuksa nai Rachakarn Ti 5*（ラーマ五世王時代の教育改革）、1973, pp.96-98.
5) 桃木至朗・高田洋子「ベトナムができるまで」桜井由躬雄編『もっと知りたいベトナム』弘文堂、1995年、91-93頁。
6) 西村重夫「インドネシア―多様性の中の統一をめざす教育―」馬越徹編『現代アジアの教育』東信堂、1989年、133-134頁。
7) 徐淑子「多民族国家スリ・ランカにおける国民教育の問題点」前掲『東南アジア諸国における多文化と国民教育』1990年、60-61頁。
8) D.スローパー／レ・タク・カン編著、大塚豊監訳『変革期ベトナムの大学』東信堂、1998年、64-70頁。
9) 牧野勇二「多民族国家ミャンマー連邦の同化政策と教育」前掲『東南アジア諸国における多文化と国民教育』1990年、48-50頁。
10) 村田翼夫「国民教育制度の確立と発展」綾部恒雄・石井米雄編『もっと知りたいマ

レーシア　第2版』弘文堂、202-212頁。
11) 池田充裕「教育政策の特徴」綾部恒雄・石井米雄編『もっと知りたいシンガポール　第2版』弘文堂、1994年、184-186頁。
12) 渋谷英章「フィリピン独自の教育の模索」綾部恒雄・石井米雄『もっと知りたいフィリピン　第2版』弘文堂、1995年、193-195頁。
13) 田中恭子「シンガポールの儒教教育」アジア政経学会『アジア研究』第37巻第1号、1990年、1-34頁。
14) 綾部恒雄『現代世界とエスニシティ』弘文堂、1993年、54-62頁、72-74頁、81頁。Milton J. Esman, Communal Conflict in Southeast Asia, Nathan Glazer and Daniel P. Moynihan (eds.), *Ethnicity-Theory and Experience,* Harvard University Press, 1975, pp.393-401.
15) 同上書、綾部恒雄、60-61頁、72-74頁、81頁。*Ibid.,* Milton J. Esman, pp.404-407.

第2章

東南アジア諸国の民族と教育

第1節　タ　イ ──ラック・タイに基づく民族教育政策──

幼稚園の昼寝の時間

小学校の集会でお祈りして講話を聞く生徒

第1節 タ イ 35

私立中等学校における僧への普通（数学）授業

タマサート大学の学部卒業生達の喜びの表情

はじめに

　タイは主に仏教徒であるタイ族で構成される国であり、国民統合に関しては、異民族が拮抗し合う他の国々に比べると、相対的には大きな問題はないように思われる。それでもいくつもの国と隣接する国では民族の交流が頻繁に行われてきたし、また歴史的な経緯もあって各種の少数民族が存在することも事実で、複合民族国家に違いない。特に、中国系の華僑・華人、南タイに多いマレー系イスラーム教徒、北部の山地民は有力な少数民族である。
　一方、タイに主要な影響を与えた文化の面からみると、タイ文化の基底にアニミズムがあり、そこへ外来文化である仏教文化、バラモン文化、および西欧文化が重なって多層文化を構成してるとみられる。
　このような複合民族国家、多層文化国家であるタイの教育において、少数民族に対しいかなる配慮をし、いかなる文化的影響がみられるのであろうか。教育と国民統合の関係に焦点を当てて分析してみることにした。タイでは、少数民族に対して同化主義的政策が取られてきたといわれるが、具体的にどのような教育政策やカリキュラム実践、教育活動が行われてきたのか。タイのナショナリズムに留意しつつ、教育の歴史的展開と現状の特色を検討することにより、タイの国民統合政策と教育の関係を明らかにしたい。

1　民族構成と多層文化

(1) 民族構成

　タイは複合民族国家である。タイの人口は約6,160万人（1996年）で、民族比率はタイ人75％、華人14％、マレー人4％、その他の少数民族3％（1995年）となっている。少数民族には、山地民、カンボジア人、ベトナム人、インド人、パキスタン人、隣国からの難民等がいる。また、宗教の面では、仏教徒95％、イスラーム教徒4％、キリスト教徒0.5％、その他の宗教徒0.1％（シーク教徒、ヒンドゥー教徒、バラモン教徒等）である[1]。
　このように国民の殆どが仏教徒であり、その大多数をタイ人が占めている

ため、タイには深刻な人種的、宗教的対立はみられない。国王は仏教の護教者として支配権を確立すると共に、インドやクメールから伝わったバラモン教の影響を受けて王権の体系化、永続化を図ってきた。その結果、長い伝統をもつ王権制度がタイ社会に根づいている点も、国家の安定と国民統一に寄与している。

華僑・華人は、宗教・道徳的には、仏教、道教、儒教、祖先崇拝、あるいはそれらの混合形態を信仰してきた。従って、文化的にはタイ人との間には類似性が認められ、中国人とタイ人とは融合しやすい性格をもっていたといえよう。それでもタイ・ナショナリズムが強くなると華僑学校は圧迫を受けてきた。

南タイを中心に居住する約250万人のマレー系タイ人は、イスラーム教を信仰してきた。その点で仏教徒であり、王権制度を支持するタイ人とは相入れない性格を有していた。彼らのうちの過激派は、タイ国からの分離・独立を主張し、その運動に走る者もいた。

(2) 多層文化

タイの主流文化は、多層文化からなっている。基層文化として伝統的アニミズムを中核とする文化があった。それに加えてタイ社会に大きな影響を与えたのは三つの外来文化である。最初は仏教文化、次がバラモン文化、第三は西欧文化であった。

13世紀末に栄えたスコータイ王朝において仏教が普及し、各地に寺院(ワット)が設立された。そしてインドやセイロン仏教の教育パターンが実践された。各家では少年を寺院に送って仏教の基本原理を習わせると同時に、読み書きを習得させるやり方が一般的となった。アユタヤ王朝になると仏教文化が栄え17世紀には仏教教育が根を下ろし、寺院教育や奨学制度も整えられた。仏教教育の伝統は現在もタイの教育制度や教育内容に生かされている。

15世紀の中葉にカンボジアで隆盛を誇ったクメール王国がタイ王国の攻撃により陥落した時、バラモン師、高級官僚、職人等を含むクメール人が捕虜として大量にタイへ連行された。文化から摂取されたバラモン文化が、アユタヤ王朝の国家機構や王室儀礼、バラモン寺院等に大きな影響を与えた。特

に、王権神聖主義、儀礼重視主義はその後のタイ王国の政治行政の中心理念として長く継承されることになった。フォーマルな教育の面では、学校行事や国家原理の尊重等にその影響が認められる。

第三の西欧文化は、主に、1855年にラーマ四世モンクット王が門戸開放し、西欧諸国と通商を開始して以来、今日にいたるまでタイ社会に強いインパクトを与えている。とりわけ、物質文化の普及、教育・行政・政治・保健・運輸制度等の近代化に対する影響は大きかった。教育面では、近代教育制度の確立、英語教育・科学技術教育の普及に指針を与えてきた。それと同時に、英語や学位等で代表される西欧文化の習得は支配階層の優秀性を誇示する手段として利用され、官吏、軍人の威光発揮に役立っている。

(3) 言語の使用状況

言語使用状況調査（1989年）によると、タイ人は殆どが家庭でも職場でもタイ語を使用しており、それは都市も農村も変わりがない。もっと子細にみてみると、標準タイ語を使っているのはタイ人の19％、中央タイ語が27％、北部タイ語9％、南部タイ語8％である。華人では、1982-83年の調査であるが、家庭において約84％（農村）－91％（都市）はタイ語を使用し、残りの約16％（農村）－9％（都市）が華語を使用していた。職場では華語の使用が減少し、約3％（都市）－7％（農村）であった。華語の使用率は農村の方が都市より高くなっていた。ラジオ、テレビの視聴の場合もタイ語による者が8割程度に達していた[2]。

筆者が1992年に調査した南部のパッタニー県パッタニー市においては、マレー系の小中学生で母語はマレー語だと思っている者80％、タイ語は11.3％、アラビア語3％であった。話す時使う言語は、学校の先生とはタイ語93％、マレー語1％、友人とは「常に」と「時々」合わせてタイ語62.7％、マレー語56.7％ を示し約半々であった。父母とは、マレー語80.7％、タイ語8％、両方7.3％となっており、家ではマレー語、学校ではタイ語を使う率が高くなっている[3]。

近代以降タイの時代区分は、絶対君主制時代、立憲革命時代、軍事優先時代、戦後の開発時代に分けられよう。その間、タイ政府は一貫して近代国家の確立を目指し、ナショナリズムが国家政策の基調となっていた。ナショナリズムが強まり、汎タイ運動が続けられた時期もある。そのナショナリズムは、絶対君主制時代は国王主導型であり、その他の時代においても民衆というより国家のリーダーが主唱したことから公定ナショナリズムといわれる[4]。それは教育政策においてどのように現れたのであろうか。戦前のケースを中心にみてみたい。

(1) シャム教育勅語

　ラーマ五世チュラロンコン王の絶対君主制の時代における1909年の初等教育の目標をみると、「愛国心と国王への忠誠心を児童の心にしっかり植え付けなければならない」と記されている。同年の初等中等教育カリキュラムをみても、タイの地理と歴史の教育目標として、「……シャム国、諸外国、世界および様々な人々に関する知識を与え、シャム国が他の国といかなる関係にあるかを理解させる。そうすれば生徒たちは愛国的となり自国の発展を願うであろう[5]」と述べた。さらに、教科書が国民の知識・態度の形成に大きな役割を果たすことを配慮して国定教科書とし、作成の責任は文部省が負うことになった。1910年9月には日本の教育勅語をモデルとした「シャム教育勅語」の草案が作成された。1902年に、当時の教育局長であったプラヤー・ウィスット・スリヤサック（後の文相チャオプラヤー・プラサデット）は、イギリスからの帰国途上日本へ立ち寄ったワチラウット皇太子を迎えに文部省視察官3人と共に日本へ赴き、日本の教育制度や教育勅語を調べて帰った。帰国後チュラロンコン王にそれを報告したところ、国民の統一と臣民に対する教育普及を念願していた国王はタイの教育勅語の作成を思いいたった。同草案の内容には、「知能を高めるための知識探求、家族の相互扶助、夫婦相和し友人に正直にして信頼し合うこと、節約と謙譲を学びすべての人に親切にすること、常に国王の御徳を忍び国家の危機の際には身命を捧げる忠良な臣民となること[6]」などが盛られており、日本の教育勅語に極めて類似していた。しかしながら、草案の成った翌年（1911年）の10月にチュラロンコン王が逝去

したことから、草案の実現にいたらなかった。チュラロンコン王が、1903年の軍人に対する勅語において民族共同体、宗教、国王の三原理（ラック・タイ）を強調していた。そしてこのシャム教育勅語を通して"ラック・タイ"の確立を図ると共に、臣民道徳の普及を目指したことは特質に値しよう。

(2) ボーイスカウト活動

ボーイスカウト活動が愛国心を育てる教育と結びつき、集団教育として学校教育に導入されたことは興味深い。しかもそれが戦前に国王自らの提案で組織され、戦後も、学校教育の一環として重視されてきた。

1911年7月にラーマ六世ワチラウット王は、「ルークスア（虎の子の意味）」と呼ぶボーイスカウト組織を確立した。これは国王が長年滞在したイギリスで行われていたボーイスカウト運動をモデルにしたものであった。9月には最初のボーイスカウト隊に「コーン・ルークスア・ルアン」（Royal Boy Scout Troop）と名づけた。国王は地方へ巡業したときには、ボーイスカウト入隊式を執り行い、国王自ら隊旗を授与すると共に自ら組織した義勇軍（スアパー）との共同訓練を挙行した[7]。ワチラウット王は、義勇軍とボーイスカウトを通して父チャラロンコン王が重視した"ラック・タイ"を公的国家イデオロギーとしてその体系化と人民への浸透を図ろうとしたのである[8]。

1913年にボーイスカウト活動が学校の教育活動に取り入れられ、小・中等学校における選択の特別活動となった。更に1922年には女子生徒用にジュニア赤十字活動「アヌカーチャート」が組織され、ボーイスカウトと同様に学校活動の一つに加えられた。学校のボーイスカウト活動は、ワチラウット王の失政が明らかになるに従って下火となったが、1927年にラーマ七世プラチャーティポック王がボーイスカウト活動を復活させ、1930年には、ボーイスカウトのリーダーたちの訓練学校を再開した。このボーイスカウト活動は、ワチラウット王とプラチャーティポック王が王朝と国民が一体であることを想定して展開した公定ナショナリズムの典型的な教育政策であった。

1932年の立憲革命の後、新政府は、体育、宗教をもとに開いた人間性教育と平行して、ボーイスカウト、ジュニア赤十字活動を促進させる政策を打ち出した。第2次世界大戦が起きると、ピブン内閣は、ボーイスカウト活動が

人身の不安を静めるのに効果があると考えその利用を図った。1943年にピブン・ソンクラー首相の提案で青年軍隊（ユアチョン・タハーン）を組織したが、同軍隊に入隊できるものは、ボーイスカウト活動を続けていた中等学校4年生以上の青年に限るという法律を制定した。いわば、ボーイスカウトと軍隊を結合させたわけである。しかし1948年に新しいボーイスカウトに関する法律の制定に伴いその軍隊は廃止された。

3　多文化と国民教育

(1) 少数民族の教育

　戦後、1950年代から60代にかけてタイ政府は、従来の臣民の育成という目標を転換して国民の育成を目指した。そして、それまで放置していた山地民やイスラーム系マレー人に対する国民化の政策を推進した。1953年には国境警察隊を設立し、1950年代の終わりには公共福祉局を設けて山地民への管理と教育・福祉の浸透を図った。1960年代に入るとマレー系イスラーム教徒に対する文化的同化政策が強化された。このような少数民族に対する国民化政策は、教育政策にもみられた。それは、特に、彼らが通う私立学校対策となって現れている。

　そこで、私立学校である華人学校やマレー系学校等はいかなる規制と援助を受け、具体的にどのように運営されてきたのか。また私立学校を設立してこなかった山地民の教育はどのように行われているのか。それらを検討することにより、タイにおける国民統合政策の特質を明らかにしてみたい。更に、近年認められる新傾向にも触れることにする。

① 華人学校

　タイにおいて本格的に設立された華僑学校は、1913年に客家系華僑が開校した新徳学校であった。1916年までにバンコクに約20校の華僑学校が生まれた。いずれも男子校であったが、1917年に押徳女学校（広東系）が創設され、1920年までに男子校30校、女子校6校に増えた。この頃の学校は郷党別学校で教授用語は、客家語、広東語、福建語等の母語であった[9]。

　1928年に中国が国民党によって統一されると、本国からタイへ愛国主義的

教科書が送付され、教育内容は民族主義的色彩を強めた。教授用語にも北京語を基礎とする国語（クォユー）を採用し始めた。同年、ラーマ七世王は、華僑学校を規制する必要性を痛感し、1919年の私立学校法の厳格な実施を要求する布告を出した。教員は全員タイ語試験に合格しなければならなくなった。

1932年6月の立憲革命の後、新政府は教育政策を重視し、教育機会の拡充、職業教育の重視とならんで「国の文化を忘れない教育」という基本原則を推進しようとした。これは、都市に多くなっていた華僑学校に対する寛容な政策の終わりを意味した。なぜなら、華僑学校は、タイの国民統合およびタイ語の識字人口の増大という国家政策の遂行を妨げ、「国の文化を忘れない教育」を行っていないものと考えられた。新政府は1933年から華僑学校に対し華語の教育を週6時間に制限し、文部省の査察を強化することにした。その結果、1935年8月までに79校の華僑学校が法令違反で閉鎖された[10]。

ピブン内閣が1939年に誕生すると、汎タイ運動が進められタイ・ナショナリズムは一層強まった。ピブン首相は、トルコ共和国の初代大統領で欧化主義により近代化を目指したケマル・アタチュルクをモデルとした国家主義を標榜し、国家意識を高揚する国民運動を展開した。1939年には国名をシャムからタイへ変更し、タイ周辺の全タイ民族の大同団結を主張した。また、同年に"国家信条"（ラッタニヨム）を提唱して欧化主義を推進し、華僑の圧迫を図った。その結果、華僑学校への圧迫が強化され、1939年には華語を教える時間は週2時間に制限された。タイの歴史、地理、および公民の授業も義務づけられた。中国文化、共産主義の宣伝色があるとみなされる教科書は摘発され発行禁止処分を受けた。1940年には、バンコク以外のすべての華僑学校は閉鎖され、1944年に開校できたのは2校のみであった。

戦後、祖国である中国が戦勝国となり華僑の愛国主義が高揚する中で、華僑学校が再開され、1948年には全国で426校、全生徒数は6万人に及んだ。1949年の北京における共産政権の樹立に伴い、タイ華僑の間にも共産主義の影響が強まった。再登場したピブン政権は反共主義を掲げ華僑弾圧政策を採り、まず華僑学校を対象とした。1951-52年にタイ人校長、視学官の派遣により、教科書と教師採用を通して思想統制を行った。1954年の新私立学校法の制定に伴い、学校の所有者、理事、校長はタイ人であること、カリキュラム

は政府編成のものに従うよう定め、政府はその規制を厳しく実施した。教師はタイ語試験に2年以内に合格しなければ資格を失うことになった。華語の授業は週10時間に制限された。その影響から華僑学校は1955年には217校に半減した[11]。

1996年、現在、華語を教授用語とする学校はないが、バンコク、チェンマイ、ハージャイ等の大都市には私立小学校で華語を教える華人学校がいくつもみられる。それらの学校では、主に華人系子弟が就学し、政府が設置したカリキュラムに従って教育するが、選択外国語として華語を教えている。ただし授業時間は1日1時間しか教えることができない。従来、授業対象が小学校1年生から4年生までに限られていたが、1989年から6年生まで延長された。更に、1992年に幼稚園や中等学校でも華語教授が認められることになった。

② マレー系イスラーム学校

1932年の立憲革命以降強まったナショナリズムの影響がマレー系イスラーム社会にも押し寄せると、マレー系イスラーム教とは行政的にタイ人として処遇されるようになった。タイ語による義務教育の普及も図られた。しかしマレー系イスラーム教徒が多い南タイでは、初等教育の普及は停滞気味であった。その当時の視学官に出会ったカンヤ・ウィッタンは、パッタニー地方の教育状況を次のように述べた。「マレー人の親たちは、子どものタイ語教育に反対している。タイ語は彼らの母語ではないからだ。タイ語が教授用語であれば、イスラーム教を学習する機会がなくて子どもが仏教徒になってしまうことを恐れている」と[12]。

マレー系イスラーム教徒の側では、その後、以前からあったタイからの分離・独立志向を強め、第2次大戦中には彼らの主流はイギリス・マレー連合と協力して、タイ・日同盟軍に対しレジスタンス運動を行った。戦後は、マレーシアとの合併を目標として国連への提訴を含めた分離運動を展開した。しかし、その実現が困難となり、またサリット、タノム両軍事政権の弾圧が強まると運動は分裂し、一部の者は尖鋭な反乱計画や運動を行った。1960年以降、一部過激派はマラヤ共産党、タイ共産党と連帯して闘争を進めた。また、穏健派は自治権の拡大を目指して大衆運動を展開した。こうした分離・

独立運動、過激闘争、大衆運動に対応して、タイ政府の文化的同化政策は強化された。

教育政策をみると、タイ語を教授用語とする小学校の急速な普及、および私立イスラーム学校に対する強い規制と援助がその特色であった。

タイからの分離・独立運動や自治権拡大運動等は、その本拠を伝統的イスラームの教育機関である"ポーノ"（マレー語はポンドック）においていると考えられた。そのため、南部に多いポーノへの規制と援助を通して文化的統合が図られた。ポーノにおける伝統的イスラームの教育は、中等レベルの生徒を主な対象に、マレー語を教授用語としてイスラームやそれと関係するアラビヤ語、マレー語を内容としてきた。

このポーノに対する政府の主な規制をみると、1961-65年間に、ポーノを正式の教育機関として登録することを奨励し、宗教科目以外にタイ語と職業科目も教授しなければならないことにした。1965-71年間には、登録したポーノを3-5年以内に正規の私立イスラーム学校に転身するよう命じた。1971-78年間には、私立学校に転身した学校は、次の性格をもつことが強調された。1）タイ人としての国家意識をもたせる。そのため"ラック・タイ"に対する忠誠を強める。2）タイ語の読み書き能力を高める。3）普通科目と職業科目の改善を図ることである。これらのことを徹底させるために、文部省カリキュラムの適用、学校時間割の改善、教員手引書の作成、教員に対する研修等が行われた[13]。1978年以降は、私立イスラーム学校のタイへの同化と質的改善を図り、文部省私学教育審議会を通じて学校管理者の再訓練、教科書の改善（文部省カリキュラムに応じた教科書作り）、イスラーム教員に対するタイ語と社会科の訓練、地方に適した職業教育の指導等が実施されてきた。

このような政策の結果、イスラーム教に加えてタイ語と普通教科を教える私立イスラーム学校が増え、1997年に南タイでは143校となった。それでも、イスラーム教という宗教教育しか行わない学校が同年でまだ241校みられた。

なお、初等教育に関する新しい流れとして、1976年度より南タイ4県（第2教育区）の公立小学校でイスラーム教育が実施されるようになった。1980年には、初等カリキュラムにイスラーム教育が正規教科として認可され、仏教や道徳分野の内容を読み替える形で教授された。1994年の改訂カリキュラム

ではアラビア語とマレー語もイスラームの科目に加えられた。
③ 山地民の教育
　タイ北部の山岳地帯には、約20種の山地民が住んでいるが、1995年の統計によるとすべての山地民を合わせて約79万人といわれる。チェンマイ、チェンライ、メーホンソン、ターク、ランパン、パヤオ等の県の山地に集中し、各民族はお互いに離れて生活している。

　殆どの山地民は独自の言語をもっているが、話し言葉のみで書き言葉をもたないのが普通である。タイ語の識字能力についてみると、文部省が1988年に山地民に行った調査によると、5歳以上の山地民のうち教育を受けていたものが76.7％、またタイ語の会話が可能な5歳以上の山地民が56.0％、識字能力をもつ者は16.9％といまだ満足のできる状況にないことを明らかにしている[14]。こうした状態を改善するべき政府や民間団体による識字教育プロジェクトが企画・実施されている。

　山地民の非識字状態を解決しようとする政府の最初の試みは、1959年に設立された山地民開発委員会が行ったものである。同委員会が1966年に明らかにした教育普及の基本原則によると、山地民の教育は、一般的な義務教育とは性格を異にしなければならない。単に機能的識字者を育成するのではなく、国家の安全のために政府への忠誠心を養うことを目指すものでなければならないとした。この基本原則は、その後のプロジェクトにも引き継がれている。例えば、第6次開発計画（1987-91年）によれば、義務教育およびノンフォーマル教育を通して山地民のタイ語識字者を増加させ、同時に、彼らにタイ人であること、タイ社会に住んでいることを認識させ、良き国民とすることに重点をおいた。そのため、タイ語の識字教育の普及、ならびに教育内容としてタイ三原理の遵守が強調されている。

　1992年にチャートチャーイ内閣は、山地民に対する地域開発、環境保全、麻薬撲滅を目標とする開発計画を策定した。その中に文部省の特別委員会が検討した「高地における教育開発計画」を含めた。同計画は、5か年目標として、学齢期にある児童に義務教育を受けさせる、60歳以上の未就学者にもタイ語の会話能力を身につけさせる、山地の1,500の村落において仏教の布教活動を行う、国民的芸術・文化（シラパワタナタム・チャート）を普及させる

こと等を提案した。しかし、1966年に改訂された第2期の同計画(1997-2001年)では、タイ国民養成政策は踏襲しているが、教育・文化・宗教の活動において山地民の言語や文化の多様性を認めていくことが確認された[15]。他方、1979年以降、文部省はノンフォーマル教育の実施に当たっては、山地民の文化を尊重した教育プログラムを提唱し、標準タイ語ばかりでなく北タイ語や各民族語の使用を認め、プログラム内容や教育方法に関しても山地民の参加を通して改善を試みている。

(2) カリキュラムとナショナル・アイデンティティ

タイにおいては戦前から宗教・道徳教育は重視されてきたが、それとならんで愛国心や国王への忠誠心も国家の重要な原理として教えられてきた。それはナショナリズムの昂揚期には特に強調された。近年では、1975年のベトナム戦争終結後の状況においてもみられた。ベトナム、カンボジア、ラオス等の隣国が社会主義国になると、自由主義的な立憲君主体制を採るタイにとって容易ならざる危機と考えられた。1973年10月の学生革命を契機に誕生した文民政府は危機に瀕し、1976年10月にクーデターが起きると再び軍事政権が復活した。当時のターニン内閣は反共主義を前面に打ち出し、民族共同体・宗教・国王のタイ三原理（ラック・タイ）に対する忠誠の重要性を訴えた。

第4次教育計画（1977-81年）では、学生革命による民主化時代を反映した「生活と社会のための教育」という新しい教育改革の指針を示した報告書が出される一方、1976年の軍政に影響された「新国家教育計画」（1977年）が策定された。この教育計画は、前述の国家三原理への絶対忠誠を果たしつつ国家の安全を自覚する人間の育成を掲げた。かくして1978年に成立したカリキュラムは、民主化時代の自由で民主主義的な3年間とその後の軍政時代の国家原理を強調する二つの要素を合わせもつ構成となった。具体的には、国民統合の強化を念頭においた国家原理を重視しつつ、工業化社会に対応できる生産的人間の育成を目指したのである。このカリキュラムは1992年に一部改正されたが基本的に現在のカリキュラムに引き継がれている。

同カリキュラムにおいて強調されたナショナル・アイデンティティ形成に関する内容は、次のような点に認められる。小学校の人格形成分野における

道徳の内容（1-6年生）には、重要資質として「文化を身につけ伝統に従って行動すること」および「民族共同体、国王、および宗教に対する忠誠」が挙げられた。一方、生活経験分野には、タイ国という単元が設けられ、全学年にわたり学習することになった。そこには、1)タイの歴史、2)国旗・民族共同体、3)文化と伝統慣習、4)国王の生涯と重要任務、5)宗教、6)国民の義務と責任等を教えることにした。国民の義務と責任には、タイ人のアイデンティティの保持、法律に従った行動、国家三原理に対する忠誠と保守、納税の義務、国防、タイ文化の維持が挙がっていた[16]。

1985年から、従来選択科目になっていたボーイスカウト、ガールスカウト活動が小学校の必修教科とされた。小学校1、2年生と5、6年生は通年40時間、3、4年生は60時間（1時間は20分）学習するべきこととされた。ボーイスカウト活動は、グループの団結、集団活動の訓練、相互扶助の精神育成にとって有用とされる。活動内容には、身体の訓練、衛生の習慣、実践的モラルの確立等の一般的内容と並行して、「タイ国旗の性格と意味を知り、掲揚の方法を習う」、「民族共同体、国王賛歌を習い、それを聞く時の姿勢を学ぶ」ことも含まれている。

4　教育改革動向

1990年代に入って学校制度、カリキュラム、教育経営等において大きな改革が実施されている。そうした主な改革と国民教育の関係をみてみる。

表2-1-1　小学校における時間割　　（1992年）

学習分野	1-2学年 週時間	%	3-4学年 週時間	%	5-6学年 週時間	%
基礎技能	37.50	50	26.25	35	18.75	20.8
生活経験	11.25	15	15.00	20	18.75	20.8
人格教育	18.75	25	18.75	25	15.00	16.7
勤労体験学習	7.50	10	15.00	20	22.25	25.0
特別経験（5-6学年）	0.00	0	0.00	0	15.00	16.7
計	75.00	100	75.00	100	90.00	100

注）1期間は20分、1時間は3期間から成る。

表2-1-2　中学校における時間割（週時間）　(1992年)

教　科	第1学年 必修 中核	第1学年 必修 選択	第1学年 選　択	第2学年 必修 中核	第2学年 必修 選択	第2学年 選　択	第3学年 必修 中核	第3学年 必修 選択	第3学年 選　択
タ　イ　語	4	—		4	—		4	—	
外　国　語	—	—		—	—		—	—	
理　　　科	3	—		3	—		3	—	
数　　　学	3	—		3	—		3	—	
社　会　科	2	2	10	2	2	10	2	2	13
保　　　健	1	2		1	2		1	2	
芸　　　術	1	—		1	—		1	—	
勤　労　体　験	—	2		—	2		—	2	
進　路　指　導	—	—		—	—		—	—	
特別活動									
ボーイ・ガール スカウト		1			1			1	
課　外　活　動		1			1			1	
ガイダンス		1			1			1	
自　由　活　動		2			2				
計	14	11	10	14	11	10	11	11	13
合　　計	35			35			35		

注）1時間は50分。

　まず学校制度では、前期中等教育の義務化が挙げられる。タイ内閣は、1990年5月に前記中等教育を義務無償教育にすることを決議した。これは、すべての者に基礎教育をという考えに基づいているが、産業経済の発展に伴い労働者の質の向上が求められたこととも関連している。その結果、1990年に39.8％であった中学校の就学率は、1997年には75.8％まで上昇した。

　1980年代から顕著になってきた急速な経済成長、科学技術の影響の拡大、ならびに国際化の進展に伴う国際交流の活発化等によりタイ社会が大きな変化に直面した。とりわけ経済発展により人々は物質中心の生活に偏りがちになった。1992年の国家教育計画は、こうした社会変化を配慮しつつ四つのバランスを考えた基本原則を掲げた。第一は、精神面と物質面の調和を図り、知性、思考、徳性のバランスある発達を目指す。第二は、自然との共存を図り、自然資源の保護と有効な利用を心掛ける。第三に、近代的知識・技術と土着のタイの知恵・文化を調和的に発展させる。第四に、個人的、地域的、国家的レベルにおいて相互依存と自律性のバランスある協調を図り持続的発展を促す。特に、深刻化する環境問題に対処するために環境教育と近代的科学技術の発展の成果をタイ社会に根づかせるために各地方における知恵・文

化の発掘・発展を強調している[17]。

 カリキュラムは、1992年に改定された。新カリキュラムでは国家主義的な三原理は旧カリキュラムほど強調されてはいないが、タイ語や仏教といったタイ文化やタイ人のアイデンティティを維持する要素は堅持され、社会開発の目的として児童生徒が、将来、民主立憲君主制下における家族、社会、国家の良き一員になることを目指している。生活と社会のための教育という旧カリキュラムの主旨を受け継ぎ、社会開発に積極的に参加し、問題解決のために努力する実践的能力を備えた人材の育成を主目標とした。特に、国際社会を意識した外国語の習得、文化的背景の異なる集団に対する配慮、および地方における知恵・文化の尊重を重視していることが注目される。

 これらの動向と平行して、初等・中等教育の内容に各地方の事情を取り入れること、学校において地方や民族の文化伝統を学び維持発展させる活動を行うこと等がみられるようになってきている。地方においてカリキュラムの約20％は地方の文化・知恵（少数民族の文化・知恵を含む）を取り入れてもよいことになった。その影響から前述のように、南タイの公立小学校では、イスラーム教育も実施されている。ノンフォーマル教育においては、山地民教育において指摘したように、山地民に対しタイ語やタイ文化の普及と共に、彼らの母語や伝統文化も配慮しながらノンフォーマル教育の振興を図っている。この点は他の少数民族にも認められ、少数民族に対するノンフォーマル教育は統合主義的になりつつあるものとみなされよう。

 近年における国家財政の困難ということもあって、第7次国家経済社会開発計画（1992-97年）、第7次国家教育開発計画（1992-97年）以降、タイ政府は教育の民営化、地方分権化を強調している。特に、民間組織による教育投資や私立学校の設立運営、地方自治体・地方住民・児童生徒の親の教育経営への参加を奨励している。これは、教育の多様化、質の向上と活性化を主なねらいとしているが、国家の教育財政負担の軽減と教育の民主化促進も意図されている。それらの課題は、1999年8月に制定された新国家教育法における規定として具体化された。例えば、教育方針として自然環境と調和した科学・技術の知識技能の発展、タイの宗教・文化・知恵の重視（第3章）、民間による教育管理・運営（第5章）、地方における教育地区の設立（第5章）等であ

る[18]。同法は3年後の2002年から実施される計画で、新設の教育改革委員会で具体的実施案が検討されている。

(村田 翼夫)

注

1) National Identity Board, Office of Prime Minister, *Thailand in the 90s*, 1995, p.151. ONEL, *Education in Thailand 1999*, p.16.
2) William A. Smalley, *Lingnistic Diversity and National Unity-Language Ecology in Thailand*, The Univ. of Chicago Press, 1994, pp.367-370. Suchart Prasithrathsint, *Ethnicity and Fartility in Thailand*, Institute of Southeast Asian Studies, 1985, pp.30, 32.
3) 村田翼夫「南タイ・パッタニー県におけるマレー系タイ人児童生徒の使用言語と社会観―実態調査の報告―」『比較・国際教育』第2号、筑波大学比較・国際教育学研究室、1994年、73-74頁。
4) ベネディクト・アンダーソン、白石さや・白石隆訳『想像の共同体―ナショナリズムの起源と流行』リブロポート、1987年、167-170頁。
　　タイの例としてラーマ六世ワチラウット王が採用した反中国人政策、初等義務教育政策、国家の宣伝活動、国史の編纂、軍国主義等を挙げている。
5) Krasuangsuksathigarn (タイ文部省), *Prawat Krasuangsuksathigarn 2435-2507* (『タイ文部省の歴史、1892-1964年』)、1964, pp.157-158.
6) Wutichai Moolsil, *Karnphatiroop Karnsuksa nai Rachakarn Ti 5* (『ラーマ五世王時代の教育改革』)、1973, pp.96-98.
7) Samatchai Srikrisana, *Koomu Loogsua Samrong Loogsua Saman* (『カブスカウトとボーイスカウト用ハンドブック』)、1974, pp.5-7.
8) 村嶋英治「現代タイにおける公的国家イデオロギーの形成」日本国際政治学会編『アジアの民族と国家―東南アジアを中心として』(『国際政治』84号)、有斐閣、1989年、125-129頁。
9) ウィリアム・スキナー、山本一訳『東南アジアの華僑社会』東洋書店、1981年、134頁。
10) Keith Watson, *Educational Development in Thailand*, Heinemann Asia, 1980, pp.124-125.
11) 樋泉克夫「タイにおける華僑文化の一端―僑校・華語・僑報―」『人文学部紀要第22号』和光大学、1987年、129-130頁。
12) Uthai Dulyakasam, *Education and Ethnic Nationalism; A Study of the Muslim Malay in Southern Siam*, Stanford Univ., 1981, p.84.
13) Samnakgarn Khanakamagarn Karnsuksa Aekachon Krasuangsuksatigarn (タイ文部省私学教育審議会事務局)、*Nayobai Karnphattana Rongrian Aekachon*

Sornsasana Islam（『私立イスラム教学校の発展政策』）、1981, pp.1-31.

14) Samnakgarn Sathiti hean Chart（国家統計局）, *Karnsamruat Pawasetakit lae Sankom khong Chaukau*（『山地民の経済社会状況に関する調査』）, 1988.

15) Krasuangsuksathigarn（タイ文部省）, *Garnphen Karnsuksa Puun Thi Suun*（『高地における教育開発計画』）, 1992, p.5, p.14, *Garnphen Karnsuksa Puun Thi Suun Chabap Thi 2*（『高地における教育開発計画第2期』）, 1997, pp.8-10.

16) Krasuangsuksathigarn（タイ文部省）, *Laksut Pratomsuksa 2521*（『初等教育カリキュラム』）、1978, pp.137-189, pp.239-241.

17) Office of the National Education Commission, *The National Scheme of Education 1992*, Atthaphone Printing, 1992, pp.7-10.

18) Office of the National Education Commission, Office of the Prime Minister, Thailand, *Phrarchabanyat Kaansuksaahaengchaat, Pho So 2542*,（『国家教育法、仏暦2542年』）1999.

52　第2章　東南アジア諸国の民族と教育

第2節　インドネシア──パンチャシラ教育の現実──

普通中学校の授業（ジャカルタ）

同上中学校の食堂（ジャカルタ）

第2節 インドネシア 53

普通高校の生物の授業(バンドン)

美術高校の校舎(バンドン)

はじめに

　今から70年余りさかのぼった1928年、オランダ植民地支配下のジャカルタで開催された第2回青年会議で「青年の誓い」が採択された。それは「インドネシア国というただ一つの祖国をもつこと」「インドネシア民族というただ一つの民族であること」「インドネシア語という統一言語を使用すること」の三つを誓うものであった[1]。オランダの植民地支配のもとで、インドネシア民族としての統一意識がこのように表明された。しかし、現実には言語や生活様式を異にする多様な民族集団 (suku bangsa) に分かれており、植民地支配の領域内で人々の間に一つの民族としての意識が共有されていたわけではなかった。

　「青年の誓い」のあと、インドネシア共和国が独立を達成するまでに約20年の歳月を要した。現在のインドネアシア共和国は面積が約190万平方キロメートル、人口は約2億人を越える大国である。国土はスマトラ島、ジャワ島、カリマンタン島、スラウェシ島を初めとする多くの島々から成る。スマトラ北端のサバンからイリアン・ジャヤのマラウケにいたる東西に長い地理的な広がりだけでなく、海による隔絶、島の内陸部における交通の困難等の要因から多様な言語集団や地域文化が保持されてきた。分類の仕方にもよるが、300余りの種族（民族集団）と250以上の言語に分かれるともいわれる。最大の言語集団はジャワ語で全体の約40％である。それにスンダ語、マレー語、マドゥラ語、ミナンカバウ語、ブギス語、バタック語、バリ語、バンジャル語が続き[2]、上位10の言語集団で全人口のおよそ90％を占める。このことは他方で、その他の小さな言語集団が非常にたくさん存在するということを示してもいる。国家語はインドネシア語であり、最大の言語集団であるジャワ語ではない点が注目される。インドネシア語はスマトラ島のリアウ地方のマレー語を国家語として整備したもので、隣国マレーシアの国家語であるマレー語と基本的に同じ言語である。マレー語はこの地域の共通語（リンガ・フランカ）として使われてきた歴史があり、植民地期には準公用語的な役割を担っていた。こうした側面もマレー語（即ちインドネシア語）の国家語化に与っ

た。インドネシアでは地方語の問題だけでなく、文化・宗教的な著しい多様性の上に国家形成が進められ、「ビネカ・トゥンガリイカ」（多様性の中の統一）がスローガンとして掲げられている。

1 多文化・多民族社会の現実

　宗教別人口ではムスリム（イスラーム教徒）が総人口2億人余りの90％近くを占め、一国としては世界最大のムスリム人口を抱えている。イスラームの他に、プロテスタント（5.8％）、カトリック（3.0％）、ヒンドゥー（2.1％）、仏教（1.0％）を信仰する人達がいる。パンチャシラ（国家五原則）の第一原則として唯一なる神の信仰が掲げられているが、その信仰はイスラームに限るものではなく、上記の五つの宗教が公的に認められている。また、1945年憲法で、宗教共同体の独立性を保障するというかたちで信仰の自由も保障されている。

　宗教人口比は地域により大きく異なる[3]。スマトラ北端のアチェ、西スマトラ、南スラウェシ等は特にイスラームの強い地域として知られる。しかし、それぞれ地域性と歴史的経緯、民族集団や地域文化と関連してイスラームの信仰実践の様相は異なる。ジャワもムスリムが圧倒的多数を占めるが、ヒンドゥー王国が栄えた歴史があり、伝統的なイスラームの信仰の中にはヒンドゥーやアニミズムとの混淆が指摘される面がある。また、その信仰の正統性ともかかわって、サントリ（敬虔なムスリム）とアバンガン（名目的なムスリム）という性格づけもなされてきた[4]。

　一方、キリスト教は東部インドネシア地域、特にマルクや北スラウェシ、東ヌサテンガラ等で長い歴史をもつ。北スマトラやカリマンタン、イリアン・ジャヤ等でもキリスト教徒（プロテスタント）が占める比率が高いが、その改宗は比較的新しく19世紀末から20世紀初めにかけて行われた。プロテスタントは北スマトラのバタックを初め、特定のエスニック・グループとの結びつきが強い。ヒンドゥー教徒はバリ島で圧倒的多数を占める。また、ロンボク島や東部ジャワ、中部ジャワの一部にもヒンドゥー教徒が多く生活する。仏教徒の殆どすべては中国系の人々である。彼らはインドネシア全域にわたって特に都市部に多く住むが、リアウ州のバンカ島などにも多い。カリマ

ンタンの内陸部およびスマトラの東海岸の村落部に住む中国系住民は1959年から1960年にかけて治安の問題から強制的に都市部に移住させられている。

人々の生活様式も様々であり、極端なところではニューギニア島の西半分であるイリアン・ジャヤの内陸部では男はコテカ（瓢箪の一種から作ったペニスケース）をつけただけという裸族の人々が石器を主に使った生活を続けている。高層ビルが立ち並び、贅沢なショッピングセンターに物が溢れるジャカルタなどの大都市の生活からは想像もできない。以下に宗教と言語を軸にインドネシアの多民族・多文化と教育の問題を考察する。

(1) 植民地支配と多文化社会
① 伝統的な教育

近代学校が植民地支配に伴って移入される以前から、イスラームの組織的な教育が広く行われていた。子ども達は村の小さな礼拝所に集まり礼拝の仕方とコーランを学ぶ。これはプンガジアン・アルクルアーン（コーラン学習）と呼ばれ、その基礎的な学習に続く段階がポンドック・プサントレン（イスラーム寄宿塾）である。ポンドックはアラビア語で宿を意味するフンドクに由来し、寄宿制のイスラーム教育の場を指す。他方、プサントレンはサントリ（敬虔なイスラーム教徒）が集まる所を意味する。更に、サントリはインドで聖典を知る者を意味するシャーストリに由来するとされ、この語源類推からプサントレンをジャワに固有の、即ちヒンドゥーの伝統の上にイスラーム化された地域固有の教育組織であるとする見方もある。

或る人がイスラームの学識を身につけ人々の尊敬を集めるようになると、その人に師事するために若もの達が集まってくる。師は若もの達からキヤイと呼ばれ、彼の家のまわりに若もの達によって粗末な小屋（宿舎）が建てられ、若もの達はそこに寄宿してイスラームの教義と実践を学んだ。このようにして、キヤイを中心に、そこに集まったサントリ（生徒）で形成される学習のコミュニティがポンドック・プサントレンである。キターブ、即ちアラビア語で書かれたイスラームの教義書・注釈書を学習する。ポンドック・プサントレンはキヤイの個人的な学識に特徴づけられるために、様々な分野の高度な学問を学ぶためには、いくつかのプサントレンを遍歴しなければならな

かった。プサントレンはウラマー（イスラーム学識者）養成の役割を担うと同時に、他方で敬虔なムスリムになるために青年期を過ごす一般的な過程でもあった。

　プサントレンの生活は自主的な管理と主体的な学習に特色づけられた。生徒達自身の学ぶ意欲と自己管理、そしてそれに対する社会的な支持がプサントレンの発展に与った。キヤイは学識があっても教えるのがうまいとは限らず、むしろ下手なキヤイが多かったらしい。にもかかわらず、ルラー・ポンドックと呼ばれる上級生が下級生の指導に当たり、生徒相互の間でも学びあいの伝統があったために、学習は非効率なものではなかったという[5]。

② 植民地支配と近代学校制度

　オランダによる植民地支配は350年に及ぶが、現在のインドネシアのほぼ全域を支配下におさめるのはようやく20世紀になってからのことであった。オランダが植民地の教育に関与するのは、1871年の基本教育令および1872年の同教育令一般規程以降のことである。同教育令では学校の設立と維持に関する保護と責任が政府にあることが示された[6]。また「インドネシア人のための学校の教育は地方語で行うものとする」との原則が掲げられた。他方で、地方語が教育の目的に不適切であったり、地方の言語で書かれた教科書が手に入れられないところでは、マレー語が用いられるとの規定が加えられた。このようにマレー語には準公用語的な地位が与えられ、のちに民族意識の覚醒と共にマレー語は統一のシンボルとしてインドネシア語と呼ばれるようになった。

　20世紀に入るまでオランダ語を教授用語とする学校への入学はヨーロッパ人、ユーラシアン（欧亜混血）、そして非ヨーロッパ人の上流階級の子弟に限られた。入学にはオランダ語の能力が求められ、原住民貴族層は子弟のために家庭教師を雇い準備教育を行った。オランダ語教育の機会が拡大されるのは、「倫理政策」が掲げられてからのことである。新しく設立された医学校、農学校、工科学校等にオランダの植民地支配区域全体から生徒が集まってきた。中央集権化され厳格なヒエラルキーをもつ学校体系が作られ、アンダーソンが「巡礼の旅」と呼んだように、生徒・学生はヒエラルキーの地理の中心（頂点）を目指して旅を続けた。「そして、この巡礼の旅のなかで、かれら

は、さまざまの、そしておそらくかつては敵対していた土地からやってきた旅の同伴者、小学校では村々から、中学校、高校ではさまざまの民族言語集団出身の、そして首都の高等教育機関では植民地の全域からやってきた巡礼仲間とめぐり会った[7]」。彼らはオランダ語を介してヨーロッパの新しい思想にふれると共に、オランダの植民地支配の下にある同胞としての意識が彼らの間に共有され、民族主義運動の発展へと繋がっていく。それは言語・文化的な多様性を越えた「インドネシア民族」の誕生であった。

③ イスラーム教育と近代学校の対抗関係

1871年の基本教育令の中で、学校における宗教的な中立性が規定されたが、それは学校から宗教教授を排除することにつながった。植民地政府による近代学校の拡充には、宗教的中立性を装いながら、この地の人々をイスラームから切り離し、西洋文明に引きつけるという意図が隠されていた。1895年の私学教育に対する補助金の割当てが規定されて以降、政府学校とミッション系の学校は手をたずさえることになり[8]、近代学校が担ったイスラーム弱体化の役割は一層明確になった。

20世紀初めから都市部のムスリムの間に伝統的なイスラームのあり方に対する危機意識が強くもたれるようになる。1912年に中部ジャワに設立されたムハマディヤは近代派イスラームの組織として教育の分野にも大きな影響を与えた。彼ら近代派の改革に共通するのは、まず第一にコーランとハディース（預言者ムハンマドの言行に関する伝承）の精神に依拠することを主張した。第二に社会意識を高めることを主張し、ムスリムは変化する社会に目を向けなければならないと訴えた。そして第三に伝統的なプサントレン教育制度を西洋の方式に基づく学校制度におきかえることを提唱した。近代派による学校制度の導入に対して、ジャワでは伝統派も1926年にナフダトゥール・ウラマ（ウラマーの覚醒）という組織を作り、法学の解釈に関しては伝統派の原則を固持しつつも、教育の制度化の面では近代派に追随した改革を推し進めた。イスラーム教育における学校制度の導入は、植民地政府による近代学校の拡充に対抗するものであった。スコラ（学校）はイスラームを弱体化させる役割を担い、それに対してマドラサはイスラームを強化することを目指した。ここにスコラとマドラサの二元的な対抗関係がより鮮明になった。

2 多文化と国民教育の葛藤

(1) 独立と国民教育制度の形成

　日本軍政期を経て1945年8月17日にインドネシアは共和国として独立を宣言した。その後、共和国の独立が国際的に承認されるまでには、4年余りにわたる独立戦争を経なければならなかった。1945年憲法および憲法前文に示されたパンチャシラ（国家五原則）に国家の基盤がおかれている。パンチャシラは、(1)唯一なる神への信仰、(2)公正にして礼節に富む人道主義、(3)インドネシアの統一、(4)協議と代議制による英知に導かれる民族主義、(5)すべてのインドネシア国民にとっての社会的正義の五原則から成る。パンチャシラの第一原則にはイスラームの神アッラーという語は使わず、トゥハン・ヤン・マハエサ（Tuhan yang Maha Esa）という用語が使われている。唯一なる神の信仰はイスラームに限るものではないが、他方で無宗教・無信仰は許されず、国民は五つの公認宗教のいずれかを信仰しなければならない。また、国民教育制度に関しては、1945年憲法第31条で「すべての国民は教育を受ける権利を有する」「政府は法律の定める所により、単一の国民教育制度を確立し実施する」と規定された。独立後、敬虔なムスリム層はマドラサが教育文化省の管下におかれるのに抵抗し、結果的には1946年1月に宗教省が設置され、マドラサはその管轄となった。ここにスコラは教育文化省、マドラサは宗教省という二元的な行政制度として固定化された。ムスリムは数では圧倒的な多数派でありながら、敬虔なムスリムは少なく、彼らはマイノリティとしての意識を強くもち、その精神構造がマドラサ制度を支えてきた。

(2) 国民教育制度における言語の位置づけ

① 教授用語における国家語と地方語

　1942年に日本軍政下におかれ、オランダ植民地期の言語別・民族別の複線型学校体系が廃止された。更にオランダ語の使用を全面的に禁止し、それを日本語に置き換えようとした。しかし短い期間での置き換えは難しく、地域の共通語としてのマレー語（インドネシア語）に頼らざるをえなかった。イン

ドネシア語は日本軍政下のインドネシアにおける公用語となり、オランダ植民地期よりも広い範囲に浸透した。

独立後の1950年に出された「学校における教育と教授の基本に関する法律」(学校教育基本法)の第5条に、「(1)統一の言語であるインドネシア語を全インドネシアの学校における教授用語とする、(2)幼稚園および小学校の下級3学年までは地方語を教授用語として用いてよいものとする」と規定された。

この条項には次のような解説が付された。

「まだ、小さい子ども達のための教育が最善の成果をあげられるように、それらの学年で地方語を教授用語として用いてよい。その言語がインドネシア語と大きく異ならない地域、特にミナウカバウ地域やジャカルタ等の地域ではインドネシア語が最下級段階から教授用語として用いられる。小学校第1学年から3学年で地方語が教授用語として用いられるところでは、それらの学年でインドネシア語が必修教科として教えられ、第4学年以降にインドネシア語を教授用語として用いるのに支障のないように学習が行われる[9]」。

ちなみに、影響力の強い地方語としてジャワ語、スンダ語、マドゥラ語、バリ語、アチェ語、バタック語、ブギス語、マカッサル語等が挙げられた。

② 華人と華語の教育

独立国家の形成は、中国系の住民に対して市民権を与えてインドネシア国民の中に組み込むか、あるいは市民権を与えずに外国人として排除していくかという過程でもあった。市民権を与えない外国籍の中国系の人々に対しては、華語(北京官話)による教育を外国人学校の枠内で認めていたが、それものちに打ち切られた。

1950年に中国語を教授用語とする学校[10]に対する補助金を停止した。1952年には教育省への登録を義務づけ、第3学年からインドネシア語を週に4時間教授することを義務づけた。1956年末に起こった中央政府に対する反乱を終息させた後、華人の教育に対する新たな規制として1957年に、インドネシア国民が外国人学校、即ち中華学校に入るのを禁止した。また、中華学校およびその教師についても教育省の許可が必要になり、外国人学校の新設も許可されなくなった。中華学校の多くはインドネシアの国民学校に転換された。これらの学校では生徒が華人であること、中国語が教科として教えられるこ

とを除いて政府学校と同じカリキュラムに従った。更に台湾系の中華学校が禁止され、北京系統の学校のみが存続したが、教師にはインドネシア語能力試験が課された。1965年9月30日の共産党蜂起未遂事件ののち、外国人学校の禁止が発表され、中華学校はすべて閉鎖された。その後、暫定措置として華人のための特別な学校が設けられたが、それはインドネシアの国民学校のカリキュラムに従い、インドネシア語を教授用語として、教師もインドネシア人（インドネシア市民権をもつ者）とするという枠がはめられていた。そうした学校も1975年には移行期間が終了したとしてすべて打ち切られている。

(3) 国民教育制度における宗教教育の位置づけ

宗教教育については1950年の「学校における教育と教授の基本に関する法律」第20条に「(1)国立学校に宗教学習がおかれる。その子どもが宗教学習を受けるか否かは両親が決めるものとする、(2)国立学校における宗教学習の提供の方法は、教育大臣が宗教大臣と共に定める規則によって規定される」と定められた。そして1951年の「国立学校における宗教教育規程」で、宗教教育は小学校4年から中学・高校を通して週に2時間教えられることになった。また、特別の事情があれば、小学校1年から始めることができ、週に4時間まで増やすことができるという但書も加えられている。

異なる宗教を信仰する生徒が一つの学級で学んでいる場合の処置については、同規程第4条に示された。即ち

1) 宗教教育は各生徒の宗教に従って与えられる。
2) あらたな宗教教育は、一つの宗教を信仰する生徒が少なくとも10名以上の学級において与えられる。
3) 一つの学級で、ある時に教授されている宗教と異なる宗教を信じる生徒、また教授されている宗教を信じるが、それを学習するのに親の同意を得ていない生徒は、その宗教学習の間、その学級の授業を受けなくてよい。

ここで宗教教育を受けるために親の同意を条件にした点が注目される。イスラーム教徒の両親の間に生まれた子どもはイスラーム教徒であるとされる。また、成人に達するまでは自分で他の宗教を選択することはできない。これ

はイスラーム以外の他の宗教に関しても同様である。仮にイスラーム教徒の生徒がキリスト教に興味を抱き、その宗教教育を学校で受けたいと考えても、「親の同意」がなければ許されない。他方、宗教教育において特徴的なのは、宗教を知識として学ぶのではなく、それぞれの宗教のよき信者を育成するためのものであるということである。

1965年9月30日の共産党蜂起未遂事件ののち、無神論＝共産主義支持者であるとの考えが支配的となり、共産主義から国家を守るものとして宗教が重視された。1966年の国民協議会決定で、宗教教育の必修的性格が明確にされた。即ち宗教教育に関して「生徒の保護者もしくは成人に達した生徒が支障を明らかにする時、それに従わない権利をもつ」という以前からの除外規定が削除され、「宗教教育を小学校から国立大学にいたる学校における教科とする」とされた。1968年カリキュラムでは宗教教育はパンチャシラ精神を発達させるための六つの基本教科に含まれただけでなく、教科順の筆頭に据えられた。その後、1975年カリキュラムではパンチャシラ道徳教育が教科として独立し[11]、宗教教育に次ぐ第二番目の教科順におかれた。パンチャシラ道徳教育では、第一原則（唯一なる神の信仰）に関わった内容としては、信仰の自由と共に、異なる宗教に対して寛容な態度をとることが一つの柱とされた。この寛容な態度の育成こそ宗教的な対立を回避し、国家の統一を守っていく上で極めて重要なことであろう。ちなみに1994年の新カリキュラムでは、パンチャシラ道徳教育が公民教育に統合されてパンチャシラ公民教育となり、教科順の筆頭を占め、他方、宗教教育はそれに次ぐ第二番目の教科順に据えられている。

3　国民教育制度の現在

(1)　国民教育制度法と9年制義務教育の実施
① 開発政策の推進と教育改革

第1次長期25か年計画期が1993年度で終了し、1994年より第2次長期25か年計画期に入った。5年に1度開催される国民協議会（MPR）で、次期の5か年を担当する大統領と副大統領が選出され、国家政策大綱（GBHN）が決めら

れる。1993年3月に開催された国民協議会では、教育における最優先課題として、(i)9年制義務教育の実施、(ii)教育機会の均等化、(iii)職業教育の充実と質の向上が決定された。この国家政策大綱に基づいて、第2次25か年計画および第6次5か年計画の目標が決められ、更に省レベルで具体的な施策が検討された。教育分野において第6次5か年計画の目標を達成するための施策として、(1)9年制義務教育の実施、(2)教員の質の向上、(3)カリキュラム開発、(4)教科書・関連図書の整備、(5)施設・設備の充実、(6)普通中等教育および職業中等教育機関の整備、(7)高等教育機関の育成、(8)学校外教育の育成、(9)一般企業の貢献、(10)計画立案・管理運営能力の向上が掲げられた。

　1994年5月2日の「教育の日」に当時のスハルト大統領によって9年制義務教育の実施が宣言された。小学校6年間の義務化は1984年に実施されており、地域によっては就学していない児童や中途退学する児童も少なくないが、小学校の就学率は100％近い数字を示している。これに対して、中学校の就学者数は1994/1995年度の時点で約639万人、粗就学率では50％を越えていたが、純就学率では計画通り進捗しても5年後でも50％に到達しないと見込まれた。中学校段階を普遍化するには校舎・教室の大増設が必要となり、当時の予算規模では約25年はかかるとみられていた。スハルトの宣言は、今後10年ないし15年の間に基礎教育の普遍化を達成すべく、国民的な運動として取り組んでいくことを呼びかけるものであった。

　地理的・経済的その他の理由から中学校への就学が困難な生徒のために、小規模中学校（SMP Kecil）の設置と公開中学校（SMP Terbuka）の拡大計画が考えられた。小規模中学校は人口密度の低い地域で一定規模の生徒を集めるのが難しい地域を対象とするものである。配置される教師数も当然少なく、そのため複数教科を担当するための教師教育プログラムを検討しなければならなかった。公開中学校は、様々な理由から正規の中学校に通えない生徒を対象とする遠隔教育の一種である。当該地方の普通中学校を拠点に、そこに公開中学校の運営組織をおき、生徒はそれぞれの地域単位で小学校の先生や村長等の指導の下に、グループあるいは個人で学習する。そして週に1回定期的に中学校の教師による面接授業を受ける。これは生徒が拠点校に出かけていくか、あるいは教師が地方に出向いて授業を行うかのいずれかである。

公開中学校は僻地に限らずジャカルタのような都市部でも、正規の中学校に通えない生徒を対象として、その役割に期待がかけられた。

インドネシアの僻地は日本では想像もできないくらいにスケールが大きい。特に東部インドネシア地域のマルク州やイリアンジャヤ州では、問題はとりわけ深刻である。車が通れる道がない陸の孤島で、町からは徒歩で2日も3日もかかるような所や小さな船でしか辿り着けない島、更に波浪によって1年間の特定の時期に近づけなくなるような所にも集落があり学校がおかれている。僻地教員特別手当てや僻地に教員宿舎を用意するなど教師の福利厚生面での待遇改善がなされつつあるが、それでも教師の確保は難しい。孤立した地域が多く言語的文化的な違いから教師が赴任を嫌がるケースが少なくない。

② 国民教育制度法とカリキュラム改革

スハルト体制になって以降のカリキュラム改訂は1968年、1975年、1984年、そして1994年に実施された。1994年の改訂は1989年に国民教育制度法(「国民教育制度に関するインドネシア共和国法律1989年第2号」)が施行されてから初めてのものである。国民教育制度法に続いて翌1990年には就学前教育、基礎教育、中等教育、高等教育に関する各施行規程が出された。新しい法の下で、学校段階は基礎教育(9年)、中等教育(3年)、高等教育の三つに整理された。

(基礎教育カリキュラム)

表2-2-1 基礎教育カリキュラムの教科と配分時数

	小学校						中学校		
	I	II	III	IV	V	VI	I	II	III
1. パンチャシラ公民教育	2	2	2	2	2	2	2	2	2
2. 宗教教育	2	2	2	2	2	2	2	2	2
3. インドネシア語	10	10	10	8	8	8	6	6	6
4. 数学	10	10	10	8	8	8	6	6	6
5. 理科	—	—	3	6	6	6	6	6	6
6. 社会科	—	—	3	5	5	5	6	6	6
7. 手工芸・芸術	2	2	2	2	2	2	2	2	2
8. 体育・保健	2	2	2	2	2	2	2	2	2
9. 英語	—	—	—	—	—	—	4	4	4
10. 地域科	2	2	4	5	7	7	6	6	6
	30	30	38	40	42	42	42	42	42

1994年の基礎教育（小学校と中学校用）カリキュラムの教科と配分時数は表2-2-1の通りである[12]。

教科の整理統合として、これまでは社会科の他にパンチャシラ道徳教育と独立闘争史教育の2教科が独立して設けられていたが、公民的な内容を統合してパンチャシラ公民教育という教科となった。他方、歴史に関する内容は社会科の中に含められた。更にパンチャシラ公民教育がこれまでの宗教教育に代わって教科の筆頭順位を占めることになった点も注目される。理科と社会科は従来1年生から教えられていたが、改訂では小学校3年生以降に教えられることになった。

地域科（muatan lokal）が設けられたことも大きな意味がある。小学校1年と2年が2時間、5年生になると7時間が地域科に充てられる。地域の実情と必要に応じた内容を教えることができ、例えばその時間を利用して、観光産業が期待されるバリでは英語と伝統芸能、イスラームの強い西スマトラではコーラン朗誦やジャウィ（アラビア文字表記のマレー語）を学ぶといったことが可能になった[13]。地域のニーズに即した教育を実現することに目的があるが、地方への権限委譲に一歩踏み出した点が注目される。

（高校のカリキュラム改革）

1994年カリキュラムでは、コース分けが2年次から3年次に変わり、コースも従来の4コースから3コースに整理された。従来の1984年カリキュラムでは、物理、生物、社会、文化の4つのプログラムに分かれたが、新カリキュラムでは3年次で言語、理科、社会の3つのプログラムに分かれる。新カリキュラムでは1年次と2年次は共通に数学、理科（物理、生物、化学）、社会科（経済、社会学、地理）も学ばなければならなくなった。コース分けの時期を遅らせると共に、理科の2コース（物理、生物）への分け方の難しさ、プログラム毎の担当教科教師の問題（地方に配置された教科教師と個々のプログラムへの対応の難しさ）等への対処という側面もあったが、実施してまもなく大きな問題に直面した。それはコース分けの時期を遅らせたことによって、より多くの負担を生徒に強いることになった点である。またプログラム毎に必要とする専門教科の教師（例えば日本語の教師）の数・構成も変わり、他の教科担当へと変わることを余儀なくされた教師も少なくない。1998年9月には早くも

カリキュラム改訂の計画が公表された。

(2) イスラームと教育をめぐる状況の変化

普通学校におけるジルバブ（ムスリム女子生徒の特別服）の制服許可も大きな変化の一つである。敬虔なムスリムの親は、以前はジルバブ着用という理由で娘をマドラサに就学させることが多かった。しかし、マドラサの教育は質の点で低く進学機会においても普通学校より不利であった。普通学校でジルバブの制服が認められたことで、女子生徒の進学機会やキャリアの可能性が広がるとみられる。また、ムスリムの比較的豊かな中間層の増加を背景に、幼児教育も重視され、コーラン幼稚園が各地に設置されている。国家によるイスラームの制度化と社会のイスラーム化の進展によって、今やムスリムは、名実共にマジョリティとしての自信を確たるものにしつつある

1994年のカリキュラム改訂において、マドラサは「イスラーム的な性格をもつ一般学校」として位置づけられた。そして国立のマドラサは授業時間数における一般教科の割合を従来の70％から80％まで増やすことになった。一般教科の内容と水準については以前からスコラとマドラサの間で統一するための努力が行われてきていたが、この改訂は統合に向けて更に一歩前進したといえる。

他方で宗教イスラーム高校（Madrasah Aliyah Keagamaan）が設置され、そこでは宗教教育の割合が50％とされた。イスラーム法廷の判事やイスラームの宗教教師等の専門職養成は主として14校の国立イスラーム宗教大学（IAIN）で行われるが、宗教イスラーム高校は主にこの大学への進学準備教育を行う学校である。これまで特別プログラム・マドラサと呼ばれていたが、国民教育制度法の規定では宗教中等学校のカテゴリーに含まれるので宗教イスラーム高校となり、カリキュラムも改訂が行われた。

9年制義務教育の実施において民間の努力が奨励されており、特にイスラーム組織による私立マドラサの拡充が、就学率の向上に大きな役割を果たすと期待されている。マドラサをイスラーム的性格をもつ一般学校として位置づけ、一般教科の質的向上を図ろうとする政策も9年制義務教育の実施と深く関わっている。

おわりに

　タイの通貨危機に端を発した東南アジアの経済危機は特にインドネシアで深刻な状況を招いた。1998年5月には民衆の経済的な困窮がジャカルタでの大暴動につながった。一気に体制批判が噴出し、1998年3月の国民協議会で再選されたばかりのスハルト大統領が退陣に追い込まれ、そしてハビビ副大統領が大統領職を引き継いだ。スハルトの強権抑圧体制の崩壊は民主化運動を加速化させた。総選挙もこれまでは3党のみで行われ、与党ゴルカルの圧勝が約束されていたが、1999年6月に繰り上げて実施された総選挙は実に48党が名を連ねるものとなった。東ティモールの分離独立問題を初め、各地で民主化と自治の要求が高まっている。1950年代後半には国軍によって国家の統一が辛うじて維持されるような時もあったが、その後の開発政策の推進、国家機構の末端に至る組織化、運輸交通システムの整備等によって国家の基盤は格段に強化されたと思われていた。しかし、その巧みな国家統一の方策も旧スハルト政権に対する批判の下に再考が迫られた。ハビビ政権の下で、地方分権化、民主化に向けての改革が進められ、それをついだアブドゥルラフマン・ワヒド大統領は、頻発する宗教・民族抗争、アチェやイリアンジャヤの分離独立運動に直面している。民主化の圧力の前に「多様性の中の統一」を掲げるインドネシア国家そのものが存亡の危機に面しているといってよい。

　推進されつつある9年制義務教育は、インドネシア語の強化とインドネシア国民としてのアイデンティティの強化に繋がる面もあるであろう。スハルト体制の下で民族や文化の多様性はもはや国家基盤を脅かすものではないと認識されていた。官製の民族（地方）文化保護策によって、文化的なアイデンティティは非政治的な領域に閉じ込められ、国民としての一体感が強められる中で、多様な文化・生活様式はむしろ豊かな資産として捉えられるようになっていた。教育の分権化に踏み出したといえる地域科の導入にも政府の自信を窺うことができた。しかし、他方で教育の普及と情報の流通に伴う人々の政治意識の高まりは、地域的・文化的な要因を改めて政治化させるもので

もあり、国家統一の舵取りを難しくしつつあるともいえよう。

(西野　節男)

注
1) 永積昭『インドネシア民族意識の形成』東京大学出版会、1980年、260頁。
2) 石井米雄監修『インドネシアの事典』同朋社、1991年、5頁。
3) インドネシアの州別宗教別人口については、『インドネシア・マレイシアにおけるムスリム・アイデンティティーと中東地域の人的・経済的関係に関する調査研究』アジア社会問題研究所、1998年、16頁。
4) 歴史と宗教をめぐっては、ジョン・D・レッグ、中村光男訳『インドネシア 歴史と現在』サイマル出版会、1984年。
5) ポンドック・プサントレンの教育内容については、西野節男『インドネシアのイスラム教育』勁草書房、1990年。
6) Kroeskamp, H., *Early Schoolmasters in a Developing Country: A history of experiments in school education in 19th century Indonesia*, Koninklijke van Gorcum & Comp, 1973, pp.360-363.
7) ベネディクト・アンダーソン、白石さや・白石隆訳『想像の共同体——ナショナリズムの起源と流行』リブロポート、1987年、207頁。
8) Kooeskamp, *op.cit.*
9) Soegarda Poerbakawatja, *Pendidikan dalam Alam Indonesia Merdeka*, Gunung Agung, 1970, p.356.
10) 中華学校の教育については、西野節男「インドネシア華僑と華僑教育」西村俊一編著『現代中国と華僑教育』多賀出版、1991年、247-265頁。
11) 国民教育とパンチャシラ道徳教育をめぐる問題については西村重夫「国民教育——パンチャシラ道徳教育への展開をめぐって」土屋健治編著『東南アジアの思想』(講座 東南アジア学 第6巻) 弘文堂、1990年、234-254頁。
12) *Kurikulum 1994 Pendidikan Dasar dan Pendidikan Menengah*, Departmen Pendidikan dan Kebudayaan R.I., 1993, p.12.
13) 地域科の授業の実態については、中矢礼美「インドネシアにおける地域科カリキュラムの機能に関する批判的研究」日本比較教育学会編『比較教育学研究』第23号、1997年、113-127頁。

第3節 マレーシア──ブミプトラ政策と複合社会の教育──

サラワク州のイスラーム中等学校

セランゴール州（クアラルンプール郊外）の農村普通中等学校

マレーシアのポンドックにおける教室

クアラルンプールにおけるビジネススクールのコンピュータ授業

はじめに

　マレーシアは、国土面積約33万平方キロメートル、人口約2,093万人（1998年センサス）の連邦制国家であり、マレー半島部の「半島マレーシア」（13万平方キロメートル、11州）とボルネオ島北部のサバ、サラワク（20万平方キロメートル、2州）より成る。このうち、人口の約8割は半島マレーシアに集中している。民族的には、ブミプトラ（bumiputra）と総称されるマレー系およびその他の先住民族が60.6％を占め、中国系28.1％、インド系7.9％から成る典型的な多民族国家である。1957年に半島部がマラヤ連邦として独立、その後、1963年にシンガポール、サバ、サラワクを加えてマレーシアが結成されたが、1965年にシンガポールが分離している。

　イギリスによる植民地支配は1796年のペナン割譲に始まり、1819年にはシンガポールを獲得、1824年にはオランダとの間でベンクーレンとマラッカを交換し、マラッカ海峡を隔てて、マレー半島側におけるイギリスの支配権が確立する。しかし、マレー半島内陸部に植民地支配が及ぶのは1874年に土侯国ペラクとの間に、マレー国家の保護を目的に結ばれたパンコール協約以降のことである。ペラクではイギリス人駐在官を受け入れ、宗教と慣習を除く一般行政に関しては駐在官の助言に従うことになった。駐在官制度を通して、ネグリ（土侯国）の行財政基盤が整えられ、植民地開発が急速に進展する。マレー半島西側の錫鉱山の開発に伴って、中国の南東部から移民労働者が多数流入し、20世紀初めからはゴム・プランテーションの労働力として、インド南部からタミル系労働者が流入した。

　イギリスの駐在官制度がマレー国家の保護を目的とし、移民は労働力としてしか捉えられず、特別な関心は払われなかった。それぞれのエスニック・グループは出身地、言語、文化、宗教を異にし、更にマレーでの居住地域、職業も異なっていた。ファーニバルが複合社会（plural society）と呼んだように、それぞれの民族集団は僅かに市場で接触する以外は交わることが殆どなく、閉鎖的な集団としてモザイク状の社会を形作ってきた。宗教的にはマレー系がイスラームを信仰するのに対して、中国系は仏教徒が過半数を占め、

儒教・道教がそれに続く。一方、インド系は約8割がヒンドゥー教を信仰するが、イスラームを信仰するインド系もおり、彼らは例外的にマレー系から親近感をもたれてきた。各エスニック・グループは宗教だけでなく、食習慣や居住形態、服装等の生活習慣も大きく異なり、通婚も一般的ではない。更に、同じエスニック・グループの中でも、出身地域や言語（方言）、階層、職業、教育水準等によって違いがみられる。

マレーシアはイスラームを公式宗教とし、13の州と連邦直轄地で構成される。半島マレーシアにある11の州の中で、ペナンとマラッカを除く9つの州はスルタン（国王）を戴き、連邦国王（ヤン・ディプルトゥア・アゴン）はこれら9つの州のスルタンが5年任期で順に務めるという興味深いシステムが取られている。イスラームと慣習に関する事項は原則的に州が管轄するが、サバ、サラワクを含め、スルタン不在の州では、連邦国王がその州のイスラームの長としての役目を担う。半島部との地理的隔たりに加えて、サバはフィリピンおよびインドネシア領東カリマンタンと、サラワクはインドネシア領西カリマンタンとの結びつきが深い。民族的にもサバではカダザン、バジャウ、ムルットを初めその他の先住民族が大半を占め、マレー系の比率は全国で最も少ない。また、サラワクでもイバン、ビダユ、メラナウ他の先住民族が多く、いずれにおいても少数派のマレー系、中国系、インド系は都市部に集中している。また、エスニックグループと宗教との対応関係が半島部のように明確ではなく、キリスト教徒の比率が約3割（1980年センサス）と高いのが特徴的である[1]。また、マレー半島部においても主要な民族集団の他に、オラン・アスリと呼ばれる先住民族がおり、その統合も一つの課題である。以下には半島マレーシアを中心に民族と教育の問題を考察する。

1 植民地時代の教育

イギリスの植民地支配のあり方は、海峡植民地（ペナン、マラッカ、シンガポール）、連邦マレー諸国（ペラク、セランゴール、ヌグリ・スンビラン、パハン）、および非連邦マレー諸国でそれぞれ異なっている。駐在官制度を受け入れた連邦マレー諸国では、イギリスはマレー国家に対する保護の建前から、王族・貴

族層に対する英語教育とマレー系民衆に対するマレー語教育に関心を払った[2]。マレー語学校の設置は当初はマレー系民衆に対する福祉（福利）として、即ち良い政府であることを示すポーズとして展開された。伝統的なコーラン学習と異なり、マレー語の読み書きのメリットは人々になかなか理解されなかった。午前はマレー学校として授業を行い、午後はコーランを教えるというような形にして生徒を集めることも試みられた。その後、保護国化の進展と拡大と共にマレー語学校の数も増加し、地域によっては通学の強制も命じられた。この強制の結果、マレー系民衆は英語学校から遠ざけられることになった。というのは、通学を強制される期間をマレー語学校で学んだ後でなければ、英語学校に入学できなくなったからである。1890年代半ば以降、英語学校が増えるが、生徒の多くは移民のインド系、中国系で占められた。1906年に、マレー系を保護するために寄宿制のマレー・カレッジがイギリスの「パブリック・スクール」の理念に基づいて設立された。同校は王族・貴族の子弟を主な対象とし、エリート養成の役割が期待された。しかし、そこでの教育は有能なマレー系を選抜してエリート教育を行うというよりも、マレー系上流階級の子弟に対する性格陶冶に重点がおかれた。一方、1922年にはスルタン・イドリス教員養成カレッジが設立された。これはマレー語学校の教員養成を目的とするが、初等段階のマレー語学校に続く唯一のマレー語を教授用語とする中等教育機関といってもよかった。

　中国系移民の教育は当初は人々の手で各出身地域の方言による私塾が設けられ、古典を学んだ。しかし、20世紀に入ると中国のナショナリズムがマラヤに及び、華語（マンダリン）を教授用語とする近代的な学校が設立されるようになった。また、ゴム・プランテーション労働者家族の福祉の観点からタミル語学校が設置された。しかし、こうした学校、特に中国系の近代学校は本国から教師や教材が調達され、その民族主義的な性格からイギリス植民地政府も無視できなくなり、1920年代初めから補助金の支給と引き換えに規制を強めていく。

2 独立後のマレー化政策と国民教育制度の整備

(1) マレー語国民学校への統合

　マレー半島部は日本軍政期を経て、1945年には再びイギリスの植民地支配下におかれる。イギリスは将来のマラヤ独立を見据え、委員会を設置して独立後の教育のあり方を検討した。1951年に出されたマレー語母語教育に関する調査委員会報告書「バーンズ報告」は、付託の範囲を越えて、民族の枠を越えた「国民学校」の創設を提案した。そして共通のマラヤ意識の形成が重視され、マレー語と英語の二言語主義が示された。これに対して、中国語教育に関する「フェン・ウー報告」では三言語主義の採用が提示されたが、1952年教育令は基本的にはバーンズ報告にそうものとなった。

　1957年にシンガポールを除くマレー半島部がマラヤ連邦として独立した。その前年の1956年に出された「ラザク報告」は、マレー語を国語とし、すべての民族の子どもに国語を教授用語とした国民教育を受けさせることを目標として掲げた。同報告では、マレー語学校を「標準学校」、マレー語以外による学校を「標準型学校」と区別すること、教授用語の違いにかかわらずすべての初等学校で共通の教授要目を採用すること、マレー語および英語の必修化を提案した。これらは独立後、「1957年教育令 (Education Ordinance)」として法制化された。

　1960年に、独立後の教育改革を再検討した「ラーマン・タリブ報告」が発表された。そこでは、「標準学校」「標準型学校」という区分を「国民学校」「国民型学校」に変更すること、また政府立の中等学校ではマレー語か英語を教授用語とし、それ以外の言語による中等学校には政府補助を与えないことを提案した。同報告は、国家政策の枠内では多様な文化・言語集団の個々の要求をすべて満たすことは不可能であり、国民意識の形成のために中等段階以上では言語や民族の相違を排除すべきであるという考えにたつものであった。この「ラーマン・タリブ報告」の勧告を受けて、「1961年教育法」が制定され、教育を規定する基本的法律となった。

　1961年教育法では、政府立小学校に関しては、マレー語を教授用語とする

「国民学校」と英語、華語、タミル語を教授用語とする「国民型学校」を認めたが、政府立の中等学校では教授用語はマレー語か英語とされた。その後、更に1969年5月13日の人種暴動を機に、ブミプトラ優遇政策が取られることになった。1970年に英語を教授用語とする政府立初等学校・中等学校の教授用語を英語からマレー語に転換することが決められ、小学校の1学年から年次進行で転換が進められた。この転換が完了し、1983年以降、マレーシアの国民教育制度では、初等段階で三種類の言語別学校が認められているのに対して、中等段階以上はすべての学校でマレー語が教授用語となっている。

(2) 公的修了資格試験のマレー語化

公的修了資格試験とは、各段階の修了時に実施され、それが上級段階への入学資格となるものである。大学進学を目的とする第6年級（5年間の中等教育のあと進学する2年間の課程）修了時に行われる試験は、それまでの英語に加えて文科コースは1967年から、理科コースも1969年からマレー語でも受験可能になった。1970年代に入ると、中等学校3年修了時の「下級教育資格試験」や同5年修了時の「マレーシア教育資格試験」において、試験科目としてのマレー語の受験が義務づけられるようになった。また、1970年代からは政府立英語国民型学校のマレー語国民学校への転換に伴って、その年次進行に合わせて公的資格試験の受験用語もマレー語だけに限定されていく。1978年に「下級教育資格試験」がマレー語だけになり、その後、1980年に「マレーシア教育資格試験（SPM）」、1982年に第6年級修了時の「高等教育資格試験（STPM）」がマレー語に一本化された[3]。

(3) ブミプトラ優遇政策と教育機会の拡充

1969年の人種暴動が大きな転機となり、「新経済政策(New Economic Policy; NEP)」が掲げられ、ブミプトラ優遇政策が推進されることになった。「新経済政策」は1971年から1990年までの長期経済施策として、貧困の撲滅と民族間の不均衡の是正が目標とされた。それは農村に住み教育機会の点で恵まれないことから、近代セクターに進出できず貧困に押し止められてきたマレー系を、経済発展の中でその数の割合にふさわしい社会的・経済的地位に引き上

げようとするものであった。中国系やインド系に占められていた国民型学校の英語を教授用語とする系統を打ち切りマレー語に転換を図ったのもその政策の一環である。

　高等教育段階においては、マラヤ大学に加え、1969年に科学大学が創設され、1970年に国民大学、1972年に農科大学（現プトラ大学）と工科大学が設立された。特に国民大学はマレー語を教授用語とし、イスラーム関係の学部も設けるなど注目されるものであった。また、ブミプトラ優遇政策は、大学入学の人種別割り当て制度やマトリキュラシ（大学予科）の制度化を通して進めた。マトリキュラシは中等学校5年時に受けるマレーシア教育資格試験の成績で優秀なブミプトラを選抜し、1年ないし2年間の予備教育を行い、第6年級と高等教育資格試験を経ずに大学の学位課程に進ませるものである。また、マレー系および先住民の保護を目的とする政府組織マラ（MARA: 国民信託評議会）の下に設置されたマラ工科専門大学が、ブミプトラに対する高等教育・専門教育の機会を拡大した。中等教育段階においてもマラ理科下級カレッジ（Maktab Rendah Sains MARA）が1973年以降、各地に設置され、1998年には全国で20校を数えるまでになった。また、全寮制の中等学校も増設され、ブミプトラ、特にマレー系の教育機会拡充の点で大きな役割を担っている。

(4) 華文独立中学と州立イスラーム中等学校

　マレー語の強化とブミプトラ優遇による国民統合政策に対して、非ブミプトラ、特に華人の一部は反対姿勢を堅持し、民族語（華語）による教育の重要性を主張し続けてきた。華語教育推進派は、「1961年教育法」の施行後、政府補助の華語中等学校が廃止された際に、私立の「華文独立中学」を独自に設立して華語中等教育の存続を図った。華文独立中学[4]は1998年の時点で半島マレーシアに37校、サバ・サラワクに23校の計60校が設置され、華人子弟の約10パーセントにあたる約6万人の生徒が学んでいる。中学校3年、高校3年の3－3制を取っており、政府の中学校3年、高校2年、第6年級2年の3－2－2制とは異なる。1975年から華文学校理事連合会によって統一修了資格試験が実施されているが、制度（年限）の違いの他にも華語と英語を試験用語としていることもあって、政府はその修了資格を公認していない。しか

し、華語教科書を使用しているものの、カリキュラムの面では国民中等学校のシラバスに準じていることから、政府の試験委員会による修了資格試験を受ける生徒も増えてきている。

　華文独立中学の他にも、州が管轄するイスラーム学校系統も教育省の学校制度とは別に存在している。先にもふれたように、イスラームと慣習に関する事項は歴史的な経緯から原則的に州が管轄しており、イスラーム学校も州政府の行政下におかれてきた。1977年以降、一部の州立イスラーム中等学校が連邦教育省に移管され、その後、宗教国民中等学校として発展し、1997年までに50校に増えた。一方、州立および民間のイスラーム学校もマレー系の人々のイスラーム・アイデンティティの高まりに支えられ発展してきた。カリキュラムも修了資格試験も州の管轄事項で、州の間で異なるため、その標準化を図る方向が首相官房イスラーム関係局によって進められてきた。また、華文学校同様に、政府の修了資格試験を受けるためのカリキュラム編成も行われている。

(5) カリキュラム改革とイスラーム化

　1979年に「教育の基本実施に関する内閣委員会報告」が出され、その勧告に基づいてカリキュラム改革が進められた。1983年から小学校新カリキュラムが年次進行で導入され、更に1989年から中等学校統合カリキュラムが同様に年次進行で導入された。1988年には「国家教育哲学」が発表され、教育の質の向上を目指して小学校カリキュラムも1993年には小学校統合カリキュラムへと改訂が行われた。以前はムスリム生徒には「イスラーム宗教知識」が必修で、非ムスリムの生徒（即ち中国系、タミル系の生徒）はその時間を民族語の学習に当てるというカリキュラム編成が行われていたが、改訂によってムスリム生徒には「イスラーム教育」が必修、非ムスリムの生徒には道徳教育が必修となった。道徳教育に関しては16の価値、即ち良心、自立、高徳、尊敬、慈愛、正義、自由、勇気、心身の清さ、誠実、協力、質素、感謝、理性、社会精神が取り上げられている。こうした価値は、マレーシアの各グループの宗教、伝統、慣習に基づくと共に、普遍的な純粋価値および国家原理に即して選びだされたもので、イスラームの価値を普遍化させようとするものであ

表2-3-1 マレー語国民小学校の現行「新教育課程」の週当たり時間数
（言語科目および算数）

＊単位（分）、（ ）内は総時間数に占める割合

学年	国語	英語	華語／タミル語	算数	総時間数
1	450(33.3)	240(17.8)	——	210(15.6)	1350
2	450(33.3)	240(17.8)	——	210(15.6)	1350
3	450(33.3)	240(17.8)	——	210(15.6)	1350
4	330(23.0)	210(14.6)	——	210(14.6)	1440
5	330(23.0)	210(14.6)	——	210(14.6)	1440
6	330(23.0)	210(14.6)	——	210(14.6)	1440

出典）Education Planning and Research Division, Ministry of Education, *Education in Malaysia, 1989*, Dewan Bahasa dan Pustaka, 1990, p.20.

表2-3-2 華語／タミル語国民型小学校の現行「新教育課程」の週当たり時間数
（言語科目および算数）

＊単位（分）、（ ）内は総時間数に占める割合

学年	国語	英語	華語／タミル語	算数	総時間数
1	270(20.0)	——	420(31.1)	210(15.6)	1350
2	270(20.0)	——	420(31.1)	210(15.6)	1350
3	210(15.6)	60(4.4)	420(31.1)	210(15.6)	1350
4	150(10.4)	90(6.3)	300(20.8)	210(14.6)	1440
5	150(10.4)	90(6.3)	300(20.8)	210(14.6)	1440
6	150(10.4)	90(6.3)	300(20.8)	210(14.6)	1440

出典）マレーシア華校教師会総会教育研究中心『華小3M課程検討会特輯』華小3M課程検討会籌委会、1988.11、94頁を参考に作成。

る[5]。

州立イスラーム中等学校を連邦教育省に移管して宗教国民中等学校が誕生したのに伴い、教育省試験委員会による全国統一試験にもイスラーム関係教科がおかれるようになった。中学校修了段階の下級中等評価（PMR）にはイスラーム教育とアラビア語会話が、高校修了時のマレーシア教育資格試験（SPM）には必修のイスラーム教育の他に、選択科目としてコーラン・スンナ（ムハンマドの慣行）他3教科がおかれている。

(6) 東マレーシアの状況

東マレーシアとも呼ばれるボルネオ島北部のサバ州、サラワク州は、1963

年にマラヤ連邦、シンガポールと共にマレーシアを結成した。その後、1965年にシンガポールは分離している。サバ、サラワクは歴史的な経緯、地理的なへだたり、民族構成の違いから半島部マレーシアとは教育を取り巻く状況が大きく異なっている。地理的な位置から、サバはフィリピン南部と、またサラワクはインドネシア領カリマンタンとの結びつきが強い。民族的にはサバではカダザン、バジャウ、ムルットを初めその他の先住民が多くを占め、マレー系の比率は13州の中で最も低い。サラワクでもイバン、ビダユ、メラナウ他の先住民が多く、少数派のマレー系、華人、インド系は都市部に集中して住む傾向がある。また、サバ、サラワク共に、ミョションによる伝道活動によって、キリスト教徒の比率が約3割（1980年センサス）と高いのも特徴である。特にサラワク州は国民教育制度の整備も半島部とは歩調を異にする。半島部とサバ州では中等学校3年修了時の下級教育資格試験が1978年に、同5年修了時のマレーシア教育資格試験が1980年にマレー語による試験に統一されたのに対して、サラワクではそれぞれ1985年、1987年と7年遅れで実施された。

3 国民教育制度の現在と改革の方向性

　1991年にマハティール首相は「ビジョン2020年」を発表し、21世紀に向けた国家開発構想を提示した。

　「第7次マレーシア計画（1996-2000）」では教育分野において次のような施策が掲げられた。即ち、1)特に科学技術分野における教育機関の新設・拡充、2)内外の教育機関の連携の下での研究・開発機能の強化、3)理科系への就学促進、4)高等教育における英語能力の向上ならびに教授用語としての国語使用の強化、5)教師不足を補うための退職教師の再雇用促進、6)教育に対する民間投資の促進、7)初等教育段階における僻地教育および小規模校の改良である。

(1) 高等教育改革：民営化と多様化[6]

　マレーシアの国立大学は1970年代半ばまでに設立された5校に加えて、

1983年に国際イスラーム大学[7]、1984年にウタラ大学、1992年にサラワク大学、1994年にサバ大学が設立された。しかし、国内の高等教育就学者数については、経済発展の度合いに比して極めて少ない状況が続いてきた。これはかつての宗主国イギリスの影響を受けて大学がエリート的性格を強く帯びてきたこと、また、ブミプトラ優遇政策の下、人種別割当て制度によって大学入学者数を統制する必要もあり、ニーズに応えてフレキシブルに拡大することができなかったことにもよる。そのため、海外留学への依存が大きくなり、留学生の数は国内の高等教育就学者数に匹敵するともいわれた。こうした外国留学も国費および外国政府の奨学金による留学の場合は人事院が一元的に管理し、ブミプトラ優遇策の下に推進された。

こうした制限的な状況の中で、高等教育需要は近年とみに高まってきており、政府は既存の9校の国立大学の定員増に加えて、私立高等教育機関の拡充を図ることで対応しようとした。また、教員の資質向上を目的として政府立教員養成カレッジの大学昇格も計画され、1997年にスルタン・イドリス教員養成カレッジが教育大学に昇格された。

国立大学の民営化や法人化も進められる予定であり、1996年には「私立高等教育機関法」が制定され、情報通信会社によるテレコム大学、国営電力会社によるテナガ・ナショナル大学、国営石油会社によるペトロナス大学が1997年に相次いで設立された。私立高等教育機関の拡充においては、外国の大学との提携が注目され、外国の高等教育機関の分校開設、コンソーシアムを構成する外国の大学に単位認定によって進学できる制度等が設けられてきた。特にトゥィニング・プログラム（双子化プログラム）は外国の大学の履修課程の一部を国内の提携校で学び、その後、外国の大学本校に留学して学位を取得するもので、留学期間の短縮、費用の縮減という点で人気を集めている[8]。

こうした私立高等教育機関では教授用語としての英語の必要性が従来にもまして重視されている。国際経済の舞台で活躍する人材を育成するには英語が不可欠であるし、外国から教授を招聘する場合も、教授用語がマレー語だけというのでは制約が大きい。英語あるいはアラビア語を教授用語とする国際イスラーム大学は例外としても、国立大学においても、その他の大学でも

特に理工系では教授用語としての英語の使用が拡大される傾向がある。また、経済用語としての華語も見直されている。この動きの背景には、1985年の中国との国交正常化に始まり、1990年に入って中国との経済関係が緊密化したのに伴い、華語の実用性が高まったことが挙げられる。1997年5月には、華人提案による私立「新紀元学院」の開設が政府によって認可され、1998年に開校された。同校の特徴は「情報工学」「経営管理」「社会科学」の三つの系ではマレー語と英語を、「中国文学」では華語を教授用語とする点である。同様の形態を目指した華語高等教育機関「独立大学」が、1960年代末、および1970年代から80年代初めにかけての2度にわたり設立運動が展開されたが、この時は「大学法」に基づく法的規制により実現にはいたらなかったのと比べると、高等教育全体の大きな変化が感じられる。

(2) 初等・中等教育改革

　初等教育段階の改革として注目されるのが、1995年8月に教育相によって発表された言語別小学校の統合計画である。同計画は現在、"ビジョン・スクール"計画と呼ばれ、マレー語、華語、タミル語の各小学校を同一校地内にまとめ、生徒や教職員の交流を図ることで民族間の相互理解や融和の精神を培うというものである。学校運営はそれぞれの校長の下に別個に行われるが、言語別の代表から成る学校管理委員会を別に組織し、共同で学校全体の管理運営に当たる。学校施設については、教職員室のほか、講堂、図書館、食堂、運動場、音楽室、実験室等を共用とする。また、週に1回は、各言語別の集会のほか学校全体の集会をマレー語で行う。更に、言語別に分かれている教師の担当に流動性をもたらすというものである。こうした統合型学校は1997年時点で各地に試験的に設置され始めている。

　「1996年教育法」では、これまでの華語およびタミル語国民型小学校をマレー語小学校に転換する可能性をうたった条文が削除され、教育相の認可という条件ながら存続が法的に認められた。また、華語学校の学校理事会・運営会の存続も認め、「華文独立中学」も私立学校の一つとして認められた。

　また、国民学校に関して、15名以上の生徒の親が要求すれば中国語あるいはタミル語の授業を受けられることが改めて規定されただけでなく、先住民

族の言語に関しても、新しい教育法では、それが適切で実施可能な場合という条件が付けられてはいるものの、同様に15名以上の生徒の親の要求で、その授業を設けることが可能となった。

おわりに

急速な経済発展を遂げてきたマレーシアも1997年後半から経済危機にみまわれ、教育の分野においても一時は国費による留学生派遣の中止といった深刻な事態を招きさえした。しかし、クアラルンプール南郊のサイバージャヤ、プトラジャヤを結ぶ"マルティメディア・スーパー回廊構想"はその後も着々と進められている。コンピュータ化に伴う情報・技術社会への対応という点では教育の分野においても非常に積極的である。職業学校の技術学校への転換、科学・技術コースの強化と共に、すべての段階でのコンピュータ・リテラシーの促進、教授学習過程の改善が重視され、学校運営にもコンピュータとネットワークを駆使する"スマート・スクール"の構想などが掲げられている。また、私立大学の設置だけでなく、高等教育段階において様々の形で私立セクターの大幅な参入を認めるなど規制緩和の動きと共に、教育制度全体として効率化と品質管理の方向が目指されている。小学校での飛び級を認め、大学の年限が短縮されたり、また、統一試験による評価だけでなく、学校における形成的評価を改善・強化し、効果的で質の高い授業が目指されている。更に近年では、イスラーム的価値の普遍化、また高等教育の多様化や国語以外の言語の再評価等、「同化主義の否定と多文化主義の肯定」の動きも注目される。今後の発展の中で新しいマレーシア国民をいかに形成していくのか、教育は大きな役割を担っている。

（西野　節男・杉村〔高橋〕美紀）

注
1) マレーシアの多民族性については、加藤剛「民族と言語」綾部恒雄・石井米雄編『もっと知りたいマレーシア　第2版』弘文堂、1994年、71-118頁がわかりやすい。
2) イギリスによる保護国化初期の教育政策については、Stevenson, Rex, *Cultivators and Administrators: British educational policy towards the Malays 1875-1906*, Oxford University Press, 1975 に詳しく記述されている。

3）初等段階から中等教育修了に相当するマレーシア教育資格（SPM）試験までの試験は、教育省試験委員会（Lembaga Peperiksaan）によって行われ、高等教育資格（STPM）試験は教育省からは独立した試験評議会（Majlis Peperiksaan）によって実施される。
4）「華文独立中学」については、杉村美紀「マレーシアの国民教育政策と『華文独立中学』」日本比較教育学会編『比較教育学研究』第16号、1990年、91-102頁参照。
5）マレーシアの教育改革とイスラームの価値の普遍化については、西野節男「マレーシアにおける教育改革とイスラーム化政策―価値多元化への対応をめぐって」日本教育学会編『教育学研究』第64巻第3号、1997年、36-45頁。
6）杉村美紀「マレーシアの高等教育における1990年代の改革動向―国民教育政策のもとでの多様化と民営化―」『国際教育』第4号、1998年、21-35頁。
7）杉本均「高等教育における科学と哲学：アジア・イスラム社会の視点－その2－」『京都大学高等教育研究』第2号、1996年、165-183頁
8）様々なプログラムおよび各高等教育機関の概要については、*Education Guide Malaysia* (Fourth Edition 1997/98), Challenger Concept (M) Sdn.Bhd., 1997が参考になる。

84　第2章　東南アジア諸国の民族と教育

第4節　シンガポール——"アジア的価値"を志向する教育——

小学校のタミル語の授業　↑

小学校の下校風景
←

愛国心鼓舞の看板—"国家の発展には国民の団結、良き政府、強い国家が不可欠"

華語推進運動—
"華人は華語を
使いましょう"
→

はじめに——国民国家形成の基本原理——

1965年の完全独立以来、シンガポールは僅か30年ほどの間に目覚ましい経済発展を遂げてきた。1人当たりのGDPではAPEC参加国中、カナダ、オーストラリアをも上回り、今や日米に次ぐ水準に達している。しかし淡路島程度の面積しかない資源皆無の国土に多様な民族集団を抱えた同国が、今日の成功を得るのは決して容易なことではなかった。

そもそも独立当時の住民は、その8割近くがアジア各地から渡来した出稼ぎ労働者であったから、互いの言語、宗教、職種、生活習慣は大きく異なり、その帰属意識は各々の"故国"へと向けられていた。英国の植民地として開かれた一中継港には、強力な先住民族や土着文化も存在せず、そこには国民形成や社会統合に必要となる価値も原理もなかったのである。

従って独立後、李光耀(Lee Kuan Yew)ら与党・人民行動党(People's Action Party; PAP)の政府指導者が目指したのは、各民族固有の文化的アイデンティティに配慮しながら、一方で"シンガポール人らしさ(Singaporean-ness)"や同胞意識を人為的に創出して国民統合を推し進め、他方では合理的根拠に基づいて人的資源の配分を正当化する「超実力主義(ultra-meritocratic)[1]」社会を建設することであった。

1 シンガポールの多文化状況と教育の歴史的背景

(1) シンガポールの民族構成

同国には華人系(Chinese)、マレー系(Malays)、インド系(Indians)という三つの主要な種族集団(racial group)があるとされるが、実際のところそれぞれの集団は出身地や宗教・宗派、家庭内での使用言語によって、更に幾つかの下位集団へと細分できる。これを家庭内使用言語についてみてみると、例えば華人系の場合、標準語とされる華語(Mandarin)の使用率が近年急激に高まってはいるものの、いまだに福建、潮州、広東といった中国南部諸方言の使用が主流となっている。これらの方言集団はかつて「福建会館」「楊氏公

会」といった同郷・同姓団体を中心に、"帮"と呼ばれる強力な互助組織を形成していた。マレー系はマレー半島出身者のほか、インドネシア諸島出自の集団も含んでいるが、ほぼ全員がマレー語を話し、かつイスラーム教徒で、他の種族集団に比べると最も均質的な集団であるといわれている。インド系は広大なインド亜大陸各地から渡って来た数多くの言語集団によって構成され、宗教・宗派もヒンドゥー教、イスラーム教、キリスト教、シーク教と実に多彩である。

　華人系では各方言の発音や声調が異なっているため、下位集団間での会話によるコミュニケーションには困難な面もみられる。しかし読み書きの上では字体やピンイン表記のばらつきもあるものの、漢字を用いればほぼ通用する。マレー系でも綴字法や発音の乱れが最近問題になっているが、マレー語による種族内での意志疎通にさして障害はない。インド系の場合は、タミル語に代表される南部の諸言語は文字や語法も似通っていることから、例えば西南マラバル海岸出身の子ども達は、後述の二言語教育政策の下、母語であるマラヤーラム語に近いタミル語を第二言語として選択・学習することで高い成功を収めてきた。だがパンジャービやベンガリといった北部の諸言語は互いの文字や文法も全く異なり、南部諸言語間のような共通のつながりは殆どない。このため北部の言語集団は宗教・宗派の違いも相まって、公用語として優遇されるタミル語やその集団に対して反感を抱いてきたとさえいわれている[2]。

(2) 植民地教育と伝統的教育の交錯

　英国の植民地行政官ラッフルズ（T. Stamford Raffles）が上陸した1819年当時、この島はマレー人120人、中国人30人ほどが住む小さな漁村にすぎなかった。しかし正式に英国の植民地となった1824年までにその人口は1万人を越え、現地化した中国人（peranrakan）や帮組織、教会団体によって福建語校、広東語校、英語校等が相次いで建設されていった。

　その当初、植民地当局はこのような現地の教育活動に殆ど関心を示さなかった。だが19世紀後半になると、経営下の産業・労働体制に現地マレー住民を組み込もうと、マレー語初等学校を設置し、商業取引に関わる教科内容

等も取り入れて、次第にその組織化を試みるようになった。その一方で官吏育成のための英語教育も奨励し、有望な教会系の英語校や現地人子弟に対しては、土地提供や奨学金の給付といったかたちでその支援を拡大させていった。

この間、中国人集団では富裕商人や幇組織が中心となって、それぞれの方言を教授用語とする学校をつくり、その読み書きや算術、英語やマレー語等、各人の労働環境に適した実利的な教科を教えていた。しかし20世紀に入って中国本土でナショナリズムが昂揚し、当地の幇組織指導者らが孫文の率いる革命派を支持したことから、その学校内でも"普通話（華語）"教育の振興や、中国の古典や歴史・地理の重視、本土教員や教科書の採用といった具合に中国志向が急速に進んだ。これに対して植民地当局はそれまでの放任的な態度を翻し、1920年には学校登録法を発布して、華語校内での政治活動を禁止し、共和派教員を処分するなど学校統制を強化した。これ以降、中国人社会は英国式の西洋教育を受けた英語校卒業者と、ナショナリズムの洗礼を受けた華語校卒業者に二分されて、両者は異なった歴史認識や価値観、社会的地位を有することになり、互いに理解し、協力することは次第に困難になっていった。

マレー系に対しては、植民地当局が中等教育レベル相当の教員養成校を設けて世俗教育の振興を図る一方、宗教・地縁組織はイスラーム宗教学校（madrasah）などに代表される各々の宗教・村落学校を運営して、英国流の自由主義的教育の拡大に自ずと警戒的な姿勢をとっていた。またインド系は人口数が絶対的に僅少で、出身地や使用言語、英語能力の有無によって職種や階層も大きく乖離し、最大集団のタミル語校ですら人材や財源の慢性的な不足に悩まされていた。このように今世紀初頭から第2次世界大戦勃発までの期間は、それまでの"種族別"、"下位集団"といった区分に加えて、"教育歴"に基づく社会区分が次第に伸長・強化された時期であったといえる。

戦後、植民地当局は、普通無償初等教育の提供やすべての言語学校への小学3年次からの英語教育の導入などを柱とする「10か年計画」を打ち出して、自身の利害に役立つ英語教育組の養成・確保を試みた。しかし戦時中の抗日運動や、華語教育組の華人が多くを占めたマラヤ共産党による反英武闘抗争

の開始（1948年〜）、中国の共産主義化（1949年）といった歴史的な流れの中で、華人集団全体の4分の3以上を占めたといわれる華語教育組、即ち華語校生徒や華語校卒の労働組合員らによる反英・独立運動は日増しに先鋭化していった。

　このため植民地当局は英語優先の教育政策の見直しと華語教育への対応を迫られ、1955年に全党派から成る特別委員会を設けて、その検討を急いだ。翌56年に提出されたその報告書では、①英語校やマレー語校だけでなく、華語校やタミル語校も含むすべての言語学校に対して平等に補助金や教員給与を提供する、②小学校段階で二言語教育、中学校では三言語教育を実施する、③教科内容を現地化して、市民意識の育成のために「公民科」を新たに設置する、といった方針が打ち出され、これらは実行に移された。

　全党派代表9名から成るこの委員会にPAP代表として参加し、上記の方針を公約に掲げて初の立法議会選挙を闘い、1959年に初代首相に就いたのが李光耀その人である。彼は当初、"華人国家"シンガポールがマレーシアやインドネシアといったマレー系国家に挟まれて独立することは政治的にも経済的にも困難であり、また急進的な華語教育組を抑え込むためにも、反共路線を採るマラヤ連邦（後のマレーシア）との合併は不可避であると考えていた。このため教育政策も可能な限り連邦の方針に近づけようと、まずマレー語を国語として扱うことを宣言し、1960年には中等教育段階にマレー語を教授用語とする特別学級や学校を設けて、マレー系の教育経費はすべての教育段階で全額無償とした。更に、分立していた各言語学校のカリキュラムや試験内容、教育年限、教員養成制度の統合も推し進め、1960年からは英語校と各種族系学校を合併させた「統合学校（integrated school）」の設置を開始し、そこでもマレー語教育の拡大・充実を図った。

　だが李の基本的な立場は、先の全党派報告書の内容からも窺えるように、あくまでも「多種族主義（Multiracialism）」、即ち"マレーシア国籍者は人種を問わず誰もが平等な権利を有すべき"とするもので、その理想とする国家像は「マレーシア人のマレーシア（"Malaysian Malaysia"）」であった。このため1963年に一度は連邦との合併を達成するものの、やがて政治・経済・教育の各分野においてマレー原住民（bumiputera）の立場を優先する連邦側の方針、

いわば「マレー人のマレーシア("Malay Malaysia")」路線との対立が顕著となり、結局、シンガポールは1965年に分離・独立を余儀なくされた。李は独立を宣言した後、涙ながらに次のように訴えている。「我々は多種族主義を信奉し、シンガポールを自民族至上主義から切り離し、多種族主義へと導いた政府です。多種族主義と統合をマレーシアにおいて達成できなかったことは残念です。しかし我々は、それをシンガポールで達成します[3]」。

2 多種族社会と国民教育の葛藤

(1) 国民教育政策の開始

独立後、李はそれまでのマレー語重視の二・三言語教育を、英語と各種族語を柱とする二言語教育へとその政策を転換する。具体的には、まず選択第二言語が1966年から小学校で、69年からは中学校でそれぞれの卒業試験科目に加えられた。また1968年には種族語を教授用語とする非英語系の小学校で英語を用いた理科と算数の授業が始まり、反対に英語校では69年に公民科、70年には歴史科が各々の種族語で教えられるようになった。1973年から75年までの間には選択第一・第二言語の教授用語としての時間配分が、82：18から60：40へと段階的に切り替えられ、両言語間での教授時間数や言語使用能力の均等化が図られた。これ以降、もはや政治的使命を終えた"国語"、即ちマレー語は形式的な地位へと追いやられ、代わって民族中立的で、科学技術の導入や経済活動に有利であるという見地から、再び"英語"が重視されることになった。一方で"種族語"には個々の民族文化的なアイデンティティを維持する文化的な錘（cultural ballast）としての役割が期待された。

これに併行して国民意識育成のための教科や課外活動も導入され、まず1966年からすべての小・中学校で国旗掲揚・降納の式典を毎日朝・夕に実施して、国歌と国民誓詞を斉唱することが義務づけられた。1969年には中学校で学生軍事教練隊や警察教練隊といった課外活動が採り入れられ、その貢献度が上級学校へ進学する際の重要な評価項目として加えられた。また1974年には小学低学年に公民科と地理、歴史を統合した「生活科」が新設され、そこでは国民としての責務や伝統的価値観の訓化が図られることになった。

(2) 言語使用能力に基づく実力主義教育制度の採用

70年代に入ると、政府は外資依存の輸出指向型産業を推進し、英語を要する国営企業部門を拡大させていった。このため各民族集団が経営する中小の地場産業は次第に先細りとなり、英語の社会的・経済的な価値は更に高まっていった。1954年の段階で既に英語校の在籍者数は華語校のそれを上回っていたが、72年には64.8％、つまり非英語校の全在籍者数の倍となり、70年代後半には全体の8割を占めるにいたった。このように社会全体の英語指向が強まる中、1976年にマレー語校、82年にはタミル語校への入学者が途絶えた。そして1980年には東南アジアで唯一の華語の最高学府であった南洋大学が、その華人色を快く思わない政府の圧力と干渉もあって、シンガポール国立大学の設立に伴い、事実上吸収されて消滅した。

しかし、70年代を通して「教育政策の根幹を成す二言語主義は、教育現場に対する配慮もないまま、その政策論議の殆どがもっぱら政治的・社会的・経済的な見地からなされてきた」というのが実態で、「準備も不十分なまま性急に導入された多くの決定事項は、満足な事後検証もないままに次々とその方針を変更していった[4]」ともいわれる。そしてその弊害は70年代後半以降、噴出してくることになった。

第一に問題となったのが、全般的な言語使用能力の低下の問題である。先述のように、もともと大部分の華人系やインド北部出自のインド系にとって、"種族語"とされる華語やタミル語は幼少時から親しむ"母語"ではない。このため学習者らは二言語教育政策の下、実際には"英語＋種族語＋母語"の三言語を学習することとなり、その負担は並大抵ではなかった。例えば1971-74年の統計によれば、小学校で中途退学または卒業試験不合格となった者が29.1％、中学校段階での同数値は36.4％にも上がり、多くの子ども達がこのような不本意なかたちで学校を後にしていたといわれる[5]。

このため1978年に呉慶瑞（Goh Keng Swee）副首相兼国防相を長とする教育研究班が発足し、翌79年にはその報告書が提出され、既存の6－4－2の単線型に代わって、三線分流型の教育制度が導入されることになった。具体的には、小学3年の終了時に振り分け試験を実施して、児童を言語能力別の三

つのコースに選別し、二言語の習得能力がないと判定した児童については一言語のみを学習させて、普通中学校には進学させず、職業訓練校へ送ることとした。つまり早期に学習者を言語能力別に振り分けて、各人の能力や適正に応じた教育プログラムを提供し、その学習負担や教員の教授負担を軽減することで、対コスト比に見合う効果的な二言語教育を実現しようとしたわけである。

それは限られた人的資源を"実力（merit）"に基づいて合理的に配分しながら、稀少な才能を効率的に吸引する社会システムを具現化する試みでもあった。ここでの「政府の役割は、教育機会を均等に保証することであり、結果の不平等は実力主義（meritocracy）によって説明されるべき[6]」とされ、「不平等を問題にすれば"ねたみの論理"と烙印を押され[7]」、特に種族間でそれを問題視することは「自民族至上主義（chauvinistic）であるとみなされた[8]」のである。この意味において、実力主義は多種族主義と極めてなじみやすい原理であったといえよう。

(3) "アジア的価値"を志向する教育施策の導入

70年代に危惧されたもう一つの問題は、急速な英語化社会への移行と経済成長が過度の個人主義や快楽追求、浪費指向といった"西欧的価値観"の悪弊を蔓延させ、勤労、献身、孝行、敬老、家庭の尊重といった"アジア的価値観"を侵しているというものであった。このため、1978年に政府は「最優秀の学生たちのために第一言語としての華語の水準を維持すると共に、華校特有の礼節と規律の環境を残す[9]」ことを目的に、「特別補助計画（Special Assistance Plan; SAP）校」が中学校段階に設けられた。また翌79年からは「華語推進運動（Speak Mandarin Campaign）」が開始されて、方言使用の排除が唱えられ、これに相前後してテレビ・ラジオ放送での方言使用や、出生登録時の氏名の方言読みも禁止された。李は「華語こそが中国五千年、悠久不滅の歴史を体現し、その使用は華人の自尊心を高め、忠孝仁愛といった美徳を育てる。方言集団に分裂したままでは華人社会に未来はない[10]」とその正当性を訴えた。この結果、先述のように華語使用は急速に広まることになった。

しかしSAP校に対してはマレー系教員組合から華人優遇のエリート教育

第4節 シンガポール　93

(1) 小学校段階

表2-4-1　小学1-4年次におけるカリキュラム時間数

	教　科	＊週当たりの時間数			
		初等1	初等2	初等3	初等4
1	英　語	17	17	15	13
2	種族語＋公民・道徳科	15	13	12	11
3	数　学	7	9	11	11
4	科　学	0	0	3	4
5	社会科	0	0	0	2
6	芸術・工芸	2	2	2	2
7	音　楽	2	2	2	2
8	体　育	3	3	3	3
9	集　会	1	1	1	1
	合　計	47	47	49	49

＊　授業時間は30分。

政策であると批判が上がり、華語推進運動についても非華人系住民から中国文化の優越性を説くものとして不快感が示された。華人集団内からでさえ、方言に愛着をもつ高齢者世代や英語教育組を中心に異論が出されたといわれる。

1984年には、中学3・4年生の必修試験科目として、儒家倫理（Confucian Ethics）、聖書知識、仏教学、イスラーム知識、ヒンドゥー教学、シーク教学という6つの選択教科から成る「宗教知識科（Religious Knowledge）」が設けられた。当時は折から欧米の学者らを中心に、日本やNIES諸国の経済成長を儒教文化と関連づける"新儒教主義

表2-4-2　初等5・6年次における
　　　　　カリキュラム時間数

	教　科	＊週当たりの時間数		
		＊EM1	EM2	EM3
	Ⅰ．試験科目			
1	英　語	12	13	16
2	種族語	10	8	4
3	数　学	9	10	13
4	科　学	5	5	3
	Ⅱ．非試験科目			
1	公民・道徳科	3	3	3
2	社会科	3	3	3
3	芸術・工芸	2	2	2
4	音　楽	1	1	1
5	体　育	2	2	2
6	保健教育	1	1	1
7	集　会	1	1	1
	合　計	49	49	49

＊　授業時間は30分。
※EM1…英語を第一言語、種族語も第一言語レベルで学習する。
　EM2…英語を第一言語、種族語は第二言語レベルで学習する。
　EM3…英語を基礎レベル、種族語を会話レベルで学習する。希望者にはME3コースも開設される。これは母語を第一言語、英語を会話レベルで学習するものである。

(2) 中学校段階

表2-4-3 中学1・2年次における特別・快速・普通（アカデミック）コースのカリキュラム時間数

教　科	＊週当たりの時間数	
	特別・快速	普通（アカデミック）
Ⅰ．試験科目		
1　英　語	6	6
2　種族語	6	6
3　数　学	5	6
4　科　学	6	5
5　文　学	2	2
6　歴　史	2	2
7　地　理	2	2
8　工　芸	2	2
9　デザイン・技術・工芸	3	3
Ⅱ．非試験科目		
1　道　徳	2	2
2　体　育	2	2
3　音　楽	1	1
4　集　会	1	1
合　　計	40	

＊　授業時間は、学校によって35-40分間で調整することができる。

(Neo-Confucianism)"が喧伝された時期でもあり、李や呉らは「20世紀に高度成長を志す国にとって儒教倫理は個人の行動指針として重要[11]」と訴えて、連日儒教キャンペーンが繰り広げられた。

　実際の宗教知識科のカリキュラム内では、その「合理化（rationalization of religion）」が施され、例えば儒教内の女性軽視に関する部分は削除され、「仏教の教えは自己信頼、寛容、慈愛、同情といった価値観へと翻案されて、その教義上重要な儀式性は否定されて」、いわば「プロテスタント的仏教徒[12]」の育成が試みられたという。このため儒家倫理を柱とする宗教知識科の設置と一連の宗教合理化政策は、結局のところ自己献身的で、集団指向的な職業倫理の育成と、労働生産性の更なる向上、そして"修身・斉家・治国・平天下"の教えに基づいた既存の政治秩序の強化を意図するものとして受けとめられることになった。

　"精華"を強調するこのような試みに対して、やがて英語教育組の華人集団や非華人系集団から批判の声が上がり始め、閣僚の間からも「シンガポー

表2-4-4　中学3・4年次における特別・快速コースのカリキュラム時間数

教　科	＊週当たりの時間数
Ⅰ．コア試験科目	
1　英　語 2　民族母語 3　数　学 4　下の人文教科から1つ 5　下の科学教科から1つ	24〜26
Ⅱ．選択教科（2〜4）	
1　数学教科： 　①応用数学 2　人文教科： 　①文学、②地理、③歴史 3　科学教科： 　①生物学または人間・社会生物学、②物理、③化学、④上記の中から2つ 4　応用言語学： 　①外国語（仏・日・独）、②マレー語 5　その他： 　①工芸、②音楽、③服飾、④食物・栄養、⑤商業、⑥会計、⑦デザイン・技術、⑧宗教知識（聖書知識、仏教学、儒家倫理、ヒンドゥー教学、イスラーム知識、シーク教学）	8〜10
Ⅲ．必修非試験教科	
1　公民・道徳	2
2　体　育	2
3　音　楽	1
4　集　会	1
合　　計	40

＊　授業時間は、学校によって35-40分間の間で調整することができる。

ル人のシンガポール（"Singaporean Singapore"）」の重要性や、多種族主義からの逸脱が語られるようになった[13]。また李らの期待に反して、1989年度に儒教倫理を選択履修した中学3年生は僅か17.8％に止まり、代わりに仏教学44.4％、聖書知識21.4％[14]という結果となった。更には青少年の間で宗教熱が昂じ、その布教・勧誘活動をめぐって各宗教団体の間で衝突さえ生じるようになった。

　このため宗教知識科は1990年に必修から外され、それに代わって中学校では全種族共通に「公民・道徳（Civics and Moral）」という英語版の教科書が使用

されることになった。現在、小学校では種族毎に題材の異なる「公民（英語名 "Good Citizen"，華語名は "好公民"）」という教科書がそれぞれの種族語を用いて教えられている。なお、これらの道徳教科は小・中学共に非試験の必修科目となっている。小学校における現在の道徳科のカリキュラム時間数は表2-4-1のようになっている。低学年では、種族語学習と連携をもたせて教えられているところが特徴的である。

おわりに──「共有価値」の制定と「国民教育」再定位──

儒教キャンペーンや宗教知識科の限界が明らかとなった1988年、政府はすべての種族・宗教集団が共有できる"国家イデオロギー"を新たに策定すると発表した。1991年に国会で採択された「共有価値（Shared Values）白書」がそれであり、その価値とは、(i)コミュニティよりも国家、個人よりも社会の優先、(ii)社会の基本単位は家族、(iii)個人に対する尊重とコミュニティによる支援、(iv)争いよりもコンセンサス、(v)種族的・宗教的な調和の五つであった。政府は「非華人系に対して儒教的な価値観を課すためのごまかしではない」としているが、しかし「その内容は十分に儒教と両立可能な内容[15]」となっている。先の「公民・道徳」科の教科書内で、国歌や国民誓詞と共に、この共有価値の内容が取り扱われるなど、現在その普及が進められている。

現在、政府は、21世紀に向けた三つの教育重点目標の一つとして、「国民教育計画（National Education Plan; NEP）」を推進している。これは歴史、地理、社会、道徳といった関連教科を有機的に結びつけ、体験学習的な活動を通じて、生徒の興味を引き出しながら愛国心の育成を図ろうというものである。かつての国家教練隊などの制服集団活動が一部のエリートに限られ、宗教知識科は座学中心で面白味に欠けていた、との反省がそこにはある。今後は、種族や宗教と対峙した合理的で高圧的な"キャンペーン型"の国民教育だけでは不十分で、NEPのような若い世代にアピールできるソフトで共感的な"参加型"の国民教育が、より求められてくるだろう。

(池田　充裕)

注

1) Rodan, Garry, *The Political Economy of Singapore's Industrialization: National State and International Capital*, Kuala Lumpur; Forum, p.89.
2) Vanithamani, Saravanan, Language Maintenance and Language Shift in the Tamil Community, Gopinathan, Saravanan et al. (eds.), *Language, Society and Education in Singapore*, Singapore; Time Academic Press, 1994, pp.191-192. なお Raniah, K., The Pattern of Tamil Language Use among Primary School Tamil Pupils in Singapore, *Singapore Journal of Education*, Vol.11, No.2, Singapore; Longman, 1991, pp.46-47 内の数値では、1987年度にインド系でタミル語を第二言語として選択している者は77%にすぎず、残り23%は第二言語としてマレー語を選択・学習しているという。
3) 黄彬華・呉俊剛編、田中恭子訳『シンガポールの政治哲学(上)──リー・クアンユー首相演説集』勁草書房、1988年、77頁。なお本稿では"Multiracialism"の"race"を"種族"と表記したため、"多人種主義"の部分を"多種族主義"と改訳した。
4) Gopinathan, Saravanan, Language Policy in Education: A Singapore Perspective, Afendras, Evangelos A. & Kuo, Eddie C.Y. (eds.), *Language and Society in Singapore*, Singapore; Singapore University Press, 1980, p.179.
5) Goh, Keng Swee and the Study Team, *Report on the Ministry of Education, 1978*, Singapore; Ministry of Education, 1979 の Annex 3A 内の数値を引用。
6) Chua, Beng Huat & Kuo, Eddie C.Y., *The Making of a New Nation: Cultural Construction and National Ideology*, Working Papers No.104, Department of Sociology, National University of Singapore, 1991, p.18.
7) Chua, Beng Huat, *Culture, Multiracialism and National Ideology in Singapore*, Working Papers No.125, Department of Sociology, National University of Singapore, 1995, p.23.
8) Chua, Beng Huat & Kuo, Eddie C.Y., *op.cit.*, p.11.
9) 前掲、黄彬華・呉俊剛編『シンガポールの政治哲学(下)』、358頁。
10) 新加坡宗郷会館聯合総会・新加坡中華総商会編『李光耀談新加坡的華人社会』1991年、52-53頁。
11) Kuo, Eddie C.Y., *Confucianism as Political Discussion in Singapore: The Case of an Incomplete Revitalization*, Working Papers No.113, Department of Sociology, National University of Singapore, 1992, pp.12-13.
12) Hill, Michael & Lian, Kwen Fee, *The Politics of Nation Building and Citizenship in Singapore*, London; Loutledge, 1995, pp.201-205.
13) 竹下秀邦『シンガポール─リー・クアンユウの時代』アジア経済研究所、1995年、502頁。
14) Kuo, Eddie C.Y., *op.cit.*, p.17.
15) *Ibid.*, p.20. 当初は"Ideology"の語が使用されていたが、Chua (1995)によれば「何

かしらのマルキスト的、共産主義的なイデオロギーを連想させる」(p.21) ということで"Values"に変更となったという。

第5節　フィリピン——ナショナリズム教育の模索——

タバオ市のブカナ
小学校校門の標語

| 信頼 |
| 忠誠 |
| 奉仕 |
| 友好 |
| 礼儀 |
| 親切 |
| 従順 |
| 快活 |
| 倹約 |
| 勇敢 |
| 高潔 |
| 敬虔 |

→

タバオ市のグスタマ
レテ小学校の教室
←

100 第2章 東南アジア諸国の民族と教育

マニラ聾啞学校の
バンブーダンスの
練習
←

アアテネオ・デ・
マニラ高校職員室
→

フィリピン大学
構内　　↓

フィリピンはアジア諸国の中で最も西欧化されている国というイメージが強い。300年以上に及ぶスペインの統治時代を経て、19世紀末から20世紀前半にはアメリカ合衆国の植民地支配を経験している。その結果、人口の80％以上がカトリック教徒であり、英語が比較的通じるという状況が生じている。そして、フィリピンという名称自体がスペインのフェリペ王子にちなむように、現在の国家体制も植民地支配の産物であった。しかし、実際のフィリピン社会は、かつてこの島々に人々が渡ってきた時の帆船の名称である「バランガイ」という小さな親族集団を基礎としていた上に、中国系住民の定住、イスラーム教の伝来等の影響が加わり、様々な宗教・言語による民族的多様性が存在している。最初にフィリピンに定住したのは氷河期の終わりのころのネグリト族であり、新石器時代以来の原始マレー、紀元前1500年〜500年ごろの古マレー、そして紀元前500年ごろから紀元後数世紀までに移住した新マレーと続く。現在の国民の90％以上がこの新マレー系住民である[1]。

フィリピンには134言語の言語グループが存在し、方言差も含めると186にものぼるとされるが、言語系統としてはアウストロネシア諸語インドネシア語派フィリピン語群に属する。また、近隣の類似するグループをまとめると少数民族語が約60、多数民族語を含めると80以上であり、これらのうちセブ語、タガログ語、イロカノ語、パナイ―ヒリガイノン語、ビコール語、サマル―レイテ語、カパンパンガ語、パンガシナン語がフィリピンの8大言語とされる。このほか、植民地支配の影響によるスペイン語、英語、華人の用いる華語、南部のイスラーム教徒のアラビア語等の存在も忘れてはならない[2]。

1 外来勢力による「フィリピン」の形成と民族的アイデンテイテイの模索

(1) フィリピン固有の教育——習俗としての教育

古代のフィリピンでは、子ども達は親と共に働き、その経験を通して生活技術を身につけ成長していった。やがて、入社式や徒弟制等の制度も出現し、聖職者が知識を伝達し教育を司る役割を果たすようになっていった。また固

有の文字が用いられており、木の葉に棒で、あるいは竹にナイフで書かれていた。15世紀半ばに記されたとされるパナイ島で発見された文書では、当時の道徳規範や教育の営みが記録されている。しかし、スペインによる植民地支配の中でこのような旧来の教育習俗は次第に消滅していった。しかしながら、このように古代からのフィリピン独自の文化と教育習俗の存在は、フィリピン・ナショナリズムに基づいた教育の歴史的源泉として注目されてきている[3]。

(2) スペイン統治と「フィリピン」の形成
——スペイン人教育と「フィリピン」人教育の並存

16世紀半ばから本格化されたスペインのフィリピン統治では、1601年にはサン・ホセ・カレッジが、1611年にはサント・トマス大学が設立されるなど、早くから高等教育が整備されたが、これらは支配者のスペイン人子弟のためのものであり、フィリピン人に対する教育はキリスト教の布教のための二義的なものであった。従って、キリスト教ミッショナリーがフィリピン人の教育に関する中心的活動を行っており、フィリピン人の子ども達は教会の付属学校に通って、キリスト教の教義や賛美歌、祈禱文を憶え、読み書き算の学習は優秀な一部の子どもに限られていた。またスペイン語ではなく地域の言語によって布教するという方針がとられたために、フィリピン人へのスペイン語の普及には限界があった。

1863年の教育令では、7歳から12歳までの就学を義務とし、各市町村に男女1校ずつの初等学校そして師範学校を設立することが定められた。この初等学校では読み、書き、算数、歴史、スペイン語、音楽が教科とされ、更に農業、裁縫なども採り入れられたが、その中心は依然としてキリスト教原理による宗教教育であった。しかし、この教育改革によって初等学校でもスペイン語教育が実施され、フィリピン人が中等学校そして大学へと進学する道が開かれ、その後都市の有産階級の中にはスペインに子弟を留学させる者まで出現した[4]。

(3) アメリカナイゼーションと教育

1898年のパリ講和条約でフィリピンの領有権がアメリカに移ると、アメリカはスペイン統治下では名目にすぎなかったフィリピン民衆の教育を、公立学校制度を確立することにより実質化しようとした。1901年にフィリピン委員会が制定した法律第74号では、公立初等学校および師範学校を整備し、無償義務の初等教育の普及が目指された。続いて公立中等学校が整備され、1908年には国立フィリピン大学が設立された。ただし、その目標はアメリカ本国と同等の英語による教育の普及にあり、太平洋を越えて大量のアメリカ人教師を送り込み、英語の教科書を用意し、英語で授業をするフィリピン人教師を養成するなどの措置を講じた。その結果、小学校の低学年を除いてすべての教育は英語で行われ、英語を理解する人口は、どの地方語を母語とするとする人口よりも多くなった。「無料の小学校を全国津々浦々に建設して"文明の恩恵"を与えるという政策は、たしかにフィリピン人の心をつかんだ。山間僻地にいたるまで町ごとに建設された小学校と、そこで働く使命感に燃えたアメリカ人教師の姿は、"友愛的同化"のシンボルとして宣伝された。……フィリピンの若者たちは、かれらの母語とおよそつながりのない英語の習得を強制され、かれらがみたこともないアメリカの社会や文化についてひたすら教え込まれた。こうしてアメリカ体制下の学校教育は、フィリピン人にアメリカ社会の価値観と文化嗜好を植えつけ、かれら自身の文化に対する軽視をうみだした[5)]」のである。アメリカ合衆国がこのような政策をとったのは、アメリカ式の教育を普及することが急進的な革命軍の影響力を弱め、アメリカ主導の下での自治政府を樹立させるための重要な戦略であったからにほかならない。英語を教授用語とし、アメリカのカリキュラムに準拠した教育を実施することは、多様な言語を擁するフィリピン民衆に英語という共通の言語を与えることにより国民としての一体感を醸成すると共に、アメリカ流の民主主義的精神を広めることに効果的であると考えられたからである。

(4) フィリピンの言語による国語の制定と
　　教科としてのフィリピン言語の導入

英語が公用語とされ、すべての学校における教授用語とされていた中で、

アメリカの主権下で自治政府が成立したのちの1936年、フィリピンの言語の教育の実施が着手された。この自治政府の基盤であった1935年憲法は、第XIVの3条で「現在のフィリピン言語をもとにした共通の国語を発展させ採択するための措置を講じること、法により定められるまでは英語とスペイン語が依然として公用語とされること」と定め、この共通の国語の発展を目指して、初代大統領マニュエル・ケソンのリーダー・シップにより、1936年に国立言語研究所が設立され、タガログ語を基礎とする国語の制定が勧告された。更に、1937年の大統領令第134号は、このタガログ語をもとにした国語の採択、発展、使用を宣言した。そして、1940年の大統領令第263号では、すべての教育段階でこの国語を教科として教育することが定められた[6]。

(5) 独立とナショナリズム教育の模索

1946年に完全独立を達成したフィリピンは、1935年憲法体制を基盤としながらも、ナショナリズムを強調する教育の推進を目指した。例えば、あらゆる教育機関での毎日の国旗掲揚儀式の施行（1955年）、すべての学校と大学でのホセ・リサールの生涯とその著作の学習の必修化（1956年）等が挙げられる。また、1953年教育法では40年教育法で劣悪化した初等学校の教育条件の改善が目指され、1957年には、初等教育では後述する第1、第2学年での教授用語への地方語の採用、中等教育では中等学校の4年間を2年ずつに分け、前期の2年間では普通教育を行い、後期の2年間で大学準備教育と職業技術教育にコース分化させる「2－2プラン」等の改革が開始された。

1946年には35年憲法で規定されたタガログ語を基礎としたフィリピン言語が英語、スペイン語と並んで公用語とされ、1959年には単なるフィリピンの一言語ではなく、国語としての意味を込めピリピノ (Pilipino) 語とその名称が改められた。ただし、ピリピノ語は教科として採択されてはいるものの、教授用語は依然として英語が原則とされていた。しかし、児童の家庭言語と異なる言語で初等教育を実施することは、単に言語教育の負担が過重になるのみならず、一般の教科の理解にも影響を与えた。モンロー・コミッションの提案に基づき1948年にイロイロで行われた実験では、地方語で初等教育を与えることの利点が明らかにされ、その結果から低学年では地方語を教授用語

とする学校が増加し、1957年には第1、2学年で地方語が教授用語とされることになった[7]。

2 「新社会」建設と教育
―― マルコス体制下のナショナリズムと言語教育 ――

(1) 国家主義の台頭と国民意識の高揚

1972年のマルコス大統領による戒厳令布告は、フィリピン教育の転換の契機でもあった。同年に布告された「大統領布告6－A」では、経済発展と社会進歩の急速な達成、国家建設への国民の参加、国民意識の高揚と望ましい文化的価値の促進という、国家目標の達成に向けての教育が果たすべき役割の重要性が強調され、社会の基本的機能への個人および集団の参加の範囲と質の強化、生産的で才能のある市民に成長するために重要な普通教育の広範な普及、中堅レベルのマン・パワー養成、高度な専門職者の育成、教育計画と評価のシステムの導入による国家の要求への効果的対応等が教育制度の目標とされた。また、「1973年憲法」の教育条項では、「政府によるすべての教育機関の監督と、国家目標に従った機関の設置」、「祖国愛の強調、市民的義務の教育」等が規定された。1972年の戒厳令の布告以降の教育改革は、国家主導の教育システムと国家主義的ナショナリズム（「新社会運動」）、国民としての義務の強調、また中央政府が高等教育の拡充に専心するための初等・中等教育の財政の地方化等をその特色としていた。

1973年には、後述するバイリンガル教育政策が開始されると共に、中等教育のカリキュラム改革の実施により「2－2プラン」は廃止され、職業教育科目が第2学年からの選択科目として扱われるようになった。また、中等教育では第1～3学年で「青年発達訓練」、4年次では「市民軍事訓練」が教科とされた。この「青年発達訓練」は保健（週1時限）、体育（週2時限）とボーイスカウトあるいはガールスカウト（週2時限）で構成され、これらの中で音楽教育も扱われる。その後、初等教育に関しては児童の学業達成状況の調査（1976年）、初等教育普及の地域格差是正と完全普及を目指した「地方教育普及発展プログラム」（1979年策定・1982年開始）等に続き、1982年には初等教育の新

カリキュラムが公布され、翌年から実施された[8]。

また、大統領に権力が集中し、言論、出版、集会の自由が制限される一方で、「新社会運動」の運動の基礎単位を古代の村落集団であるバランガイと名づけ、議会や政党、官庁の名称にピリピノ語を用いる等、旧来の土着的なものの復興が国家原理の一つに取り入れられた。

(2) ピリピノ語の国語化とバイリンガル教育の開始

1973年憲法では、第XVの3条2項で「国民議会はフィリピノ (Filipino) 語として知られている共通の国語を発展させ、正式に採用するための手段を講じる」、同条3項で「法により定められるまでは、依然として英語とピリピノ語 (Pilipino) が公用語である」と規定されている。なお、タガログ語には'F'という文字がなかったために、1946年に公用語として採用された国語はピリピノ語であるが、将来この憲法に基づき公用語として採用されるべき国語はフィリピノ語として区別している。また、「フィリピノ語として知られる」という表現には、この言語がタガログ語をベースとしているため、非タガログ系国民に対する配慮であるという指摘もなされている。

この73年憲法の規定に従い、73年5月の大統領演説を契機として、「全国教育委員会」の下でバイリンガル教育調査委員会が74年3月から5月に調査を実施し、その結果を基に「全国教育委員会」の勧告が示された。この勧告では、①第1、2学年では地方語を用いることを条件に、初等レベルの主要教授用語はピリピノ語とする、②ピリピノ語と英語は中等、高等レベルの教授用語とされる、③ピリピノ語と地方語を教授用語とする教員養成と現職教育の集中プログラムが必要であること、が指摘されていた。

そしてこの委員会の勧告に基づいた1974年の文部省令第25号によって、バイリンガル教育政策が本格的に開始されることとなる。ここでのバイリンガルとはピリピノ語と英語によるものであるが、初等学校第1学年から中等学校修了まで、ピリピノ語を教授用語とする教科（社会科／社会科学、人格教育、仕事教育、保健体育）と英語を教授用語とする教科（理科、算数／数学、芸術・音楽）を明確に区分していることが第一の特徴である。更に、必要な場合にはピリピノ語、英語のほかにアラビア語の使用も認められること、また、上記の3

言語では概念の理解が難しく、必要な場合に限り地域の状況によって初等学校の第1、2学年で地方語を補助的用語として用いることができること、すべての学年においてピリピノ語と英語が教科として教えられること等が定められた。このように、従来すべての教科が英語によって教えられていたのに対して、主として文系の教科の教授用語をピリピノ語とし教育のナショナリズム化を図り、南部のイスラーム教徒を配慮してアラビア語も教授用語として認め、更に教育の効率という側面から地方語に補助的な役割を認めたのである。ただし、その実施に際しては、タガログ語地域では1974-75年度から開始されるが、非タガログ語地域では77-78年度までを計画準備期間とし、78-79年度から年次進行で本格的に実施されることとされた。また、高等教育でも1984-85年度までに、ピリピノ語か英語のいずれかで修了試験に合格できるような措置を各大学が計画し実施することとされた。加えてこの省令は、教員の現職教育や教材開発の計画についても指示していた。

3 エスニック・グループの言語と教育

①華人の教育

フィリピン社会における華人の存在は、スペインのフィリピン支配よりもはるかに長い歴史をもっていたにもかかわらず、最初の華人学校は、中国領事館がマニラに開設された1899年に、初代領事のタン・カンによって開設されたアングロ・チャイニーズ・スクールであった。

アメリカの支配下において、華人学校の教育は一定の進展をみせた。1902年に施行された華人排除法により、新たな華人労働者と華人女性の移民が禁止されたため、独身男性は中国に赴いて中国人女性と結婚し子どもをもうけ、また単身でフィリピンに帰国するという別居家庭が多かったとされる。そして、中国で養育された子ども達は、10代前半になると華人商人の息子としてフィリピンに移民し、商売に必要な知識や技能に加え、英語や中国の伝統文化についての教育を受け、その中には中国の大学に進学するものも多かったとされる。フィリピンの華人学校は、一つにはこのような中国からの移民である少年達を対象とし、更に華人男性とフィリピン女性との間のメスティソ

に対する中国語や中国文化に基づいた教育を提供する役割も果たしていた。日本軍の中国侵攻に伴い、1937年から40年までの間に、自治政権下のケソン大統領は中国からの難民7,000人の入国を認め、その中にはフィリピン在住華人の配偶者や子ども、そして中国の知識人が数多く含まれていた。これらの移民はその後の華人学校の発展に大きな影響を与えたとされる。

独立後には1947年の比中友好条約により法的な地位が確立し、華人学校は中国大使館の管轄下におかれた。しかしながら、1955年の法改正により華人学校は私立学校として扱われるようになり、通常の学校のカリキュラム基準に従うこととされ、文部省の監督を受けるようになった。ただし、カリキュラムの中で中国語などの科目を教授する自由は保証され、これらの科目に関しての政府の干渉はみられなかった。この間、中華人民共和国の成立やフィリピン政府の同化政策、更には若い世代の生活様式の西欧化、中国語自体の多様性などから、華人コミュニティは、中国の言語や伝統文化を守るべきか、それともフィリピン化を進めるべきかという問題で揺れ動いていた。1963年に華人学校はその隆盛を迎え、161校で約67,800人の児童生徒が学んでいたとされる。

しかしながら、1973年、マルコス大統領は布告176号によって、4年以内に外国人学校を廃止することを定めた。これにより、華人学校も法制上は消滅したこととなり、通常のカリキュラムに従うこととされ、設置者をフィリピン市民とし、その活動はフィリピンの教育行政に組み入れられることとなった。そして、中国語の学習は1日120分に制限され、正規のカリキュラム外に位置づけられたため、中国語の教育内容は不十分なものとなった。このような華人学校のフィリピン化の中で、華人教育は「自然死」を迎えるのではないかと考えられている[9]。

②ムスリム社会と教育

14世紀以来、フィリピンの南部にはムスリムが渡来し、スールー諸島と西ミンダナオに定住し始め、1380年頃、イスラーム宣教師マクダム・カリムがスールーで宣教を開始した。ムスリム社会では伝統的教育システムとしてのマクタブが存在した。マクタブでは6歳から10歳までの間に、イスラームの聖典であるコーランの学習を始め、30編全編を読めるようになると修了と認

定された。スペイン統治時代には、スペイン政府の構築した学校制度とは無関係にムスリムの教育制度は維持されてきていた。次いでフィリピンを領有したアメリカは今世紀初頭、全土での公立学校制度の整備を目指したが、当時の記録ではパンディタ・スクールと呼ばれる地方独自の学校がムスリム社会に存在していたことが記されている。パンディタ・スクールではコーランの学習に加え、地方言語の読み書きと初歩的な算数が教授されていた。一方、アメリカ主導の公立学校に対しては、ムスリム社会は懐疑的であり、1923年にはラナオのトゥガヤで義務教育に対する反対運動が起こり、1926-27年度で少なくとも47校の公立学校が焼き打ちにあったとされる。

　第2次世界大戦後には、イスラーム教育は基礎的教育に加え、中等教育に相当するマドラサが建設されるようになり、更に12年間の一貫教育を実施するマーハドも開設されるなど、その整備が進められてきた。その一方で、公立学校制度に関しては、校舎建設、教材の供給、教員の配置等について他の地域と水準と比べて遅れていることが指摘される。この背景には、ムスリムに対してあまり配慮していなかった公立学校に対する根強い不信感が存在すると共に、また他のイスラーム諸国の援助によってイスラーム系学校が支えられ、フィリピン政府の正式な認可を受けてはいなくてもアラブ諸国の高等教育機関へ進学する方途があったこと等が考えられる。しかしながら、その経済的、社会的利益が認識されるにつれて、公立学校へ子どもを通学させる傾向が高まり、場合によってはその教育の一般的な質の高さから、キリスト教ミッション系の学校に通学するムスリムの子ども達も増加してきたといわれる[10]。

　マルコス体制では、ムスリム社会も含めた国家統合が重要な課題とされたため、ムスリム勢力の要求に対応し、1973年の大統領教書71-Aにおいて、アラビア語の国際的地位とフィリピンにおけるその重要性を認識しつつ、一定の地域ではアラビア語を教授用語とすることが認められた。そして、1980年の文部省と公立ミンダナオ大学の協定により、同大学付属のキング・フェイサル・アラビア語およびイスラーム学研究センターにおいて、公立学校教員に対するアラビア語の現職トレーニングが開始されることになった。

4 「2月革命」と教育――民主化とナショナリズム――

(1) 民主主義の実現と「価値教育」

1986年の「2月革命」によって誕生したアキノ政権は、義務教育の確立、無償教育の拡大、質の高い教育の提供という教育機会の拡大と均等化、フィリピン固有の文化の保護やそれに関する教育、ナショナリズムを核とした価値教育等の教育におけるナショナリズムの強化、国家セクターと民間セクターの共同あるいは教育以外の分野との協力による教育サービスの民営化と統合、科学技術教育の発展等を教育政策の目標とした。中でも、「ピープルズ・パワー」による独裁政権の打倒という「2月革命」の性格から、新政権にとっては民主主義社会の実現が重要な課題の一つとされ、「価値教育」のあり方の検討が教育改革の焦点の一つとなった。直ちに文部省内に「価値教育」に関するタスク・フォースが組織され、86年5月の新政権における第1回教育関係者会議においてそのフレームワークのドラフトが検証された。そして1986-87年度中に、親や生徒を初め、校長、教員、政府関係者、企業関係者、市民のリーダー、学者等、あらゆる分野の国民からのこのドラフトに関する意見を集約して改訂を行った。この第2次ドラフトが1987年の教育関係者会議に提出され、出席者による検討が行われ、更に専門家からの意見も聴取し、1988年に「価値教育に関するフレームワーク」が決定された。そしてこのフレームワークは文部省通達1988年第6号「価値教育プログラム」の付属文書としてとして公布された。上記通達では「真の自由と民主主義への新たな期待、社会変革と国家建設への国民の参加の機会の出現という、1986年の平和的革命によってもたらされた変化は、人々の価値、態度、行動についてこの変化に対応した再検討を促している。この挑戦に立ち向かうために、文部省は、教育的経験を通じて人間の発展を高め道徳的性格を強化することを企図した、活性化された価値教育のプログラムに乗り出した」とその意図を説明している。更に、付属文書である「価値教育のフレームワーク」はまさに国民各層の参加によって策定されたことを強調している。このように説明される「価値教育」には、その「価値教育」の価値の内実として、政策決

定や施策の遂行に民主主義国家にふさわしい国民としての参加が含まれていると同時に、「価値教育」の推進それ自体に国民の参加が必要であることを示しているといえる。

「価値教育のフレームワーク」では、学校のカリキュラムにおける「価値教育」を、教師の指導の下で、児童・生徒がそのおかれている環境と相互に作用し合うことによって、価値が形成されるプロセスであると捉えている。そして、価値は学習者の個人的な生活に直接的に関連し、価値の形成プロセスは認知的ではなく学習者のすべての能力の発揮を必要とし、親の価値観が子どもの価値観に大きな影響を与え、また同様に教師自身の価値観の影響力も重要であることを指摘している。更に、共通な価値観は家庭、種族、社会、国家を統一するという、価値の社会的機能に着目し、「真実、正義、自由、愛、平等、平和」という価値を国民が共有し、「公正で人道主義的な社会」を建設するという1987年憲法のビジョンから、「価値教育」の必要性、緊急性を強調している。従って、「価値教育プログラム」の目的は「『公正で人道主義的な社会』、民主的独立国家の建設に専心する人間の発展のために、価値教育をあらゆる教育段階で導入し促進することである」とされ、目標とされるフィリピン人の理想像として、人間の尊厳という意識をもった人間、コミュニティや環境への責任という意識を備えた社会的存在、経済的な安定と発展に貢献する生産的人間、深い愛国心をもち地球規模の世界コミュニティと共に国家の発展に専心する市民、精神的存在としての神への信仰心を表明する人間、の5点が挙げられている[11]。

(2) フィリピノ語と英語によるバイリンガル教育の発展

言語と言語教育に関しては、アキノ政権はマルコス体制下の73年憲法によるピリピノ語重視の方針を受けつぎ、それをより明確に打ち出している。1987年憲法では、言語および言語教育に関して、国語としてのフィリピノ語の発展（第6条）、公用語としてのフィリピン語の使用と英語の暫定的使用、補助的公用語・教授用語としての地方語の使用、任意の言語、選択言語としてのスペイン語とアラビア語の発展（第7条）、フィリピノ語と英語による憲法の公布と、主要地方言語とアラビア語、スペイン語への翻訳（第8条）、

様々な地域や分野の代表から構成され、フィリピノ語とその他の言語の発展、普及、保護のための研究を実行し、調整し、促進する国語委員会の議会での設置（第9条）などが規定された。これまでと異なっているのは、フィリピノ語を正式な国語と定め、明確に公用語としていることであり、その結果、英語は暫定的な公用語として位置づけられるようになり、スペイン語、アラビア語の位置づけも弱まっている。その反面、地方語を補助的公用語、補助的教授用語として明示すると共に、地方語もフィリピン語発展への基盤とされている。これは、タガログ語をベースとしていたフィリピノ語（ピリピノ語）に各地方語や外国語の語彙や表現を取り入れることにより、フィリピノ語の国語ないしは公用語としての共通性を高めることを意味し、これを実際に遂行する機関として国語委員会の設置が定められているのである。即ち、アキノ政権の言語政策の原則は、地方語への配慮をしつつもフィリピノ語による言語統一を推進することであるといえよう。

　以上の憲法の規定に基づき、バイリンガル教育政策を推進するため、1987年5月に文部省令第52号「1987年バイリンガル教育政策」および第54号「1987年バイリンガル教育政策の実施のためのガイドライン」が公布された。前者の省令第52号では、ⅰ）フィリピン国民としての役割と義務を果たすことができるようなフィリピノ語の能力と、国際社会における国家の必要に応じるような英語の能力をもつ国民を形成するため、すべてのレベルでこの2言語が、教科そして教授用語とされ、また地方語は第1、2学年で補助的教授用語として用いられる、ⅱ）2つの言語教育の質的向上、識字言語としてのフィリピノ語の普及、国家統一アイデンティティの言語的シンボルとしてのフィリピノ語の発展、学術的な言語としてのフィリピノ語の洗練と精巧さの向上、国際語として、また科学技術を取り入れるのに必要な言語としての英語の維持を、バイリンガル教育政策の目標とする、ⅲ）1974年の文部省令で示された教科の区分に応じ、フィリピノ語と英語を教授用語とする、ⅳ）必要な場合には、地方語が識字教育の導入段階の教授用語とされる、ⅴ）バイリンガルの目標を達成するため、フィリピノ語と英語はすべての段階で教科として教えられる、ⅵ）2つの言語の教授方法の継続的改良、教授用語としてのこの2言語の使用、フィリピンの学校教育におけるこの2言語の機能の

明確化は教育制度全体の責任である、vii) 高等教育機関はフィリピノ語の知的向上を先導する、viii) 文部省は、国語委員会と協力してフィリピノ語の発展と向上に努める、ix) 文部省は、政府機関と非政府機関の協力により言語政策が遂行されるような手段を講じる、x) 文部省は、教材作成、教員の現職教育、非タガログ地域における補償と向上プログラム、教室で用いられる適切で標準的なフィリピノ語の発展、適切な評価方法の開発等の領域について言語政策を遂行する基金を計画化する、という政策方針が示された。そして、続いて公布された第54号の「ガイドライン」では、バイリンガル教育政策のための具体的施策が提示された[12]。

このように、現在のフィリピノ語と英語のバイリンガル教育は、ただ単に2つの言語の教育を実施し、また2つの言語を教授用語とすることが目的ではない。様々な言語集団を抱えるフィリピンでは、アメリカの統治以来英語が共通語としての役割を果たしていた。しかし、現行の政策ではフィリピン国内の'lingua franca'の機能を英語に求めてはいない。この意味でフィリピノ語が英語に取って代わることとなり、ナショナリズムの象徴として機能も果たすことになる。そして、継続的なフィリピノ語の拡張、知的向上が必要とされる。ちなみに、1973年の時点でフィリピン言語研究所所長は、他の言語からの借用語が10,000語以上にのぼると言明した。これに対し、国際語であり、科学技術の導入には必要な言語であるという観点から英語教育と英語の使用が強調される。従って、理数系の科目の教授用語は英語が望ましいと考えられているのである。具体的にアキノ政権によって策定された1989年の中等教育カリキュラムをみるならば、フィリピノ語（ピリピノ語）は週当たり720分から800分に増加したのに対し、英語は840分から800分に減少し、フィリピノ語と同等の扱いにされている。また、科目毎の教授用語が明示され、英語、科学技術、数学、技術・家庭の4科目は英語を教授用語とするが、フィリピノ語、社会科、保健体育・音楽・芸術に関してはフィリピノ語が用いられ、価値教育については英語、フィリピノ語に加えて、補助的に地方語も用いられることとされている。

現行の初等学校と中等学校のカリキュラムと教授用語は表2-5-1、表2-5-2の通りである[13]。

表2-5-1　初等学校カリキュラム（一日当たりの時間数・単位分）

学　　年	Ⅰ	Ⅱ	Ⅲ	Ⅳ	Ⅴ	Ⅵ
性格形成活動	20-30	20-30	20	20	20	20
フィリピノ語	60	60	60	60	60	60
英　語	60	60	60	60	60	60
数　学	40	40	40	40	40	40
公民および文化(歴史／地理／労働倫理)	40	40	40			
地理／歴史／公民				40	40	40
理科および保健			40	40	40	40
芸術および体育			40	40	40	40
家庭および生活教育				40	60	60
合　　計	220-230	220-230	300	340	360	360

注）社会／社会科学、勤労体験教育（労働倫理）、性格教育、保健、体育の教授用語はフィリピノ語とする（文部省令1987年第52号「1987年バイリンガル教育政策」）。従って、上記のカリキュラムでは、性格形成活動、公民および文化、地理／歴史／公民、保健、体育がこれに該当する。

表2-5-2　中等学校カリキュラム（一日当たりの時間数・単位分）

	Ⅰ	Ⅱ	Ⅲ	Ⅳ	教授用語
フィリピノ語	40	40	40	40	フィリピノ語
英　語	40	40	40	40	英　語
社会科	40	40	40	40	フィリピノ語
科学技術	60	60	60	60	英　語
数　学	40	40	40	40	英　語
技術・家庭	60	60	80	80	英　語
保健体育・音楽	40	40	40	40	フィリピノ語
価値教育	40	40	40	40	フィリピノ語／英語
合　　計	360	360	380	380	

5　フィリピンの経済的発展と国民統合

　1986年の「2月革命」から10年余りが経過し、民主化への熱気は一時のほどではない。そしてこの10年間には東南アジアの経済発展が顕著であり、かつては経済が低迷していたとされるフィリピンにも、変化の兆しがみえてきている。アキノ大統領から政権を引き継いだラモス政権は、このような状況に対応し、政権に対する国民の支持を維持するために、国民統合の求心力に民主国家の建設に続いて、国家の経済的繁栄を位置づけている。最近の中期開発計画では21世紀までにフィリピンを新興工業国にするという「フィリピ

ン2000」の開発戦略を掲げており、その実現に向けての教育の役割が強調されている。そして、1998年に成立したエストラーダ政権は、ラモス政権の方針を引き継ぎつつ、貧困対策を基盤とした経済発展を構想しており、基礎教育の普及と質の向上を重視している。例えば、ナショナリズムと言語教育という視点よりも、教授用語と日常用いる言語の違いが学力達成の障害となっているという教育効率の問題として教授用語が検討される傾向がみられ、初等学校低学年ではフィリピノ語ではなく、タガログ語、イロカノ語、セブアノ語のいずれかを教授用語とする実験プロジェクト（リンガ・フランカ・プロジェクト）等が開始されている。国民生活の向上と国家の威信の発揚を目指し、国民統合を実現しようとする教育のあり方は、また一つの転換点を迎えているといえよう。

(渋谷　英章)

注
1) 綾部恒雄・石井米雄編『もっと知りたいフィリピン 第2版』弘文堂、1995年、71-75頁。
2) 池端雪浦「フィリピン」『東南アジア現代史Ⅱ』山川出版社、1977年、8-9頁。
3) Herman C. Gregorio & Cornelia M. Gregolio, *Introduction to Education in Philippine Setting*, R.P. Garcia Publishing Company, 1976, p.13.
4) *Ibid.*, p.14.
5) 池端雪浦、前掲書、92頁。
6) Minda C. Sutaria, Juanita S. Guerrero and Paulina M. Castano (eds.), *Philippine Education: Visions and Perspectives*, National Book Store, 1989, pp.309-310.
7) Tomas Quintin D. Andres and Felizardo Y. Francisco, *Curriculum Development in the Philippine Setting*, National Book Store, 1988, pp.185-186.
8) 渋谷英章「フィリピンにおけるバイリンガル教育政策」村田翼夫（研究代表者）『東南アジア諸国における多言語社会と教授用語—国民統合政策との関連を中心として—』1989-90年度文部省科学研究費補助金最終報告書、1991年、68頁。
9) Chimben See, Ethnic Identity among the Chinese in the Philippines, Theresa Carino (ed.), *Chinese in the Philippines*, China Studies Program, De La Salle University, 1985, pp.32-40.
10) Ahmad Mohammad H. Hassoubah, *Teaching Arabic as a Second Language in the Southern Philippines*, University Research Center, Mindanao State University, 1983.

11) 渋谷英章「フィリピンの『価値教育』における学校と地域社会」金子忠史（研究代表者）『学校と地域社会との連携に関する国際比較研究 中間報告書(I)』国立教育研究所1994-98年度特別研究、1996年、467-477頁。
12) The 1987 Policy on Bilingual Education, DECS Order No.52, s.1974, *Implementing Guidelines for The 1987 Policy on Bilingual Education* (DECS Order No.54, s.1974).
13) 金子忠史（研究代表者）『学校と地域社会との連携に関する国際比較研究 中間資料集(I)』、国立教育研究所、1995年、438-446頁、など。

第6節　ベトナム──ドイモイ政策による民族教育──

ハノイ市内　中学校教室

ハノイの名門校　チュ・ヴァン・アン高校

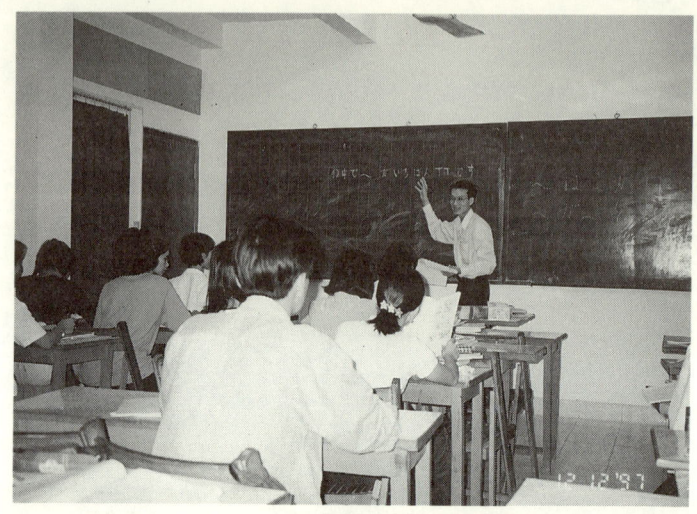

ホーチミン市の日本語学校での授業

ハノイ公開大学の情報教育スクーリング

（以上写真3点　近田政博氏提供）

第6節　ベトナム

はじめに

　現在ベトナムでは1986年12月のベトナム共産党第6回大会で決定され、国会の承認を受けた「刷新（Dỗi Mới）」政策を推進中であり、教育面でも、全体としては機会均等は依然として重視しつつも、平等重視から能力主義へと政策の重点がおきかえられている。自由競争＝市場主義の導入による民族間の格差の拡大、とりわけ、多数民族であるキン族と少数民族との格差拡大の抑制およびベトナム内では少数派ではあるが、経済的力をもつ華人の統合、これが現在のベトナムにおける国民統合の主要な問題となっている。

1　多文化と教育の背景

(1)　民族、宗教

　「統一された多民族国家（1960年憲法第3条）」。これが、ベトナムの民族と国民統合を考える上での基本的な概念枠である。現在ベトナムには54の民族（後述のキン族を初めとして、タイ語系のタイ（Tay）族：1,190,000人、ターイ（Thai）族：1,040,000人、後述のキン族と同系のベト・ムオン語系であるムオン（Muong）族：914,000人、シナ語系のホア（Hoa）族：900,000人、モン・クメール語系のクメール（Khmer）族：895,000人等[1]）が存在し、日本とほぼ同じ面積の中で一つの国民国家を形成している。ただし、ホーチミン市を中心とする都市に居住する華人やメコン・デルタに居住するクメール族以外の、多くの少数民族は山岳地帯に居住している。また、上記の民族構成員数を1984年の数字と比較すると殆どの民族が増えているのに対し、1984年当時、キン族に続いて第2位の数であったホア族のみ、3万人の減少となり、第5位に落ちているのが特徴的である。

　これまでベトナムが以上のような多様性を内包しつつも少なくとも表面的には巧く国民統合を成し遂げてきた背景には、キン（Kinh：京）族がその殆ど（90％、55,900,000人）を占めているという内的条件、かつてのフランス、日本、アメリカ合衆国という外敵の存在、それらに対する祖国解放戦争の必要性と

いう外的条件の存在がある。現在におけるベトナムの民族と国民統合との関係を考える場合、この外的条件は消滅したものの新たに、中国との関係という外的条件が華人との関係という内的条件において、微妙な関係を生ぜしめていること、内的条件の問題においては、外敵の消滅によって、国民統合そして国民教育がキン族という特定民族の優位の思想に支えられた多数民族適合教育にならず、各民族の独立を保持しつつ国民統合を指向した教育がなされているのかということ、の二つの問題を考える必要がある。

言語的には、ベトナム語はアウストロアジア語族に属する言葉で、その成立はモン・クメール系の言語とタイ系の言語が接触することによるものといわれている[2]。もともとは漢字を使用していたところから、中国語との類似性が指摘され、現在でもたしかに、単語のうち、漢字を使用する日本語と類似な発音をもつものが少なからず存在する。この他、短音節（1語を1音節で発音）による発音、語尾の変化や活用がないことが中国語との共通性と思われる。ベトナム語以外には、南部の華人を中心にして中国語が使用されている。

ベトナムの宗教については、仏教が多いとされているが、それは先祖供養を中心とする民間信仰、儒教、道教と混合化しているものであることに注意する必要がある。このほか、いずれも少数派の、全国的に信徒が分布するキリスト教（カトリックが主）、メコンデルタの西部諸省に信徒が分布する改良仏教のホアハオ教、南部のタイニン省およびメコンデルタの東部諸省に信徒が分布する混合宗教であるカオダイ教等の宗教が存在するが、特に卓越した地位をもつ宗教が存在せず、ベトナム人の宗教性の特徴は先祖崇拝を中心とした重層信仰性にあることにも注目したい[3]。

(2) 伝統文化と伝統的教育

13世紀の韓詮（ハントゥエン）が作ったといわれるチュノム（字喃）は、ベトナム独自の民族文字である。これは、漢字を中国のやり方とは違う方法で組み合わせて作られる文字で、ベトナムの対中国民族意識が高揚した時代に特に重視された。特に清を破った光中帝（1789-92年）は、漢字を廃してチュノムを公文書に採用し、多くの漢籍のチュノム訳を推奨したことでチュノム文学

が繁栄する。しかし、チュノムはその造字法が複雑であり、読解も困難で、漢字の素養のある知識人以外は理解できず、民衆とは縁のないものであり広く普及しなかった。

　この状況に対し、1625年に渡越したフランス人アレキサンドル・ド・ロード神父は、その滞在中に初めてベトナム語のローマ字表記を行い、クォック・グー（qu' c-ng）の基礎を作った。ベトナム語の音調を様々な工夫によって表すことができたローマ字表記は、民衆を難解な漢字から解放し、文字の習得を容易にした。民衆は自らが受け継いできた話しことば、更には口承文学を、この表音文字によって具象化していった。支配階層にあっては、阮朝（1802-1945年）の嘉隆帝（1802-19年）のごとく、依然として、漢学を主とした督学を各鎮、各営に設置して地方の学問・教育に当たらせると共に、首都に国子監、地方に府学・県学を設置して学校制度を整備したが、ベトナムに近づきつつあった欧米の文化・科学に裏打ちされた植民地化に対応できるものではなかった。

(3) 植民地教育

　1883年の第１フエ条約（癸未条約）および第２フエ条約（甲申条約）でベトナム全土はフランスの支配を受ける保護国となり、フランス領インドシナ連邦の一部を形成することとなった。

　こうした政治的背景の下、フランスは、ベトナムをその一部とする「フランス領インドシナ連邦」の諸民族を分断・対立させることを植民地支配政策の基本にした。ベトナムに対しては、懐柔と弾圧・排除の間を行き来する植民地教育の下におかれることとなった。あわせて、20世紀初めころから漢字やチュノムの使用を推奨せず、ベトナム語のローマ字表記法であるクオック・グーに改めていく政策を推進した。

　同時期に、ベトナムの進歩的知識人の間に、ベトナム民族の独立を図るには、まず西洋文化を採り入れて、フランスと同様の富強な国になる必要があるという考えが生まれ、教育や文化を通じてのベトナム近代化運動（東遊運動（トンズウバンドン）・東京義塾（トンキンギアテウク：1907年ハノイに設置））が起こる。この運動では、福沢諭吉の慶應義塾に倣い、教育活動を通じての近代化

を図ろうとし、近代文化の導入に当たってのクオック・グー普及運動と一致し、以後急速に漢字は廃れていくことになった。

(4) 独立と国民教育制度

第2次世界大戦の終了後、北部には独立した国民国家が、南部では、当初はフランス、次いでアメリカ合衆国の影響下にあった政権が成立した。南部では、5・4・3の12年制の学校制度を成立させたが、「初等教育部は中央ベトナムのチャム族系のベトナム人と、南部のクメール族系のベトナム人の教育を改善するよう努めてきた」とはいえ、「ベトナム語の使用は関係する人たちの言葉に有害ではなかった」ともいい、言語については政府機関との交渉に民族言語の使用を制限する等、多数民族＝キン族への同化政策を推進していた[4]。

北部においては、1年生の幼稚園＋4・3・3の10年制の学校制度が敷かれたが、そこでは、ベトナム民主共和国1946年憲法第15条で「各少数民族公民は、各地の小学校において、自民族の言語をもって学習する権利を有する」とされた。しかし、1945年9月2日の独立時にはタイ (Thai) 族を除く少数民族は自民族の文字をもたず、「帝国主義者の愚民化政策によって科学的知識から隔絶されており、政治・経済の幹部となるべき人物はほとんど自足することのできない状態であった[5]」。従って、当時においては、少数民族の自治権を単に承認するだけではなく、自治権を具体的に行使できる力量を各民族に保障する政策が必要であった。ベトナム全体の問題としても、1945年の「8月革命」以前は国民の95％以上が「文盲」であり、当時克服すべきものとして、「侵略」「飢餓」と共に「無知」があった。そのため、クォック・グーは学びやすい言葉であるとの認識の下、「今日我々は独立をかちとることができた。この時において急いで実現しなければならない事業の一つは、国民の知的水準の向上である。政府は1年以内を限度として、すべての人々がみなクォック・グーを知らなければならないこと」とし、その監督のために人民学務局 (Nha Bình dân) を設立した。そして、それと共に、民族自決権の理想主義的展開の一つとして、文字をもたない少数民族に文字を創造するという政策も打ち出した。こうした母語「創造・奨励」政策と共通語の普及政策と

は相互に排除することなく、有機的な連関をもって進めていく必要があった。しかし、当時のベトナムをめぐる国際状況は、以上の理念的には優れていた政策を全面的に展開させることを困難にしていた[6]。そして、引き続く祖国解放戦争は、各民族の自決権の最大重視政策からの後退を余儀なくした。1955年3月の第1期第4回国会での「抗戦期における民族政策の実施と今日の民族自治区政策の実施に関する報告」において、生活・文化水準の向上、少数民族幹部の養成の成功等、少数民族の側の主体的力量の向上によって、従来の民族政策を「一歩進め」、「より高い水準で実現したもの」として自治区政策が提起され、具体的には、山岳少数民族居住地域に、1955年5月にタイ・メオ自治区、1956年8月にベト・バク自治区が設立され、1959年憲法でも自治区は継続した。しかし、1975年12月の第5期第2回国会において自治区は廃止され、1976年7月の統一国会でも南部に少数民族自治区は設置されなかった。

そもそも自治区政策はベトナムにとって「社会主義への過渡期における我が国の少数民族問題解決に適合した政策（1961年）」だとされていたが、五島は「『自治区政策』の本質は、少数民族に対しては、その主体性を重視し、彼らの能動的な革命への参加を促すことであり、多数民族に対しては、歴史的に形成されてきた彼らの少数民族蔑視を改め、少数民族に尊厳尊重を促すことにあったと考える。その意味においては、この『自治区政策』は一定の成果を収めたといえよう。『自治区政策』はいわば意識変革を促す政策であり、この『自治区政策』の精神さえ引き継げば自治区自体を廃止したとしても問題はない[7]」としているが、「統一された多民族国家」のあり方として、現に自治区を保持している中国の例も見据えつつ、再検討する必要があろう。この点につき、古田はキン族を中心とした国民的一体性の強調と評価し、この延長上に自治区の廃止、華僑・華人の統合をめぐる難民の発生をみている[8]。

2 多文化と国民教育の葛藤

(1) 国民教育の政策

教育政策の基本的目標は、初等教育の完全普及を中心とした経済発展に対

応すること、および統一社会主義国家建設を目指すことにあり、その下で科学技術教育の振興、労働と学習の結合、基礎教育の徹底等が行われている。幼児教育については生後3～4か月から3歳までの保育活動、3歳から5歳までの幼稚園教育があるが、一部の都市を除いて全国的な普及率はそう高いとはいえない。初等教育は6歳から5年間、義務教育として行うもので、施設・教員の不足のため、二部制あるいは三部制を採るなどの工夫がなされている。15歳以上の全年齢を通じての初等教育機関への通学経験率は86.4%に達しているが、修了率は67.3%（15歳から19歳に限っても、前者で93.0%、後者が75.8%にすぎない）となっており[9]、この数字の向上に最近の政策の重点がおかれている。

中等教育は初等教育に引き続いて4年間の教育を共通として、それに続く3年間の職業訓練校、もしくはかなり厳しい入学試験が存する3年間の中等普通学校で行われる。全国平均では、何らかの中等教育を受けた者は55.9%いるが、後期中等教育修了者は12.4%にすぎない。この数字には、都市部とそれ以外（特に北部および中央の高地）との間に格差がある。

義務教育期間は1986年に前期中等教育までの9年間とされたが、1991年以来財政事情により初等教育の5年間となっている。授業料は徴収されないが、教科書代は各自の負担となっている。先述の「刷新」政策が展開されるまでは教育は完全無償であったが、1992年憲法では、教育の無償規定は削除されている。更に、最近の教育に対する多様な資金導入政策に伴って授業料導入の検討もなされている[10]。

(2) 国家・地域開発と教育政策

1992年4月18日公布の新憲法においては、党と国家の分離、三権分立、個人経営・資本主義経営を含めた「多要素混合市場経済制度」への転換が明記された。これを受け、現在のベトナム経済は自由競争、民間・外国資本の導入等を中心に活況を呈している。

教育政策は、この経済開発を技術的・人材的に支えるものとして、この面でも社会主義的統制の下ではあるが、自由競争、様々な資金の活用を謳い、とりわけ不十分とされている教育への資金の獲得先を私的部門および外国に

求めている。1996年12月の第8期第2回中央委員会総会でも、西暦2000年までの「工業化・近代化時代における」教育訓練の発展についての任務および科学技術の発展についての任務が議論され、決議が出された[11]。ここから更に教育に対する国民の意欲が盛んなことを利用して収入に応じた授業料制度の導入も計画され、これまで教育における平等を保障してきた奨学金制度の縮小もなされている。(1)でみた政策と総合して評価すれば、都市部での後期中等教育段階以後の整備は民間資金等に依り、地方とりわけ山間部等の教育普及の不十分なところでの初等・中等教育段階の整備は「公」でという図式を敷いているように思われる。

(3) 学校教育のカリキュラムとその実践

標準的には、初等教育は1年35週間（1週間6日、1日4時間以内、1コマ40分）で行われ、外国語、情報教育、家庭科、ベトナム語の集中コース、少数民族言語、数学、音楽、図工、体育、科学等が提供されるほか、2つ以内の選択科目を週に6コマ以内履修できるとされる。また、特別活動としてリクレーション、文学芸術、体育、社会活動、地域福祉活動、慈善活動があるとされている[12]。しかし、前述の通り都市部と郊外、更には山間部での状況は非常に異なり、現在においても山間部では、通学が困難な者のための宿泊施設を伴った初等教育施設の整備、初等教育教員の配置が深刻な問題になっている。2000年までの到達目標をみても、通常・先進地域では、1994-95年に、15歳までに子どもの80％が5年生を修了することが目指されているのに対し、少数民族居住の困難を伴う地域では、小学校をもたない村（「空白村(white villages)」）の解消、そして70％の子どもが学校に行くことを目指しているにすぎない[13]。

一例として紹介すれば、ホーチミン市のある小学校5年生の時間割は表2-6-1のようになっているが、都市部においても初等教育は2部制が通常である。なお、木曜日は通学しない。

中等教育のカリキュラムは前期4年間、後期3年間でいずれも1学年33週であり、表2-6-2の通りである。この表以外では、各学年において、1コマの団体活動、1コマの職業オリエンテーションがあり、前期中等教育では3

表2-6-1　小学校5年生の時間割

	月曜	火曜	水曜	木曜	金曜	土曜
1コマ目	国　語	歴　史	国　語	特別活動	国　語	国　語
2コマ目	歴　史	道　徳	国　語		科　学	技術電気科（男子）
3コマ目	数　学		数　学		数　学	数　学
4コマ目	図　工		文　学		文　学	文　学
5コマ目	国旗掲揚・国歌斉唱		技術家庭科（女子）		体　育	クラス活動

表2-6-2　中等学校の教科別配当時間

学　年	前期中等教育				後期中等教育		
	第6	第7	第8	第9	第10	第11	第12
ベトナム語	3	3	2	2	2	2	1
文　　学	3	2	2	2	2	2	2
歴　　史	1	1	2	2	1	1	2
地　　理	2	2	1	1	1	2	1
公民教育	1	1	1	2	1	1.5	1.5
数　　学	5	5	5	4	4	5	5
化　　学	2	2	1	2	2	2	2
物　　理	2	2	2	2	3	3	3
生　　物	4	2	2	3	1	1	2
体　　育	2	3	2	2	2	2	2
外 国 語	2	2	3	3	3	3	3
工　　学			2	2			
技術訓練					2	2	2
合　　計	25	25	25	25	24	26.5	26.5

コマの技術訓練・一般職業訓練が、後期中等教育では、3コマの技術実践・一般職業訓練がある[14]。このほか、年に6日間の軍隊訓練がある。

こうした中等教育以降にはストリーム制が導入され、自由競争的教育制度がますます普及しつつある。とりわけ、後期中等教育段階以後はこの傾向が顕著であり、中等教育機関が充実している都市部では、大学受験向きの思い切った科目の重点配置をしている私立学校等競争が激烈である。多くが山間部に居住する少数民族は、当然こうした競争に取り残されることとなる。その競争の中身についても、とりわけベトナム語・文学の授業における模範解答の暗記を中心としていること等問題の指摘もなされている。

(4) 少数民族の教育

解放直後においては、南部の幹部・青年および山岳地方・少数民族地区の

幹部・青年を対象として初・中等学校基礎段階および高等学校段階の教育を目指す「文化補充」普通教育学校が設立されるなどの配慮が少なくとも政策上はなされていた。

しかし、ドイモイ政策の進展に伴う地域格差の増大と共に少数民族居住地域の問題がようやく切実な問題として重視されるようになってきている。例えば、10歳から14歳の者で全く学校に行ったことがない者の率は、全国平均で5.6％（特にハノイを含む紅河地域都市部では0％）であるのに対し、中央高地地方部では20.1％に達する[15]。

こうしたところから、従来も、1992年9月の国会の際、少数民族教育の重視のために、教育訓練大臣のほかに、国家政府指導部に新たに少数民族山岳地域委員会が設置され、その委員長に国務大臣が充てられるなどしていたが、1997年の第9期第11回国会では、従来26人であった少数民族代表議員が40人に増員され、同年7月の選挙で選出されることになっている[16]。また、地方においては必要に応じて、少数民族の言語に配慮した教育を行っているが、十分とはいえないのが現状のようである。例えば、学校における使用言語により学習困難である等の問題があったチャム族に対し、バクニンでは1987/88学年から週2時間のチャム語の時間を設けたがまだ十分な成果を挙げてはいないとのことである[17]。また都市部においては、少数民族やその使用言語についての配慮はなされていない。初等教育の普及に成功したとされるテュイエン・クアンでも、少数民族のための教養クラスの創設がその一つの手段とされているのみである[18]。ただし、南部のホーチミン市では中国系民族の多くが通学する私立中等教育機関において中国語の教育が行われている。

3 まとめにかえて

以上のベトナムにおける教育に関する国民統合と民族の問題を仮に総括するならば、以下の4点にまとめられよう。

(1) 民族を問わない全国民への教育の普及、とりわけ山間部少数民族への初等教育の普及

前述の通り、キン族等都市部に居住する国民については、ほぼ初等教育は

普及し、中等教育の普及に力点が移されているが、山間部少数民族については いまだ初等教育の普及が課題になっている。適切な教員の配置、宿泊施設を伴った施設の整備は急務である。

(2) 自由競争体制の下での民族的格差のない中等教育の普及

ドイモイ政策の展開の下、年を追うごとに自由競争体制が生活の様々な部分に浸透しており、教育も例外ではない。都市部では、これに対応する施設、教員が存在しているが、非都市部、とりわけ山間部ではこうした競争に参加することさえままならない状況がある。山間部少数民族には、前項の初等教育の普及を保障することに加え、経済的に「競争」に加わり得る人的・物的・財政的資源を公的に保障することが必要である。

(3) 華人の統合の問題

歴史的に、ベトナムと中国は緊密でありつつも、隣国であるが故の微妙な関係にある。南部にその多くが居住する華人への教育、そして統合はその影響を受けることがかつてあったが、彼らに対する母語＝中国語教育の保障は、そうした影響から独立してなされるべきだと考える。近年ベトナム国内における少数民族問題に注目が集まり、これに関わる議論が先の第9期国会で多く交わされているが、華人の統合問題がその重要な部分であることは明らかである[19]。

(4) 理念としての社会主義下での民族自決権

以上の課題が、現実的課題であるとすれば、この課題は理念的課題である。それは普遍的にいえば「社会主義を掲げる党の支配の下での民族自決権の問題」であり、ベトナムの現状に則して具体的にいえば、外敵の存在に対する国民的共同という枠を脱した「ドイモイ政策の下での民族自決権のあり方」を追求する問題である。ここでは、ドイモイ政策が社会主義の範疇に存在するものとして論を進めるならば、従来とかく予定調和的に扱われてきた社会主義体制の下での民族自決権をどのように具体的に保障するのかが問題となる。つまり、資本主義体制においては「国民」教育＝多数民族教育の図式が成立し、ここに民族教育の拡散性との間に矛盾が生じ、社会主義はこの矛盾を止揚するものとして有効なのだという説明の説得性を強化する必要があるが、ドイモイ政策はそれを可能にするのかという問題である。少なくとも自

由競争が社会に導入される場合、その自由さを生かして、各地域、各部族、各個人に適合した教育理念、教育制度の明確化がなされるべきだと考えるが、(1)および(2)にも述べた通り、そうした自由を支える経済的保障が必要であろう。

(石村　雅雄)

注
1) Dang Nghiem VAN, Chu Thai SON and Luu HUNG, *Ethnic Minorities in Vietnam*, Hanoi; The GIOI Publishers, 1993, p.232-233.
2) 古田元夫『ベトナム人共産主義者の民族政策史—革命の中のエスニシティ—』大月書店、1991年、543頁。
3) この項に関しては、今井昭夫「社会主義ベトナムにおける宗教と国民統合」五島文雄・竹内郁雄編『社会主義ベトナムとドイモイ』アジア経済研究所、1994年、155-157頁を参考にした。
4)「ベトナム共和国」日本ユネスコ国内委員会編『世界の教育政策と行財』帝国地方行政学会、1973年、1143-1148頁、を参照。
5) 広木克行「ベトナムにおける少数民族の自治と文字の創造」『月刊アジア・アフリカ研究』第13巻第10号、1973年10月、39頁。
6) こうした母語「創造・奨励」政策の成功例も報告されている。1956-56年に、ベト・バク自治区のタイ (Tay) 族とヌン (Nung) 族における文字が、「一つの地域や一方の民族の音素と発音をモデルとすることが廃されて、クォック・グーを利用した共通の音素が決められ、また、共有し得る限りでの発音体系が決められた」(広木、前掲論文、42頁)。クォック・グーを基礎とすることで、共通語の普及も楽になり、口承文学の文字化もなされ、民族文化の継承、発展にも寄与できることとなった。このほか、やはりクォック・グーを基礎としたメオ (Meo) 族や、バーリ語を基礎として作られたタイ (Thai) 族の例が紹介されている。
7) 五島文雄「ベトナムにおける少数民族政策—『自治区』の設立と廃止を中心として」大阪外国語大学アジア研究会『現代アジアにおける地域政治の諸相』1984年、68頁および87頁。
8) 古田元夫、前掲書、523頁等。
9) Viet Nam Inter-Censal Demographic Survey 1994, *Education in Viet Nam, Trends and Differentials*, Ha Noi; Statistical Publishing House, 1996, p.8.
10) Communist Party of Vietnam, *8th National Congress Documents*, Hanoi; The Gioi Publishers, 1996, p.163. 生徒の家族の収入に応じた授業料の検討もなされている。*Viet Nam News*, 1997.1.6, p.5.
11) *Nhân Dân*, 1996.12.26.
12) Ministry of Education and Training, Socialist Republic of Vietnam, *Vietnam*

Education and Training Directory, Education Publishing House, 1995, p.46, p.49.
13) ただし、これらを通じて2000年までに全地域で15歳までに子どもの90％が5年生を修了し、残りは3年生を修了すること、更に15歳時点での識字率を100％にすると言っているが、経済的裏づけに乏しいように思われる。1996年12月に開かれた第8期第2回中央委員会総会では、この具体化の問題が重点的に議論された。
14) *Op.cit., Vietnam Education and Training Directory.*
15) Viet Nam Inter-Censal Demographic Survey 1994, *op.cit.*, p.33.
16) *Viet Nam News*, 1997.5.14. p.1. ただし、この数字は、実際に選出された国会代表の内の少数民族出身者の数ではなく、少数民族代表として選出される者の数である。
17) Pham Thi VINH, Muslim Education and "Devdlopment" in South-east Asia, *Vietnamese Studies*, 1994-No.4, p.83-84. このほか、イスラーム教徒のチャム族についてはその宗教的習慣によって通学が妨げられていることが指摘されている。
18) *Viet Nam News*, 1997.1.8, p.5.
19) 住民の40％以上が華人であるホーチミン市第11区での統合の成功例がベトナムテレビで紹介される（1997.5.31）等している。

第7節　ミャンマー──ビルマ化政策と少数民族教育──

ミャンマーの幼稚園

地方農村の子ども達

農村保健センター
における栄養教育

村の貸本屋さん

(以上写真4点
吉中麻樹氏提供)

第7節　ミャンマー　133

1　ミャンマー連邦の民族・宗教・言語の多様性

　ミャンマーは多民族国家である。ビルマ族は、総人口の70％を占め、カレン族、シャン族、カチン族、チン族、モン族等100以上の少数民族が25％、インド人、華僑等外来のアジア人が5％を占める。
　宗教は、ビルマ族、シャン族、モン族等80％が仏教徒である。カレン族には、キリスト教徒が多く、カチン族、チン族には、精霊崇拝者が多い。
　言語は、ビルマ語を初め、カレン語、チン語、モン語、中国語、タイ語等が話され、更にいくつかの方言に分かれているものがある。なお、ビルマ語、英語が連邦内の公用語とされている。

2　各時代の統治と教育の特色――教授用語を中心に――

(1)　王朝時代（～1885年）

　現在、ミャンマーで信仰されている仏教は、インドのアショーカ王によって布教された南方上座部仏教の系統であり、当初下ビルマに住んでいたモン族に伝わり、更にチベットから下ビルマに南下したビルマ族に受け継がれたものである。
　ビルマ王朝時代、王の仏教への信仰心の度合は統治するに当たって重要なファクターであり、仏教に基づく社会が形成されていた。この仏教に仕える「僧」がこの時代の「知識層」であり、かつ、教育の担い手であった。ビルマ語で僧の起居する建物（僧院）を「チャウン」というが、この「チャウン」は、「学校」の意味もあり、宗教と教育の結びつきの強さを窺わせる。イギリス植民地時代以前には、この僧院に付属する学校が2万校近く存在し、子ども達は、「読み」「書き」「暗唱」などの教育を受けていた。ただし、この時代、高度な読み書きは、支配者層や仏教僧以外の人々の日常生活では特に必要なものとは言い難く、社会生活のための実用語というよりは、信仰の一手段という意味合いが強かった。

(2) イギリス植民地時代（1886～1942年）・日本軍政時代（1943～45年）

このようなビルマの僧院学校は、仏教が重視された社会においては存在価値の高いものであったが、イギリスによる統治により、国際的な商業活動が活発になった時代のビルマの状況および植民地政府の方針に合致したものではなかった。やがて、植民地政府教育省は、「僧院学校とは分離した教育制度の構築および英語の事務能力を有する人材の育成」を教育政策の中心に掲げた。そして、この時代のビルマには、教授用語によって区別される次のような教育制度が存在することになった。

まず、初等教育であるが、大きく母語（その民族固有の言語をいう。以下同じ。）学校と英語学校に分けられる。母語学校はこの時代の初等教育機関の大部分を占めるもので、ビルマ語を初め、カレン語、カチン語、シャン語等9言語を授業用語としていた。その就業年限は5年とされていたが、児童数は進級するにつれて著しい逓減傾向にあり、当時は早期退学と就学率の低さ（1930年の進級状況は、第1学年の入学した児童数100人に対し、第5学年まで進む児童は、平均して男子8名、女子3名という割合であった）が問題とされていた。これは、商業活動の実権が支配者層である少数のイギリス人に握られ、庶民は貧困と労働に苦しんでいたことから、その子弟を学校に就学させるよりも、生活の必要上早くから労働力として動員せざるをえないという経済的な理由によるところが大きかった。一方、英語学校では、植民地政府関係者の子弟に対して、イギリス本国と同様の教育が行われた。

次に中等教育であるが、この時代のビルマにおける中等教育機関は、母語中学校、英語母語中学校、英語中学校の三系統から成っており、母語中学校、英語母語中学校は、初等の母語学校に対して、また、英語中学校は初等の英語学校に対して設けられているもので、その修業年限はいずれも5年（3年の中等科と2年の高等科）とされていた。英語中学校と英語母語中学校が植民地政府直轄の経営で、英語母語学校は一部の現住民（植民地以前からこの地域に居住していた民族をいう。以下同じ。）の子弟を対象とし、母語中学校は、地方教育局の管轄で、大部分の現住民の子弟を対象としていた。母語中学校には、植民地政府からの援助がなかったため、経営が困難で、校舎等も十分な設備が備わっておらず、その終了の認定に対する植民地政府の評価も低いものであっ

た。大学入試に英語が課せられていたため、母語中学校出身者は大学進学は望めず、卒業後の社会的な待遇も相対的に低かった。英語母語中学校は、母語と共に英語が教えられ、その2言語を使用して授業を行った。これは政府の設立によるものと教会の設立によるものがあったが、授業料が母語中学校より高額であったため、上流階級の子弟しか就学できなかった。この学校では、英語が生きた言語として教えられ、生徒の英語の上達は目覚ましいものがあったが、母語の授業は、学校経営の監督が母語および現住民の文化に精通していないイギリス人の手によって行われていたため不十分なものであった。これは、植民地政府が、ビルマの隷属性を強化するため、英語を教え、英語を通じてイギリス文化に親しませようとした結果であった。英語母語学校のカリキュラムは全体的に文化系科目に偏重しており、理科系科目はあまり重視されなかった。

一方、僧院学校はこの時代も存在したが、植民地政府の政策からは除外されたものとなっており、王朝時代の社会的地位は失われつつあった。

第2次世界大戦が始まり、日本軍がビルマに侵攻した1942年から1945年までビルマを軍政下におさめたが、この間に日本は、イギリス植民地時代につくられた三系統の教育制度を、ビルマ語を教授用語とし、日本語も教える単一の制度に改めた。

第2次世界大戦終結後、ビルマに僅か2年足らずの間であるが、イギリスの民政が復活した。

(3) ビルマ独立から軍事クーデター以前まで (1948〜61年)

1951年に開かれたユネスコの国際公教育会議で「無償義務教育の普遍化とその年限の延長」が議題にされ、アジア地域において無償義務教育を普及させる動きが急速に広がった。ビルマにおいても、「ビルマ連邦共和国」として独立後、政権を握ったウ・ヌーは、この動きを受けて、教育政策に、

① 非識字者を撲滅し、連邦内の全国民に基礎教育を受けさせる。
② 初等教育を段階的に無償化かつ義務化していく。
③ 教育政策を中央政府の責任で進める。
④ 教授用語をビルマ語に統一する一方、初等教育では母語の授業を認め

る。
等の項目を掲げた。この④に掲げている政策は、イギリス植民地時代に軽視された現住民の文化の復権を目指すものであり、また、「連邦制」の名の下で一定程度少数民族の権利を尊重し、段階的にビルマ語を連邦内の言語として統一（以下「ビルマ化政策」という）しようとするものである。具体的には、ビルマ本州では、幼児級から第4学年まで一貫してビルマ語を学び、少数民族自治州（以下「自治州」という）では、幼児級から第2学年までは、ビルマ語と母語の両方を2：1の割合で学び、第3学年からはビルマ語のみを学ぶというカリキュラムが設定された。

また、この時代彼の政策のもう一つの特色は、仏教の威信回復が図られたことである。僧院付属の学校において一般の教育課程からドロップアウトした児童や僻地の非識字者の人々への基礎教育を受けさせると共に、社会教育の一貫として僧院教育の「サマーコース」を設け、一般の教育課程の生徒に履修させた。また、仏教に基づいた道徳教育が行われ、簡単なパーリ語（仏教の古典用語の一つ）も教えられるようになった。

3 現在の教育制度とその特色（1962年～）
―― ビルマ化政策の段階的実施からの転換と科学教育の重視 ――

(1) 教育政策の基本原則

1962年のクーデターで政権を握った軍出身のネ・ウィンは、国名を「ビルマ連邦社会主義共和国」とし、教育政策において次の基本原則を掲げた。
① 国家に有用な教育
② 理論と実践が一致した教育
③ 科学教育の重視

特に③の「科学教育の重視」については、その理由として、
① 植民地時代には科学的知識は重視されなかった
② あらゆる産業の生産性の向上に科学的知識は不可欠である。

等が挙げられている。これには、第三世界の国々においては軍が諸外国に劣らぬ近代設備をもった数少ない組織であり、その軍出身者の思想が反映され

ている。

(2) カリキュラムとその特色

教育省は、小学校および中学校における教育を「基礎教育」と位置づけているが、小学校の教育内容において、重視されているのはビルマ語、算数および英語である。特に、小学校高学年においては、表2-7-1にみられるように、ビルマ語の比重が高くなっている。

このビルマ語の学習においては、読み書きの技術の習得だけではなく、

① 愛国心の養成
② 社会主義的道徳価値の徹底

等も目的としている。また、算数は「科学の基礎の習得において不可欠」という主旨から力が入れられている。ビルマ語、算数および英語の外に、「環境

表2-7-1 ミャンマーの学校教育カリキュラム

小学校の教科と週当たりの時間割					
教　科	幼稚部	1　年	2　年	3　年	4　年
ビルマ語	12	12	12	12	15
英　語	5	5	5	5	5
算　数	8	8	8	8	8
地　理	－	－	－	2	2
歴　史	－	－	－	2	2
総合活動	10	10	10	3	3

中学校教科と週当たりの時間配分		高等学校の教科と時間配分	
教科（全学年）	単位	教科（全学年）	単位
ビルマ語	5	ビルマ語	5
英　語	6	英　語	5
数　学	8	数　学	5
一般科学	4	科学（物理、化学、生物）	9
歴　史	4	社会科学（地理、歴史、経済）	6
地　理	4	体　育	2
総合活動	4	公　民	2
		実　技	2

注1）1単位＝45分
注2）小学校の低学年（幼稚部、1年、2年）では、総合活動10時間のうち、母語教育に5時間充てられる場合もある。

認識の育成」を目的として地理・歴史等の科目がある。小学校のカリキュラムの全体構造をみると、45分授業で、週当たりの時間数は35となっている。教科別では先述の通り低学年においてはビルマ語、算数および英語に多くの時間が割り当てられており、高学年においては、ビルマ語が増加している。なお、音楽・図工といった情操教育・芸術教育の教科はあまり重視されていない。

中学校の教科数は、小学校より増え、ビルマ語、英語、数学、地理、歴史、物理、化学、生物等となる。週間授業時間数は小学校と同様であるが、ビルマ語は時間数が小学校より減少しているのに対し、数学は変わらず重視されている。

高等学校では、ビルマ語、英語、数学に加えて、地理、歴史、初等経済学、物理、化学、生物等を履修する。

(3) 僧院学校の公教育への参加

現在、僧院学校は、宗教省の管轄で運営されているが、教育省は、仏教がミャンマーの教育において歴史的に重要な役割を果たしてきた経過を重視し、僧院学校出身の児童に一般の教育課程の第4学年の終了試験を受験させるよう指導している。なお、首都のあるヤンゴン地区においては、1994年7月現在、468の僧院学校が存在し、10,379人の児童が学習している。

(4) 「民族発展アカデミー」

当初、ネ・ウィンは、各自治州の小学校では少数民族の母語の教育を認めたウ・ヌーの政策を踏襲し、これに対応する教員を養成すべく「民族発展アカデミー」を設立した。
この施設は、
① 連邦精神の養成と日常生活に必要な知識の教育方法の習得
② 教員不足の解消
③ 各民族の伝統、文化、芸術の振興
を主旨とし、入学志願者の条件は、
① 各民族出身者

② 中学校の卒業資格を有している者
③ 15～18歳までの者

の3つであり、選考の基準は試験の成績に加えて、

① 連邦精神に富んでいる者
② リーダーシップの発揮できる心身共に健康な者

といった点が重視された。

　学生に対しては、修業年限4年の最初の2年半はビルマ本州の高等学校と同じ科目を履修させ、その後教員としての訓練がなされ、卒業後は出身地域において教育活動に勤務することが義務づけられていた。

(5) 段階的な政策からの急転換

　しかし、やがて、ネ・ウィンの軍出身者特有の「急進」かつ「厳格」な姿勢は教育政策に現れ始め、1973年からは「段階的なビルマ化政策（小学校における少数民族の母語教育）」をとりやめ、ビルマ本州、自治州共に幼児級からビルマ語のみの授業とした。政策上、ビルマ語を「国語」として位置づけ、「ビルマ連邦としての統合」というより、「ビルマ族への同化」を重視した政策に転換された。このような政策に対して、少数民族の中には、独立前の連邦制参加の条件に反する行為だとして反発を強めている民族がある。また、このような「急進」かつ「厳格」な姿勢の軍事政権に対し、一般民衆も「民主化」を求めて反政府活動を展開したため、その後、政権は、セイン・ルイン（軍人）、マウン・マウン（文民）、ソウ・マウン（元国防相）、タン・シュエ（軍人）へと次々に移行し、国家平和発展評議会（SPDC）のキン・ニュン第一書記が現在の軍政の実力者である。依然として「軍政」は続いており、現在のところ教育政策において特に大きな変更点はみられない。

4　少数民族の教育──キリスト教系カレン族を例として──

(1) 修得言語からみた迫害の歴史

　このようなネ・ウィン時代からの独裁政治の下、反政府活動を展開するカレン族やシャン族等は弾圧され、中でも、カレン族のように、先述の「ビル

マ族への同化政策」に強く反発し、独自の道を歩むものもあり、「ミャンマー連邦」として統合する上で、大きな課題となっている。

　ビルマ王朝時代、ビルマ族とカレン族は支配者と被支配者の関係であり、カレン族は、強制労働に動員され、独自の言語と文字をもっていたにもかかわらずビルマ語の修得を余儀なくされた。

　19世紀初頭から訪れた宣教師達により、神学校が設立され、聖書が翻訳されて、カレン族にキリスト教が広まり、イギリス植民地時代には、英語を修得することにより、陸軍軍人を初め行政官吏、警察官、鉄道員等としてビルマ族より各方面で重用された。このころのカレン族の教育は神学校を足がかりとして、高等学校レベルまで普及し、実に3万5千人のカレン族が神学校に就学していた。これは東南アジアの山地民族の水準からは目覚ましいものであった。

　しかし、カレン族の歴史は、ビルマ族の統治のときはビルマ語を、イギリス植民地時代には英語を、日本軍政時代には日本語を、半ば強制的に学ばされ、各時代の支配者層によって、翻弄された歴史であった。そして、独立後、宣教師が国外退去となり、「ビルマ化政策」の波が押し寄せると、カレン族はこれに反発し、「カレンの独立とカレン語によるカレン族のための教育」を目指し始めた。

(2) カレン族独自の教育の現状

　1976年、カレン族はビルマ族の教育政策とは一線を画し、カレン州において、カレン語による小学校から高等学校の一環した教育を開始した。学校数は1979年末で300校弱で、教員数は500人になろうとしていたが、まだまだ教員は不足しており、教科書もすべての生徒に行き渡っていない状況であった。小学校は、一時は州内のすべての村に建設されたが、ビルマ政府軍の掃討作戦によって焼失したままのものも多かった。

　この掃討作戦は年々激しさを増し、現在、6万人近いカレン族が「難民」として故郷を追われ、タイとの国境沿いのキャンプに住んでいる。それでもすべてのキャンプに小学校が設けられ、中学校も8校、高等学校も3校設けられている。しかし、設備は板を敷いた椅子と黒板があるだけで、設備不足

を民間団体の援助に頼っている状態にある。小学校でカレン語、英語、算数、歴史等を学んだのち、15歳でカレン民族解放軍の予備役に志願して兵士になるか、成績の良好な者が医者や看護婦を目指すのが現在のカレン族の主な進路である。

　カレン族はこのような窮乏の中にあっても戦い続け、1994年12月、キリスト教派と仏教派に分裂し、更にミャンマー政府軍が仏教系カレン族を支持する形でキリスト教系カレン族を攻撃し、カレン族側の反政府活動の最後の拠点のキャンプ地が、1995年2月陥落したと伝えられており、カレン族はますます窮地に追い込まれつつある。

　現在のミャンマー軍事政権は、少数民族との和解に取り組み、135ある少数民族のうち133の民族と一定の合意に達しているといわれている。しかし、その反面で、カレン族に対するように、一部の少数民族には掃討作戦が継続されている。もちろん、合意に達したとされている少数民族の中にも、その民族の本旨ではないまま、ビルマ族の圧政に押し流され、民族固有の言語を話すことに驚異や圧迫を感じ、時間の経過と共にビルマ族と同化しつつある民族がある一方で、カレン族のように、ビルマ族との不幸な歴史のために、どうしてもドロップアウトしていく民族があるのが、今のミャンマーの少数民族の現状である。

5　おわりに

以上述べてきたように、現在のミャンマーの教育政策の特色としては、
① 「連邦制」を称えつつも、ビルマ族中心の「ビルマ族への同化」を主旨とした政策。
② 政策における「継続性」および「発展性」の欠如。(前政権の政策の中で、「連邦制」を維持するのに望ましいとされた政策(初等教育での母語教育等)を一時は踏襲しつつも、その後、否定してしまっている)

の2点が揚げられ、このような政策に反発する少数民族との摩擦を一部に残したまま、現在にいたっている。

　しかし、昨今ミャンマーでは、政府側と少数民族の反政府側とのわだかま

りをいまだ一部に残しつつも、緩やかに「再統合」の道を歩み始めている。西側外交筋においても「今も昔も軍事政権という点では違いないが、その内容、性格は変わってきている。全面的に認めるわけではないが、一定程度の功績は認めざるを得ない」という見方が出ている。

ただし、それも「ビルマ族中心の政策」であることに変わりはない。ビルマ族は支配者民族であり、ビルマ族中心の政策にならざるを得ないのはある程度やむを得ないとしても、連邦内の各民族の融和のためには、教育政策においても「少数民族の権利」を考慮した政策の転換が図られるべきであろう。その場合に、

① ビルマ語の「公用語」としての位置づけの明確化。
② 少数民族の文化（言語）の振興と保全に即した政策（公教育機関における少数民族の文化、言語にかかる授業の再開等）の実施。

といった「連邦制の主旨に即した教育政策の策定」が望まれる。

「真の連邦制」に向けた今後のミャンマー連邦の動向が注目される。

（牧野　勇人）

第8節　スリ・ランカ──民族紛争に揺れる国民教育──

サルボダヤ幼稚園における子どもの遊戯
（ガンパハ県・コスカンダワラ村にて）

コロンボ市の公立小学校1年生　伝統舞踊の授業

コロンボ近郊の公立中学校の生徒達

はじめに

　スリ・ランカは、1505年から約450年にわたってポルトガル(1505～1658年)、オランダ(1658～1769年)、イギリス(1769～1948年)の植民地支配下におかれ、1948年2月4日、最も支配期間の長かったイギリスから英連邦の自治領として独立した。インドの東南に位置するスリ・ランカは、日本の北海道より一回り小さく、多民族、多言語、多宗教の国である。

　スリ・ランカの人口は19,144,875人(1999年7月)であり、その主要な民族はシンハラ人(74%)で、少数民族は、タミル人(18%)やムーア人(7%)、バーガー人(西欧人と現地人の混血)、マレー人、ウエッダ人(1%)となっており、宗教は主に仏教(69%)、キリスト教(8%)、ヒンドゥー教(15%)、イスラーム(8%)であり、それぞれの民族の生活様式と宗教が密接に関係している。また、各宗教は、就学前教育から後期中等教育レベルまで学校教育の中で教えられている。

　独立後50年の年月を振り返ると、当初より教育や社会福祉を優先した政策を採ってきたものの、上述の主要民族のシンハラ人と少数民族のタミル人[1]との間での対立が続いており、スリ・ランカの政治・経済・社会のすべてを含む国家体制の根幹を不安定にしている。抗争は根深く独立以前にさかのぼるが、1980年代前半からスリ・ランカ政府軍とタミル人過激派の間での激戦にエスカレートし、過激派は、北部をタミルの独立地帯として求めている。

　ここで民族対立の社会的な背景を簡単にふれてみたい。今日のような形で、対立抗争が長期化し、大量の死者と難民を出すのは、1956年の公用語成立以来のことである。シンハラ民族政党が交替で政権を担当し、少数民族のタミル人の不満が軍事的な対決にまで展開した経過は、シンハラ語の公用語化によって、タミル語を母語とする人々が不利益に扱われるようになったからである。公教育、法律や裁判、公務員採用試験、ラジオやテレビ放送等がシンハラ語を媒介にすると、少数民族には不利である。例えば、軍人や警察官に占めるタミル人の比率は、シンハラ語の採用試験によって急減し、1980年代には皆無に近くなった。他の公務員試験についても同様で、少数民族出身者

は減少する一方である[2]。植民地時代から教育制度が普及し、官職や専門職に就く夢を見ていたジャフナ半島のタミル青年にとって、大きな打撃である。1958年に、シンハラ文字の自動車ナンバー・プレートを塗り潰したタミル青年達の抗議運動が、今日の武装闘争につながっているのは、その意味で象徴的である。

この節では、スリ・ランカの植民地支配を受けた時代から独立直後の教育改革の概観および教育の歴史的な背景を整理し、多民族国家として、各民族の独自性を保ちながら言語政策と国民教育を進めることが、いかに困難な課題であるかを示し、その葛藤について明らかにする。

1 スリ・ランカの教育の歴史的な背景

スリ・ランカの歴史的な時代背景の中で、イギリスの支配を受けた当時の影響は、現在でも強く生き残っている。その最も典型的な例は教育である。独立以降これまで数回、教育改革がなされてきたが、当時とほぼ同じような体系の下での学校教育が行われている。イギリスは、植民支配政策として教育を戦略的に利用する目的のために、支配を有利にする英語による現地人のエリート養成、そしてキリスト教普及等に力を入れた。

植民地統治下における近代化や階級編成の過程では、同時に、シンハラ－タミル対立が浮上してきた[3]。19世紀後半から起こった仏教復興運動は、ヨーロッパ系学校で英語教育を受けたキリスト教徒がエリート化していくのに対し、現地語による教育を受けた仏教徒の低い社会的地位を改革しようとする動きであった。仏教復興運動の主な活動として、シンハラ語による教育、仏教の伝統の上に立った近代的教育の推進が挙げられるが、同運動の要求によって、独立後の民族語による教育環境の整備がなされるようになった。

一方、1930年代初頭にスリ・ランカ人が初代教育大臣[4]に就任した。それ以降の1940年代から60年代までの教育改革をみると、教育の機会均等や民主化が掲げられ、小学校1年生～大学までの教育の無償化や、英語ではなく民族語であるシンハラ語教育、そして給食の提供等に力が入れられ、独立以前から早くも教育改革に乗り出している。特にその改革の中で、無償教育やシ

ンハラ語教育対策は、当時教育の機会を与えられていなかった一般の人々を教育に参加させたという意味で重要な意義をもっている。

　独立直後の教育改革の中で、シンハラ語の公用語化等に伴って、主に民族語による教育内容の改善、カリキュラム開発センターの設置、キリスト宗派学校などの私立学校の国有化[5]等の施策が採られた。以上のような主要で根本的な教育改革に伴って、各地方において政府による学校建設計画が実施された。しかし、それ以降現在にいたるまで、根本的な改革はなく、それまでの教育体系の上での表面的な改革、あるいは無計画な学校や試験制度等の入れ替えが行われているのみである。

　公用語の民族語への置き換えについては、1951年発足の公用語委員会による予備調査、同年の初等教育計画、1953年の「国語による高等教育委員会」発足と、公用語切り替え計画は着実に進められた。だが、バンダラナーヤカ(Bandaranayke)率いるスリ・ランカ自由党は、シンハラ仏教徒中間層をその支持基盤にして、「シンハラ語のみを公用語に」を合い言葉に、シンハラ民族路線を明確に打ち出し、1956年総選挙で圧勝、同年、シンハラ・オンリー法、つまり、シンハラ語のみを公用語にし、タミル語を排除するという法を成立させた。その数日後に始まったタミル人のシンハラ・オンリー法反対抗議運動は、暴動にまで発展し、多数の犠牲者を出した。スリ・ランカの人口のおよそ18％ほどを占めるタミル語話者にとって、シンハラ・オンリー法の決議は、スリ・ランカにおけるタミル人を無視しようとする意図の現れとして捉えられ、以後、シンハラ人に対する不信感と反感が深まっていった。

　一方、バンダラナーヤカ政権は、タミル対策として、1957年、タミル語の部分的使用に関する法案を発表した。すると、今度はシンハラ人の側から激しい抗議運動が巻き起こり、バンダラナーヤカ首相は1958年、一人の狂信的な仏教僧侶によって暗殺された。シンハラ、タミル双方からの抗議運動、首相の暗殺と政局の大混乱が続く中、タミル語（特例）法は、その施行が1966年まで延期された。タミル（特例）法によって、タミル語人口の多い北部および北東部での学校、役所等公共の場でのタミル語使用は認められることになった。しかし、コロンボなど都市部の民族が混在する地域でのタミル語使用は、依然として制限されたままであり、この法もタミルを完全に満足させたわけ

ではなかった。

　言語問題そのものは、1971年発布の現行憲法によって、公用語はシンハラ語、国語はシンハラ語およびタミル語という形で一応の決着がつけられているが、独立後の言語政策は、大きくタミル社会に影響した。特に、大学入学者について、社会・人文科学系学部へのタミル人入学者比率は、10％を割るほどに減少した。更に、1973年から1979年の間には、大学入学者の民族別・地域別の定員割当制が導入され、ジャフナとコロンボの大都市からの大学入学者が制限された。そのため、言語政策からはあまり影響を受けなかった自然科学系でも、タミル人入学者比率は、割当制以前の1970年の24.4％が、1975年には13.2％となった。大学入学者定員問題は、言語問題と並んで、シンハラータミル対立の一つの大きな争点となっている[6]。

　1980年代から1990年代にわたって行われてきた教育改革を概観すると、1981年にスリ・ランカの教育省（The Ministry of Education and Higher Education）によって出された教育白書（White Paper）が主にこれまでの教育制度の改正の基本的な枠組みとなっている。同白書においてうたわれたいくつかの改革法案は国民の間でも議論を起こした内容のものであったが、その後、実施に移されたものもあり、途中で取りやめになったものもあったが、今日の学校体系には強い影響を与えた[7]。1991年に、国家教育審議会（National Education Commission）が設置され、同審議会によってまとめられた報告書[8]が大統領に提出された。同審議会報告書等をもとに、1997年に改革法案が提案されている、同1997年が「教育改革の年」として、一部の地域において実験的に法案が実施され（ガンパハ県にて実験的に法案が実施される）、1999年から全国的に実施されたのである。

2　学校教育の実情

　スリ・ランカは、小学校に入学する年齢が5歳（第1学年）となっており、小学校は5年[9]、中学校は3年、そして高等学校は前期と後期に分かれ、それぞれ3年と2年という体系になっている。計13年間の教育体系の中で、高等学校前期（第11学年）の段階で一般教育普通レベル修了試験—以下O/L試

表 2-8-1　スリ・ランカの初等中等学校教科時間割の事例 (1999年度)

第 9 学年

	(月)	(火)	(水)	(木)	(金)
I	理科	シンハラ語	シンハラ語	英語	実技および技能
II	シンハラ語	芸術	理科	保健体育	理科
III	タミル語	数学	英語	数学	社会科
IV	宗教	英語	理科	数学	宗教
	11：00－11：20　＜休　憩＞				
V	数学	社会科	社会科	理科	数学
VI	社会科	社会科	保健体育	理科	英語
VII	生活技能	タミル語	数学	シンハラ語	芸術
VIII	英語	シンハラ語	芸術	生活技能	実技および技能

第 5 学年

	(月)	(火)	(水)	(木)	(金)
I	数学	数学	シンハラ語	数学	数学
II	数学	環境	環境	数学	英語
III	シンハラ語	保健体育	数学	環境	環境
IV	シンハラ語	西洋音楽	数学	美術	数学
	11：00－11：20　＜休　憩＞				
V	宗教	英語	理科	シンハラ語	手工芸
VI	理科	シンハラ語	宗教	タミル語	環境
VII	環境	環境	英語	英語	宗教
VIII	英語	環境	舞踊	音楽	シンハラ語

注1)　授業は 8：00開始、14：00終了。
注2)　1 コマ40分授業。

験(the General Certificate of Education Ordinary-level)、そして、高等学校後期（第13学年）の段階で一般教育上級レベル修了試験―以下 A/L 試験（the General Certificate of Education Advanced-level）が行われる。前者の合格者は、更に後期に進むか職業訓練校等に入学できるが、後者の合格者は、大学[10]を中心とした高等教育機関[11]への入学が可能となる。スリ・ランカは法的に義務教育が定着しておらず[12]、一般教育の修了が高等学校前期までの11年となっている。

　教授用語は、シンハラ人はシンハラ語で、タミル人はタミル語、ムーア人は親の希望でどちらかを選択する。言語教育では、表2-8-1にみる通りシンハラ人はシンハラ語ばかりではなくタミル語も小学校3年生から6年生まで

第2章 東南アジア諸国の民族と教育

表2-8-2 国立学校の機能状況（1997年度）

県／州	機能している国立学校				
	1AB	1C	Type2	Type3	合計
Colombo	60	85	207	90	442
Gampaha	40	114	222	194	577
Kalutara	29	80	212	136	457
Western	136	279	641	420	1,476
Kandy	48	145	246	250	689
Matale	13	66	108	133	320
Nuwara Eliya	15	64	127	315	521
Central	76	275	481	698	1,530
Galle	35	113	169	175	492
Matara	25	96	159	113	393
Hambantota	18	72	145	96	331
Southern	78	281	473	384	1,216
Jaffna	42	48	127	193	410
Kilinochchi	6	11	26	41	84
Mannar	9	8	25	45	87
Vavuniya	5	19	31	120	175
Mullativu	5	11	20	56	92
Nothern	67	97	229	455	848
Batticola	15	39	54	201	309
Ampara	23	57	108	209	397
Trincomalee	14	49	72	106	241
Eastern	52	145	234	516	947
Kurunegara	42	225	384	296	947
Puttalam	21	59	162	112	354
North Western	63	284	546	408	1,301
Anuradhapura	15	96	255	197	563
Polonnaruwa	8	47	89	71	215
North Central	23	143	344	268	778
Baddula	30	117	200	228	575
Mononegara	12	39	121	88	260
Uva	42	156	321	316	835
Ratnapura	28	98	233	237	596
Kegalla	22	102	211	258	593
Sabaragamuwa	50	200	444	495	1,189
Sri Lanka	587	1,860	3,713	3,960	10,120

出典) Ministry of Education & Higher Education, *School Census 1997 Statistical Data*, 1998, p.1 より作成。

履修することが義務とされている。その後もGCEのOレベルまで選択科目として履修することは可能であるが、タミル語を教える教員の人材不足等によりタミル語の授業を実施していない学校が多い。これは、特に農村部にてみられることである。一方、タミル人は同様にタミル語以外にシンハラ語も小学校3年生から6年生まで履修しなければならなくなっている。これらのことは、1993年以来実施されてきた。

カリキュラムは小学校の前半では読み、書き、算数等の基礎教育が主であり、後半より宗教、社会、英語、図工等が教えられる。中学校では、国語、宗教、数学、英語、理科、社会、保健体育のほかに音楽・民族舞踊の科目、生活および職業技術に関連する科目が教えられている。英語は、1978年以降、小学校3年生より教えられている。音楽・民族舞踊の科目は選択自由科目となっている。またこれらのほかに正式のカリキュラムには含まれないが、課外のスポーツ活動やボーイスカウト等の活動が行われている。そして、高等学校後期の場合は、理系、商系、文系の3コースに分かれ、A/L試験を経て高等教育に接続している。学校は、7時半から始まり、午後1時半までの日課になっている。制服は女子は白のワンピース、男子は白のシャツに白か紺のズボンになっている。

スリ・ランカの学校は、4つの類型から成る国立学校（Government Schools）、私立学校（Nongovernment Schools）、そして仏教僧侶校（Pirivena 以下ピリヴェナ）に分類することができる。この中で、一般の学校に当たる国立の各学校の類型は、前述した体系の中でどのレベルまで教育を受けられるかによって4つに分類されている。即ち、①同一学校で小学校から高等学校後期のレベルまで教育が受けられ、更に理系、商業系、文系の3コースとも含まれている学校、②高等学校後期のレベルまでの教育が受けられるが、商業系、文系コースしかない学校、③高等学校前期まで教育が受けられるタイプの学校、④小学校と中学校のレベルまでの教育しか受けられない学校である。

学校数では、①が最も少なく、④、③、②とそれぞれ多い順になっている[13]。生徒数の割合は、③の高等学校前期までのレベルの学校が最も多い。前に述べたような独立当時の教育改革等によってこれら初等中等教育校、そして、大学教育まですべて無償であり、99％が国立である。私立学校やピリヴェナ

の場合も政府から補助金を受けている。

　私立学校は、前にも述べたようにイギリス支配当時につくられたキリスト教普及のための宗派学校であるが、今日でも同校は英語によって教育が行われている。1980年代から英語による教育を行うインターナショナル・スクールの開設が私立学校として認められるようになったのである。しかし、「インターナショナル・スクール」といっても生徒のおよそ9割以上がスリ・ランカ人である。その背景には、公教育以外の社会における英語の地位が、官公庁を中心に異常と思われるほど高い、といった現状がある。いくら公教育で良い成績をとっても、英語の読み書きが満足にできないと卒業後の就職が困難である。スリ・ランカの公教育を受けなくても、アメリカやイギリスで教育を受けた者は、就職が有利であるばかりではなく、企業や官庁では昇進が早い。

　ピリヴェナは、スリ・ランカに紀元前3世紀ごろに仏教が伝来した後に普及した、スリ・ランカにおいて最も伝統的な学校である。ピリヴェナの始まりは、主に僧侶たちに仏教を教えるためのものであったが、のちに一般の子供の参加も認められるようになった[14]。1997年では全国に550のピリヴェナがあり、その生徒数は50,991人とされている[15]。また、スリ・ランカでは、仏教日曜学校が定着しており、1885年に最初の学校が設立されている。100年以上の歴史をもつ同日曜学校の数は、6,000校に上っており[16]、国の北東部以外のすべての県の寺に属している。仏教日曜学校の生徒は殆どが仏教徒のシンハラ人である。

3　教育機会の均等化政策

　植民地統治下においては、近代的教育制度が本格的に導入された。キリスト教系の私立学校では、英国の教育制度をモデルにして、近代的雇用部門に人材を供給した[17]。私立学校の教育は英語で行われ、卒業生は英語エリート層を形成していった。一方、植民地政府立の公立学校では、読み書きと算術が、民族語で教えられた。大都市に限定された私立学校に対し、公立学校は地方都市にも設立されたが、高等教育への道は閉ざされていた。

1960年代以降、英語排除・民族語推進がさかんに進められ、社会的進出の機会から遠ざけられていた大衆に教育を受ける道を開こうとしたが、社会的にみた英語の地位は変わらなかった[18]。そのため、民族語による高等教育を受けても、英語の能力が不十分となり、慢性的不況の中で高学歴失業者の数が増大した。

　教育水準の地域格差も植民地時代の教育に起因している。キリスト教系学校が多く設立された都市部では、早くから教育の重要性が認識されたが、農村部では、学校数も少なく、教師の人材不足もあって、質の高い教育を行うことが難しかった。現在、スリ・ランカでは、通学区制が設けられ、生徒は居住地域の最寄りの学校へ通うことが定められているが、農村部では、家から通える範囲内に中等以上の教育機関が存在しないことも多い。一方、教育の無償化によって一般に開かれた都市部の名門私立学校は、通学区内に居住する生徒が裕福な家庭の子女に限られ、実質的に、学校の国有化以前と変わらない状況にある。

　民族語使用の推進と教育の無償化によって、スリ・ランカの教育水準は、他の開発途上国に例をみないほどの高さとなった（1999年度において識字率は90.2％とされている⇒男性：93.4％、女性：87.2％）。しかし、高等教育については、地域間・階級間格差は依然として縮まっていない。独立以来、シンハラ政権は、教育・雇用の場での機会不均等を、公用語の切り替えおよび大学入学者の民族比操作によって改善しようとした。こうした政策にもかかわらず、成果は上がらず、かえってタミルの若年失業者が増加し、彼らが以後のテロ・ゲリラ活動の強力な担い手となったとみられている。言語問題と民族比操作によるタミルの締め出しによって、都市部および農村部の比較的富裕なシンハラ人は恩恵を受けたといえるが、農村部では依然として開発は進んでいない。

4　言語と国民教育の葛藤

　独立当初、多数を占めるシンハラ仏教徒の支持を得て政権の座についた政府は、何よりも教育の普及や機会均等に務める等の前述したような改革を実

表2-8-3 国立学校における教授用語（1999年度）

県	教授用語別学校数			合計
	シンハリ語	タミル語	両方	
Colombo	377	42	19	438
Gampaha	539	22	3	564
Kalutara	391	55	6	452
Kandy	483	174	20	677
Matale	267	55	0	322
Nuwara Eliya	218	296	6	520
Galle	463	15	2	480
Matara	367	17	2	386
Hambantota	319	8	0	327
Jaffna	0	410	0	410
Kilinochchi	0	89	0	89
Mannar	0	94	0	94
Vavuniya	1	93	0	94
Mullativu	17	164	0	181
Batticola	0	308	0	308
Ampara	194	203	1	398
Trincomalee	65	178	1	244
Kurunegara	847	84	0	931
Puttalam	279	69	1	349
Anuradhapura	499	63	0	562
Polonnaruwa	193	20	0	213
Baddula	398	176	0	574
Mononegara	244	18	0	262
Ratnapura	502	95	0	597
Kegalla	488	97	0	585
Sri Lanka	7,151	2,845	61	10,057

出典）Ministry of Education & Higher Education, *School Census 1999 Provisional*, 1999, p.2 より作成。

施し、それまで教育を受けられなかった多くの人々に教育の機会を与えたことは確かである。今日、識字率では、アジア全体でも優位に立つほどになるための土台をつくりあげたと言っても過言ではない。だが、当時の教育改革の中で、多数派のシンハラ人を考慮せざるを得なかった状況によるシンハラ語重視政策は、その後、当時の政治家の予想をはるかに超えるほどの混乱した事態に繋がったということも否定できない。

その後、民族語と教授用語の面で、幾多の言語政策が採られてきた。政策が変更されるたびに、両民族からの強い反発運動が起きている。具体的な善

後策として、1956年に公用語法が提案され、シンハラ語のみを公用語とする政策が採られたが、タミル人の居住地域である北東部地域の場合は、タミル語を行政用語とする等の緩和政策も採られた。そして、1978年憲法によってシンハラ語およびタミル語を国語とする、しかし公用語は、シンハラ語とする妥協が成立した。公教育に用いられる言語は、大学教育まで公用語のシンハラ語（公立学校も73％）とタミル語（27％）である。

　これまでの言語政策では、主に二言語をそれぞれの民族に対する教授用語として用い、教育が行われてきたが、民族問題は深刻なままであった。そのため、93年代の教育改革の言語の取り扱い方法として「両民族に二つの言語を教えられるようになるべき」だという考えが出始めているが、実践は困難なもので、実情は前とそれほど変わっていない。

　一方、1987年以降、スリ・ランカは、民族問題の重要な解決策として地方分権化を導入し、教育もほぼ州レベルに任されている。各州が今後、教育における言語の問題にどう取り組んでいくかが最重要の課題となっている。

　また、1997年度の教育改革の中では、とりわけ英語教育を一層重視していくべきだということが強調されており、一見、これまでの二言語政策とは別に両国民の共通語としての役割を期待していることが窺えそうであるが、実際そのような内容にはいっさいふれていない。何をもって英語教育が強調されているのかというと、「ますます国際化・情報化が盛んになる21世紀に向けて、その国際社会・情報社会の一員となるためには、英語の能力が今にも増して重要になってくる」と、「シンハラータミル民族の共通用語としての英語」ではなく、むしろ「世界共通語として身につけるべき英語」という捉え方の方が優勢である。ここでは、1999年の1月から全国的に小学校1年から英語を導入すべきである、とされており特にこの段階ではコミュニケーション能力に重点をおくべきとされている。更に、1999年の9月からはAレベルにてGeneral Englishという新しい科目が導入されることが挙げられており、この科目の目標は「21世紀の社会に向けて必要とされる知識を身につけること」であり、それらに関連した様々なエッセイを講読しながら授業を行うこととされている。実際には、英語教育をシンハリ人、タミル人の両者が共通に学習することによって共通のコミュニケーション手段を獲得するとい

う効果はあるものと思われる。

　この教育改革のとびら文にてチャンドリカ首相やリッチアード・パティラナ教育相は「我々は従来の教育事情を深く反省し、スリ・ランカの今後の発展を願い、スリ・ランカ国内に住むすべての人が自己尊厳、自由、誇りをもって生きていけるように、公平な教育を行う必要がある。教育の恩恵は民族、カースト、人種、性別、地理的要因に関係なくすべての人々に仕向けられるべきである」と強調されているが、実際教育改革の内容は就学前児童教育の義務化、義務教育の法化、初等／中等教育の質的改善、O/A レベルの質的改善、英語教育の更なる普及、職業・技術教育の発展、教員養成の改善等に重点がおかれており、民族問題解決のための施策等はいっさいふれていないのである。一応、「価値教育（Value Education）と国民統合（National Integration）」という題目で記されている章はあるが、その章は前19章の中で一番短く半ページの記述にすぎない。そこでは具体的な政策等挙げられておらず、「価値や道徳というものは、独立した教科として教えることは不可能である。それらは全教科を通じて生徒達に培われるべきである。宗教の授業は、生徒達に必要とされる価値・道徳を教えるものとして極めて重要である。生徒達は、自分とは異なる文化・宗教をもつ人々に対して尊敬することを学ぶのである。価値観というものは教えられるものではなく、自らが感じ取るものである」と、ごく一般的なことしか述べられていない。

　ここでは、今日スリ・ランカで最も深刻な問題となっている民族問題と関連して言語問題を取り上げたが、教育の分野においては、学校間格差の問題、とりわけ初等教育の質の低下等の問題を解消しなければならないという根本的な課題も抱えており、そのことが1997年度の教育改革の中でも強調されている。たしかに、初等教育や学校間格差の問題は教育分野において「根本的」な問題であるかもしれない。現に今日まで「教育先進国」としてレッテルを保ち続けているスリ・ランカにとって、初等教育の質の低下や就学率・識字率の低下といった問題は一見したところ、「根本的」であるようにみえる。しかし、真に「根本的」とされるべき問題は、長年にわたりスリ・ランカ国内の人々の生活を脅かしている民族問題ではなかろうか。スリ・ランカはかつて「ダルマディヴィーパ（Dharmadweepa）—正義の島—」と呼ばれていた。そ

の「正義の島」では精神的、道徳的、文化的な側面が重視されてきた。今日にいたっても、人々は「スリ・ランカはかつてダルマディヴィーパと呼ばれていたのだ」といっている。ならば、今こそ教育に携わる人々は「正義の島」の伝統に則り、民族問題解決のために言語教育、価値教育、共同学習等において具体的な政策に取り組むことが期待される。

(この論文をまとめるに当たり、資料整理、翻訳の面でスリランカ・ペラデニア大学助手のセートゥンガ・プラサード氏の協力を得た。感謝の意を表する次第である。)

(土屋 博子)

注

1) タミル人は、スリ・ランカ・タミル (北東部) とインディアン・タミル (主にプランテーション地帯) に分かれ、後者は植民地時代にイギリスより紅茶の栽培のために移住させられたものである。両者は、言語と宗教は同じであるが、移住の歴史等から異なったアイデンティティをもつ。

2) 中村尚司編著『海外職業訓練ハンドブックースリ・ランカー』海外職業訓練協会、1995年、21頁。

3) 徐淑子「多民族国家スリランカにおける国民教育の問題点―シンハラ・タミル対立に関連して―」村田翼夫 (研究代表者)『東南アジア諸国における多文化と国民教育』1989年度文部省科学研究費補助金中間報告書、1990年、57頁。

4) イギリスの支配当時の1931年にスリ・ランカで初めて普通自由選挙が行われ、そこでスリ・ランカ人の初代教育大臣としてカンナンガラ (C.W.W. Kannangara) 氏が就任する。1943年に同カンナンガラ氏によってこうした改革が行われた。

5) Gunesekara S., Buthpitiya J., *Education Issues in Sri Lanka (Sinhalese)*, Sara Printers, 1994, pp.35-42.

6) 徐淑子、前掲論文、64頁。

7) Ranaweera A.M., *International Encyclopedia of National Systems of Education*, Second Edition, UNESCO, Pergamon, 1995, pp.912-919.

8) *The First Report of The National Education Commission (Sinhalese)*, Sri Lanka, May 1992, pp.83-85.

9) 5学年終了時に全国共通の試験を行い、成績優秀な学童には奨学金が支給される。農村地方では、通学の困難から5年次で学業を中断する者も少なくない。しかし、制度的には8年次までが義務教育である。南アジアの中では就学率が著しく高く、8年間の教育を終える生徒は都市部で90％を越える。農村部でも70％以上である。男女の就学率は、大学までほぼ変わらない。

10) スリ・ランカ全体で、12の総合大学があるが、それらはすべて主要都市に所在する。スリ・ランカにおける大学の大衆化は、まだ進んでいない。約1万人の公開大学 (通信教育性) の学生も含めても、大学の学生総数は約3万人である。この数は同

一年齢層人口の約2％にすぎず、大学入学は非常に狭い門である（中村尚司編著、前掲書、53頁）。
11) 教育大学（College of Education）、技術専門学校（Professional College）、公開大学（Open University）。
12) この点が1997年に行われた教育改革で強調されている。その背景には、近年義務教育年次とされる5歳～14歳の学童の間における就学率の低下があり、現在（2000年3月）約14％の学童が（全国）学校に行っていない、とされている。義務教育は1998年の1月から法化されている。
13) 1996年では全国の国立学校10,358校の内、④は4,157校、③は3,774校、②は1,867校、①は590校とされている（Ministry of Education & Higher Education, *School Census 1997—Statistical Data—*, 1998, p.1)。
14) *The First Report of The National Education Commission (Sinhalese)*, op.cit., pp.83-85.
15) 1997年では全国で10,983校の学校があるとされ、その内訳は国立学校が10,358校、75校が私立学校、550校が仏教僧侶学校とされている。生徒数は全国で4,260,989人とされ、その内訳は国立学校が4,124,108人、私立学校が85,890人、仏教僧侶学校が50,991人とされている（http://www.lk/census/census/links/edu/tables/nos_tbl.htm)。
16) Department of Buddhist Affairs, Sri Lanka, *DAHAM AMA*, Government Printing Department, 1994, pp.11-22（その他、仏教関連局の統計資料を参照）。
17) 公務員、医師、弁護士、技術者等の近代雇用部門にタミルの進出が著しかった。その理由は、タミル地域第一の都市、ジャフナにキリスト教系学校が多く立てられたこと。タミル地域に、農耕に適する土地が少なく、都市部でのホワイト・カラー職を求めたこと。
18) 民族的に同質な農村部に対し、都市部では、日常業務において英語の使用頻度がかなり高い。また、シンハラ語／タミル語のバイリンガル人口が少なく、民族の混在する都市部では、英語の能力が必要とされる。

東南アジア諸国共通資料
(タイ・インドネシア・マレーシア・シンガポール・フィリピン・ベトナム・ミャンマー・スリ・ランカ)

I タイ王国 (Kingdom of Thailand)

(1) 人口および民族構成(千人以下切り捨て)
① 総人口…6,146万人(1998年12月現在)
② 民族構成 タイ族系75%、中国系14%、その他11%

(2) 言 語
① 識字率(1995年:15歳以上人口における割合)、ユネスコ推計
全体 94.2% 男性 96.3% 女性 92.0%
② 国語/公用語/行政用語…タイ語
③ 地方語…北タイ語、東北タイ語、南タイ語
それ以外の使用言語…山地民語(カレン、ラフ、リス、アカ語、モン語等)ラオス語、クメール語、マレー語
④ 古典語…サンスクリット語、パーリ語、ランナー語

(3) 宗 教
① 宗教の種類…上座部仏教、イスラーム、キリスト教、道教、ブラーマン教、ヒンドゥー教、シーク教など
② 宗教人口…6,081万人(100%)(1998年現在)
仏教徒…5,629万人(92.6%)
イスラーム教徒…322万人(5.3%)
キリスト教徒…82万人(1.3%)
ブラーマン、ヒンドゥー、シーク教徒など…2万人(0.0%)
その他…46万人(0.8%)

(4) 教育制度
① フォーマル教育の学校数・児童・生徒・学生数・就学率(1999年度)

	学校数(公立/私立)	生徒/学生数(公立/私立)	就学率
就学前教育機関	45,577 (43,123/2,454)	2,801,967人 (81.7%/18.3%)	97.0%

小　学　校	33,840 (32,343／1,497)	6,027,600人 (86.2%／13.8%)	103.6%
中　学　校	10,109 (9,555／ 554)	2,388,561人 (93.5%／ 6.5%)	83.9%
高　等　学　校	3,417 (2,958／ 459)	1,826,076人 (83.2%／16.8%)	58.5%
大　　　学	636 (337／ 299)	1,604,449人 (78.2%／21.8%)	21.5%

② 教授用語・語学教育
- 教授用語：初等・中等教育共タイ語のみの一言語主義である。
- 外国語教育：小学校では5年生から英語、中学校では、英語、フランス語、アラビア語、日本語の中から1か国語、高等学校では9か国語（英語、フランス語、ドイツ語、日本語、中国語、アラビア語、スペイン語、イタリア語、パーリ語）の中から2か国語まで選択できる。

(5) その他
① ノンフォーマル教育の受講生（1996年度）
  1) 文部省ノンフォーマル教育局管轄

成人教育	通級タイプ	1,906,657人
	通信タイプ	1,514,663人
	機能的識字教育	30,468人
職業教育	興味グループ	262,009人
	職業コース	307,792人
計	（通級タイプと通信タイプは重複あり）	2,506,926人

  2) 文部省私学教育局管轄

成人教育	274人
季節教育	9,659人
宗教教育	84,444人
（イスラーム）	（84,306人）
（その他）	（138人）
通信教育	3,272人
個人指導	32,245人
芸　術	40,955人
職業教育	446,477人
特殊教育	913人
福祉教育	810人
計	619,049人

  3) 文部省職業教育局管轄

短期コース（225時間）	112,019人
共同学習コース	19,097人
農業訓練コース	32,834人
移動訓練コース	46,926人
工　芸コース	343人
計	211,219人

Ⅱ　インドネシア共和国（Republic of Indonesia）

(1) 人口および民族構成（千人以下切り捨て）
① 総人口…19,681万人（1997年現在）

② 民族構成　ジャワ人48％、スンダ人15％、マドゥラ人8.4％、その他（ブギス・マカッサル3.2％、ミナンカバウ3％、ティモール2.3％、バリー2％、バタック一2％、華人1.6％、アチェ1.3％）

(2) 言　語
① 識字率（1995年：15歳以上人口における割合）、ユネスコ推計
　　全体　83.7％（男性89.7％　女性77.8％）
② 国語／公用語／行政用語…インドネシア語

(3) 宗　教
① 宗教人口
　　イスラーム…16,546万人
　　プロテスタント…1,145万人
　　カトリック…678万人
　　ヒンドゥー…347万人
　　仏教…194万人

(4) 教育制度
① フォーマル教育の学校数・児童・生徒・学生数・就学率（1995年度）
　　スコラ（教育省管轄の普通学校）

	学校数（私立の割合）	児童/生徒/学生数	就学率
幼稚園	40,506（99.5％）	1,636,342人	―
小学校	149,464（7.3％）	26,200,023人	110.8％
中学校	19,442（33.3％）	6,392,417人	53.9％
高等学校	7,735（44.9％）	2,481,584人	25.7％
大　学	―　（65.6％）	2,043,380人	―

　　マドラサ（宗教省管轄のイスラーム学校）

	学校数（私立の割合）	児童/生徒/学生数	就学率
小学校	25,094（94.7％）	3,529,858人	110.8％
中学校	8,218（74.6％）	1,256,678人	53.9％
高等学校	2,974（57.4％）	416,380人	25.7％

② 教授用語・語学教育
　　教授用語…初等教育：インドネシア語（3年生までは地方語を用いてよい）
　　中等教育：インドネシア語（一言語主義）
　　英語・中国語の取り扱い…英語：中学校より必修
　　　　　　　　　　　　（地方によっては小学校上級から教授可能）。

中国語／教科として置かれていない。
アラビア語／マドラサでは必修。
選択教科…高校で、アラビア語、ドイツ語、フランス語、日本語が選択可能。

Ⅲ　マレーシア (Malaysia)

(1)　人口および民族構成（千人以下切り捨て）
① 総人口…2,093万人（1998年7月現在）
② 民族構成
　　1998年統計（単位：人／千人以下切り捨て）

	全　国
マレー系／ブミプトラ	1,213万人（58%）—
中　国　系	544　　（26%）
イ　ン　ド　系	147　　（ 7%）
そ　の　他	188　　（ 9%）
合　　計	2,093万人

(2)　言　語
① 識字率（1995年：15歳以上人口における割合）、ユネスコ推計
　　全体－83.5%（男性－89.1%　女性－78.1%）
② 国語／公用語／行政用語…マレー語。
　　他に主要言語として中国語（北京語）、タミル語、英語。
　　この他、福建語、広東語、少数民族言語（ダヤク語など）が使用されている。

(3)　宗　教
① 国教…イスラーム（憲法第3条により宗教の自由は認められている）
　　民族別宗教人口の割合（1980年現在：半島部西マレーシア。単位%）

宗　教	マレー系	中国系	インド系	その他	計
イスラーム	98.90	0.21	5.38	6.25	56.08
キリスト教	0.08	3.31	7.55	39.09	2.14
ヒンドゥー教	0.01	0.11	83.67	1.25	8.41
仏　教	0.01	55.80	0.62	47.69	18.97
儒教・道教・その他の伝統的な中国の宗教	0.01	38.54	0.13	0.48	12.88

部族・民族宗教	0.73	0.23	0.07	0.04	0.49
その他	0.03	0.23	2.51	2.98	0.36
無宗教	0.22	1.57	0.07	2.22	0.67
計	100.00	100.00	100.00	100.00	100.00

注）民族別の宗教人口（実数）の詳細な統計はなかなか更新されず入手が困難であるが、地域別の宗教比率だけなら比較的入手可能である。1998年度統計よると、東マレーシアのサバ州／サラワク州では、半島部（西マレーシア）と異なり、イスラーム教29％、仏教・儒教24％、キリスト教16.5％、部族・民族宗教などその他の宗教40％と、イスラームの比率が半島部に比べて相対的に低く、部族・民族宗教をはじめとするイスラーム以外の宗教比率が相対的に高いのが特徴である。

(4) 教育制度

① フォーマル教育の学校数・児童・生徒・学生数・就学率（1997年）

	学校数	児童・生徒・学生数	就学率	私立校
就学前	9,605	434,189	85.56％	1,811校（142,989人）
小学校	7,099	2,851,750	95.31％	262校（86,800人）
中学校	1,548	1,199,834	84.28％	（内訳：60－華語学校、英語
高等学校	（中・高含めて）	571,758	63.95％	学校－116、宗教学校－小18、中8、特殊学校8、他52校）
ポリテクニク	8			高等教育機関320校
教員養成機関	31	173,497	20.23％	トレーニングセンター1,118校
カレッジ	2			（職業技術・言語・コンピュータ等）
大学	10	116,379	4.72％	3校（1997年度開学）

出典：Kementerian Pendidikan Malaysia, *Perangkaan Pendidikan Malaysia 1997* (Ministry of Education Malaysia, *Educational Statistics of Malaysia 1997*), 1999.

② 教授用語・語学教育

　　教授用語…初等教育：マレー語（政府立国民学校）中国語／タミル語（政府立国民型学校）

　　中等教育：マレー語

　　政府の実施する資格試験もすべてマレー語による出題・解答（言語科目のみ当該言語により実施）。

　　英語・各民族語の取り扱い…英語：初等・中等段階で必修。

　　教授用語および英語以外の言語については、15人以上の学習希望者がある場合に補習科目として開講。

IV シンガポール共和国（Republic of Singapore）

(1) 人口および民族構成

① 総人口…321.8万人（1999年現在）
② 民族構成（1999年現在）

華人系247.3万人、マレー系45.2万人、インド系24.7万人、その他4.6万人

(2) 言 語
① 識字率（1999年現在：15歳以上人口における割合）
　　全体　93.5%　男性　97.0%　女性　89.8%
② 国語…マレー語
　　公用語…マレー語、華語、タミル語、英語
　　行政用語…英語
③ それ以外の使用言語
　　華人系…福建語、潮州語、広東語、海南語、客家語等の方言。
　　インド系…マラヤーラム語、パンジャービ語、テルグ語、ヒンディ語、ベンガ
　　　　　　　ル語等の地域語。

(3) 宗　教（1995年数値）
① 宗教人口…215.7万人（10歳以上人口に占める割合85.5%）
　　仏教…80.4万人（31.9%）
　　道教…55.4万人（22.0%）
　　イスラーム…37.7万人（14.9%）
　　キリスト教…32.5万人（12.9%）
　　ヒンドゥー教…8.2万人（3.3%）
　　その他…1.5万人（0.5%）

(4) 教育制度
① フォーマル教育の学校数・入学者数・就学率・国立／私立の割合（1999年数値）

	学校数	入学者数	国立／私立の割合
幼　稚　園	533[*1]	（不明）	殆ど私立。
小　学　校[*2]	201	30.6万人	すべて国立。
中　学　校[*2]	163	17.6万人	私立が8校。
高　等　学　校	17	2.5万人	すべて国立。
職業専門学校	10[*5]	1.6万人	すべて国立。
ポリテクニク	4	5.1万人	すべて国立。
大　　学	3[*6]	4.0万人	国立2、私立1。

　＊1　コミュニティ開発省が認可し、補助金が提供されるチャイルド・ケア・センターの数。
　　　PAPや民間組織、宗教機関が設けた私立のセンターが大部分であるが、法定機関である人
　　　民協会がコミュニティ・センター内に設置した公的なセンターが23ある。
　＊2　小・中一貫制の4校を含む国立学校の数。「国立」には政府全額出資の「政府立」と、宗
　　　教・家族団体などが経営委員会を構成し運営する「政府補助立」の2種類がある。
　＊3　日本の私立学校にほぼ相当するインデペンデント・スクールが8校ある。
　＊4　ジュニア・カレッジが15校、中央教育院（Centralised Institute）が2校ある。
　＊5　技術教育院（Institute of Technical Education）の数。入学者数は全日制コースの生徒

数。他にも20ほどの職業教育関連施設や数多くの定時制コースがある。
＊6　国立は、シンガポール国立大学（National University of Singapore）と南洋理工大学（Nanyang Technological University）の2つ。私立はシンガポール経営大学（Singapore Management University）のみ。

② 教授用語・語学教育
- 教授用語…小学校　公民科と道徳科のみ種族語（華語／マレー語／タミル語）で教授され、それ以外の教科はすべて英語。
  中学校以上　すべて英語。
- 言語教育の方式…英語を第一言語、種族語を第二言語とする二言語教育。
- 各種族語の取り扱い…小・中・高等学校全段階にて必修。

(5) その他
① ノンフォーマル教育
- 種類…①宗教組織が運営する宗教教育（例 イスラーム宗教学校 madrasah など）、②政府・政治団体・各地区のコミュニティ・センターなどが主催する青少年・成人向けの社会教育、③ボーイスカウトに代表される青少年向けの社会奉仕活動、④各民族の教育支援団体（下記参照）が取り組む補習教育、など。
- マイノリティを対象とするノンフォーマル教育…教育支援自助団体としては、マレー系のMENDAKI（ムスリム開発評議会）やAMP（マレー／ムスリム専門家協会）、インド系のSINDA（インド系開発協会）などがあり、それぞれの宗教・寺院組織と連携して、学習に遅れている児童・生徒に対して補習教育を行い、奨学金なども提供している。

V　フィリピン共和国（Republic of the Philippines）

(1) 人口および民族構成（千人以下切り捨て）
① 総人口…7,373万人（1997年現在）
② 民族構成　マレー系（タガログ族、セブアノ族、ビコール族、イロカノ族、パンガシナン族、パンパンガ族、等）96％、中国系2％、その他（ネグリト族、等）2％

(2) 言　語
① 識字率（1995年：15歳以上人口における割合）
   全体　94.6％（男性95.0％、女性94.3％）
② 国語／公用語／行政用語…フィリピノ語、英語
③ それ以外の使用言語…タガログ語、イロカノ語、セブ語、ビコール語、等

(3) 宗　教
① 宗教人口割合

カトリック…83%
プロテスタント…9%
イスラーム…5%
その他…3%

(4) 教育制度
① フォーマル教育

教育制度…基本的には初等学校6年＋中等学校4年＋大学4年（6－4－4制）。

就学率…初等学校／111%、中等学校／81%、大学26.3%（男／21.9%、女／30.6%）(1993/94年度)

フォーマル教育の学校数・児童・生徒・学生数（1996/97年度）

	学校数（公立／私立）	児童／生徒／学生数
幼稚園	6,810（4,282／2,528）	552,599
初等学校	37,721（34,802／2,919）	11,504,816
中等学校	6,369（3,830／2,539）	4,883,507
大学	1,316（271／1,045）	2,220,858

② 教授用語・語学教育

教授用語…フィリピノ語（社会科、体育・芸術、等）と英語（理科、数学、等）のバイリンガル。ただし、低学年では地方語も用いられる。

③ ノンフォーマル教育修了者数　113,697人（1996年）

Ⅵ　ベトナム社会主義共和国（The Socialist Republic of Viet-Nam）

(1) 人口および民族構成（千人以下切り捨て）
① 総人口…7,538万人（1997年現在）
② 民族構成　ベト・ムオン語系キン（京）族90%、タイ語系タイ族1.9%、タイ語系ターイ族1.6%、ベト・ムオン語系ムオン族1.4%、シナ語系ホア族1.4%、モン・クメール語系クメール族1.4%

(2) 言語
① 識字率（1991年：15歳以上人口における割合）、ユネスコ推計
全体　91.1%（男性94.7%、女性87.7%）
② 国語／公用語／行政用語
主要言語…ベトナム語

(3) 教育制度
① フォーマル教育の学校数・児童・生徒・学生数・就学率（1989〜94年度）

	学校数	児童/生徒/学生数	就学率	備　　考
保育活動	－	503,185人	－	（1992－3年）
幼稚園	－	1,660,107人	－	（1992－3年）
小学校	13,000	9,725,000人	92.4%	10歳児童就学率（1994年）
中学校	7,600	3,100,000人	57.7%	14歳生徒就学率（1994年）
高等学校	1,200	724,000人	23.4%	17歳生徒就学率（1994年）
大　学	－	147,580人	9.2%	19歳生徒就学率（1989年）

② 教授用語・語学教育

　　教授用語…基本的にはベトナム語（地方においては必要に応じて少数民族の言語に配慮した教育を実施）。

　　英語・中国語の取り扱い…中学校・高校とも、英語、ロシア語、フランス語を含む3つの外国語の中から選択必修（経済的な必要性から英語の人気が高い）。

　　中国語：南部を中心として私立教育機関で教授されている。

Ⅶ　ミャンマー連邦（The Union of Myanmar）

(1) 人口および民族構成（千人以下切り捨て）
① 総人口…4,592万人（1997年）
② 民族構成　ミャンマー族70%、カレン族2.3%、モン族0.9%、チン族0.7%、等

(2) 言　語
① 識字率（1995年：15歳以上人口における割合）、ユネスコ推計
　　全体　82.9%（男性88.2%、女性77.7%）
② 国語／公用語／行政用語
　　主要言語…ミャンマー語、カレン語、モン語、中国語、等

(3) 宗　教（1983年現在）
① 宗教人口割合
　　仏教徒…89.4%
　　キリスト教徒…4.9%
　　イスラーム教徒…3.9%
　　精霊信仰者…1.2%
　　ヒンドゥー教徒…0.5%

その他…0.1%

(4) 教育制度
① フォーマル教育の学校数・児童・生徒・学生数・就学率（1996年度）

	学校数（公立/私立）	児童/生徒/学生数	就学率
幼稚園	43,918 (41,564/2,354)	1,636,342人	78.4%
小学校	34,070 (32,603/1,467)	5,909,290人	90.0%
中学校	8,456 (7,911/ 545)	2,445,856人	71.5%
高等学校	2,817 (2,386/ 431)	1,479,236人	42.5%
大　学	641 (371/ 270)	781,700人	16.8%

② 教授用語・語学教育
　　　教授用語…初等・中等教育／ミャンマー語
　　　　　　　（カレン州の一部では初・中等一貫してカレン語）
　　　英語の取り扱い…小学校（幼稚園課程）より必修

(6) その他
① ノンフォーマル教育
　　旧来より、仏教に基づいた寺子屋式教育がある。現在も、宗教省管轄で僧院学校が運営され、仏教徒であれば民族を問わず入学可能。僧院学校生徒の初等教育への受け入れ態勢も整備されている。

Ⅷ　スリ・ランカ共和国 (Republic of Sri Lanka)

(1) 人口および民族構成
① 総人口…1,914万人（1999年7月現在）
② 民族構成　シンハラ族74%、タミル族18%、ムスリム7%、その他（バーガー、マレー、ウエッダ等）1%

(2) 言　語
① 識字率（1995年：15歳以上人口における割合）、ユネスコ推計
　　　全体　90.2%（男性93.7%、女性86.8%）
② 国語／公用語／行政用語
　　　主要言語…シンハラ語、タミル語、英語

(3) 宗　教（1999年現在）
① 宗教人口割合

仏教…69％
ヒンドゥー教…15％
イスラーム…8％
キリスト教…7.5％
その他…0.5％

(4) 教育制度
① 教育機関の種類別機関数、生徒・学生、教員数（1997年）

教育機関の種類	教育機関数	生徒数	教員数
政府立学校	10,358	4,121,262 人	179,589 人
私立学校	75	85,890 人	3,652 人
僧院学校（ピリヴェナ）	550	50,991 人	4,298 人
政府立大学	12	38,192 人	2,927 人
政府立大学院	6	6,738 人	－
合　計	11,001	4,303,073 人	190,466 人

② タイプ別政府立学校数（1997年）

学校のタイプ	学校数
第一種　ＡＢ	590
第一種　Ｃ	1,867
第二種	3,744
第三種	4,157
合　計	10,358

注）第一種ＡＢ：高校の理科コースを有する学校
　　第一種Ｃ　：高校の文科と商業コースを有する学校
　　第二種　　：第11学年まで有する学校
　　第三種　　：第5学年または第8学年まで有する学校

③ 政府立学校・大学の生徒・学生数（1997年）

小学校（1－5年）		1,807,751人
中学校（6－11年）		2,085,644人
高等学校 （12－13年）	理科コース	48,219人
	文科コース	119,808人
	商業コース	59,840人
	計	227,867人
大　学		38,192人
大学院		6,783人
合　　計		4,166,192人

④ 教授用語・語学教育　教科当たり時間数
　　教授用語…シンハラ語／320万人

(76.5%)、タミル語／98万人 (23.5%)。

⑤ 週当たりの教科時間数

学年	教科時間数
小学校低学年（1－3）	20
小学校高学年（4－6）	20
中　学　校	25
高 等 学 校	25

第3章

東南アジアの文化と教育

第1節　英語教育

はじめに

いくつかの国々の言語教育政策を眺めた場合、それを成り立たせる要件として、①植民地経験の有無といった歴史的背景、②人種、言語に関する社会・文化構造、③地勢や産業・経済基盤、といった点に注目する必要があるだろう。ここで取り上げるタイ、マレーシア、シンガポール、フィリピンの4か国は、これらの点でそれぞれに特徴的な国々である。

以下、各国の英語事情とその教育政策を概観し、その比較を通して、東南アジア諸国の英語教育政策の共通点を検証してみたい。

1　タイにおける英語教育の現状

(1)　タイ社会における英語使用環境

タイでは国家権力の中央集権の強化という点から、タイ語の国語化を強力に推進しており、教授用語やメディア用語もすべてタイ語となっている。過去、欧米諸国に植民地化された経験のないタイでは、英語はあくまでも一外国語にすぎず、日本と同様、教室以外の日常生活で英語を使用する機会は殆どない。このため、シンガポールやフィリピンのような英語を公用語としている国と比べれば、確かにタイでは英語が通じにくい。

しかし歴史的にみて、欧米諸国との外交・貿易や近代化・国際化に対応して、国益を守るために、王室は英語教育を積極的に保護・奨励してきた。他の外国語と比べて、英語の社会的地位は圧倒的に高いといえる。事実、近代以降のタイ社会において、英語は知的エリート層の言語といった感が強く、現在も英語は社会的ステータスを高める手段として非常に有効である。また、

産業化に伴うビジネス環境の国際化や観光産業の成長から、英語話者の需要は昨今ますます高まっており、そのための専門校が林立しているとも報じられている。他国の例にもれず、タイにおいても英語の使用環境は急速な拡がりをみせている。

(2) カリキュラムおよび履修の状況

タイでは、1978年から施行されたカリキュラムにより、英語を含む外国語授業は、必修教科から除かれて、中等教育以降の自由選択教科となった[1]。しかし、その後、親からの強い要望もあり、1997年の時点では小学校カリキュラムの特別経験教科の枠内で、小学5年生から履修することが可能となっている[2]。都会に住む大部分の小学5・6年生は、英語を選択・履修している。ただし、地方の農漁村部の小学校については、英語ではなく「勤労体験学習」を実施しているところが多く、地域的な格差がみられる。

現行カリキュラムにおける外国語教育の授業時間配分は、表3-1-1に示した通りである。

公立小学校の英語教科書を概観してみると、①かつては題材の殆どがタイ

表3-1-1　公教育制度における英語科の授業時間数の国別比較

国名	開始時期	小学校	中学校	高校	英語科の扱い	英語科の教授用語
タ　イ	小学5年 (10歳)	週15時限 (1時限 =20分)	週4〜8時限 (1時限 =50分)	週4〜13時限 (1時限 =50分)	全段階で選択。	タイ語
マレーシア	小学1年 (6歳)	週7〜8時限 (1時限 =30分)	週5時限 (1時限 =40分)	週5〜8時限 (1時限 =40分)	小学校〜高校まで、全段階で必修。	小学校は各民族の母語。中学・高校はマレーシア語
シンガポール	小学1年 (6歳)	週13〜17時限 (1時限 =30分)	週6〜9時限 (1時限= 30-40分)	週0〜5時限 ※履修コースや各高校で差がある	小・中学校では必修。高校では選択。	英語(小学〜高校で、種族語と道徳教科以外は、すべて英語で教授)
フィリピン	小学1年 (7歳)	週5時限 (1時限 =80分)	週5時限 (1時限=40分)		初等・中等教育段階共に必修。	英語(中等教育段階で、英語と理系教科は、英語で教授)
日　本	中学1年 (13歳)	週0時限 (1時限 =　分)	週3〜5時限 (1時限 =50分)	週3〜6時限 (1時限 =50分)	全段階で選択だが、殆ど全員が履修。	日本語

出所) 沖原勝昭「アジア諸国の英語教科書比較研―学習初期の言語教材の種類と配列について―」杉山明男(研究代表者)『東南アジア地域の義務教育用図書に関する比較研究』1989年度文部省科学研究費補助金(一般研究B)研究成果報告書、1990年所収を参考に、手嶋・池田で一部修正・加筆を行った。

表3-1-2　各文法項目の履修年次の比較

文法項目	タイ	マレーシア	シンガポール	フィリピン	日本
Be動詞の人称変化	小学5年	小学1年	小学1年	小学1年	中学1年
助動詞（can）	小学5年	小学2年	小学2年	小学2年	中学1年
現在進行形	小学5年	小学3年	小学1年	小学1年	中学1年
比較級（形容～er/～est）	小学6年	小学3年	小学2年	小学3年	中学2年
不 定 詞	小学6年	小学3年	小学3年	小学5年	中学2年
過 去 形	小学6年	小学3年	小学2年	小学2年	中学2年
受 動 態	小学5年	小学4年	小学4年	小学6年	中学2年
関係代名詞	小学6年	小学5年	小学5年	小学4年	中学3年
現在完了形	小学6年	小学4年	小学4年	小学6年	中学3年

出所）前掲（表3-1-1注）沖原論文を参照。マレーシアの部分など、手嶋・池田による調査・加筆部分もある。

文化に関連したもので、登場人物も殆どタイ人であったが、最近では英語圏を中心とした外国の著名人や芸能人、スポーツ選手等のトピックも多くみられる、②日常生活に根ざした実用的な内容になっている、③説明文や設問等にはタイ語が多く用いられている、④学習事項の分量が少な目で、進度も緩やかである、⑤小学5～6年の2年間で800語近くの単語が導入されており、それらは意味も発音も容易な単音節語が多い、といった特徴を挙げることができる。最近は、英語使用環境の拡大という社会情勢を踏まえて、従来のような試験に合格するための筆記・読解重視の英語能力よりも、むしろコミュニケーション能力の育成を目標とした「コミュニケィティブ・アプローチ」が導入されているようである。主な文法項目の履修年次については、表3-1-2を参照されたい。

大学においても、教授用語は通常タイ語であるが、医学や情報工学などの科学分野の文献はタイ語に翻訳されたものが少ないため、英語テキストの読解力がやはり必要となる。また、タイでは、文部省の管轄下にある教育系大学を除いて、一般の大学は大学省の管轄にあり、英語力を補うための独自のカリキュラムを設置している。

(3) 英語教育の問題点

初等教育段階の就学率は90％を越え、大半の生徒が英語教育を享受するこ

とができるようになった[3]。しかし、その一方で、英語を履修できない生徒が農村部に集中しており、また、幼年期からミッション系の学校などに進学したり、英米に留学するなどして英語教育を施されている裕福な階層の子女と、その他の階層の子女との間での学習環境の格差もいまだ大きい。即ち、「都市―農村」間、「階層」間での言語格差問題である。

また、先に挙げた「コミュニケィティブ・アプローチ」による英語授業も、1クラス平均50人以上という生徒数の多さや、この教授法を導入しない教員が農村部を中心に数多く存在するといった理由により、十分な成功を収めているとはいい難い。更に、小学校での英語教育はあくまでも例外的なものとされ、2年間の完結したコースで実施されていることから、中学校では初学者としてあらためて英語を基礎から学習し直すことになり、「小―中」間での連携がとれていないという問題も存在している。なお、中学校では、外国語科目として、英語、フランス語、日本語、アラビア語のうち1科目を選択でき、殆どの生徒は英語を選択している。

従って、英語の能力が今後ますます重視され、社会的地位の規定要因としての影響力を増してゆくという現状から鑑みれば、このような英語教育を受けるための学習環境の格差が、今後、タイ社会における社会的不平等の拡大再生産へとつながる危険性を大いに孕んでいるといえるだろう。

2 マレーシアにおける英語教育の現状

(1) マレーシア社会における英語使用環境

マレーシアでは独立以降、国民統合政策の核として、国語としてのマレー語（マレーシア語）の普及・徹底が推進され、教授用語やメディア用語、道路標識、街頭広告等に広く用いられてきた。しかし、1957年まで英国の植民地支配を受けていたこともあって、英語は、中国語やタミル語と共に、日常の生活用語として今も親しく話されている。また、タイ語が独自のタイ文字を使用しているのとは異なり、マレー語は現在ではローマ字で表記されていて、その語彙も、"ais (ice)"、"sup (soup)"、"kopi (coffee)"、"universiti (university)" 等、英語の音や綴りから借用されたものが多くみられる。ここからも英語の

影響力の強さを窺うことができるだろう。

人口約2千万人という小国であるマレーシアが今後国際社会で生き残るためには、国際社会で通用する語学力を身につけた人材の育成にかかっているといわれている。そうした社会状況にあって、やはり英語は経済開発や国際化に伴う需要から、いまなお社会でのステータスを高める手段として有効であると考えられている。

(2) カリキュラムおよび履修の状況

マレーシアでは、1982年から施行された現行のカリキュラムにおいて、英語は初等・中等教育段階のいずれにおいても、必修教科として扱われている[4]。就学前段階である幼稚園で、英語を学習する子ども達も多く、表3-1-1のように、日本の中学生が習う殆どの文法事項は、既に初等教育段階で学習を終えてしまう。

小学校では、まず日常的な会話表現を反復練習によって習得させることに主眼がおかれ、中学校では詳しい文法事項の解説を行うように配慮がなされている。その際、教科書や補助教材ともども、ビデオ、ヒアリング教材、コンピュータ用のCDソフトといった視聴覚教材も多く用いられている。

教科書の登場人物としては、日常的に英語を使用する機会が多いという背景があるためか、日本やタイでは英語を母国語とする外国人が数多く登場するのに比べて、マレーシアではその全員が自国民で占められる。また、多民族国家であることから、登場人物はマレー系だけでなく、華人系やインド系の人物も配されていて、人物の設定にもその社会背景が映し出されている。

大学でも、1983年以降、教授用語は原則としてマレーシア語とされている。だが、科学技術・医学等の学術・専門用語(英語)の大量流入、飛躍的な経済成長とその国際化といった今般の社会情勢を踏まえて、1993年末からは、マハティール政権の決定により、医学や工学、IT (Information Technology) 等の情報科学関連といった理系分野に関しては、英語による講義も認められるようになった[5]。また、1997年以降開設されたマルチメディア大学(Multimedia University; MMU)等の私立大学は、マレー系優遇政策(ブミプトラ政策)の枠外におかれていることから、講義がすべて英語で行われているところもある。

(3) 英語教育の問題点

　植民地期に多く存在した英語校が廃止されて、マレー語教育の普及が強力に進められてきた結果、全般的な英語力の低下が指摘されている。このため、政府は共通試験での英語の配点比率を増加するなどの施策を行い、英語力の低下に歯止めをかけようとしている。先述のいくつかの大学や、また、特定の専門分野における英語での講義の容認もその一環であるといえる。

　また、農漁村部に多く住むマレー系の子どもらは、都市部に集住する華人系・インド系と比べて、学校以外で英語を話す機会が殆どなく、自ずと両者ではその能力に差が生じやすい。「都市─農村」間の英語能力の格差が、即、「民族」間の能力格差につながる点がマレーシアの一つの特徴であり、問題点でもある。

　更に、ブミプトラ政策の影響により、華人系やインド系のマレーシア人には、マレー系優先で就職の難しい公共機関よりも、幼年期から徹底した英語教育を受けて海外の大学に留学し、その英語力を生かして国内外の民間企業へ就職する者も多いという。民族間の格差是正を目的に行われてきたブミプトラ政策、そしてそれに伴うマレー語優先の言語教育政策が、むしろ、マレー系を消極的・閉鎖的な状況にとどまらせることになり、華人系・インド系との間に新たな格差を生じさせているのである。

　他の国々と同様、マレーシア政府も、今後、各民族固有の言語活動を尊重しながら、国際社会における競争に生き残るために、英語を柱とした外国語教育の振興を行う必要がある。だが、あまりにそのことに重点がおかれれば、マレーシアという国家としてのアイデンティティが希薄になるという危惧も生じることになる。これらの諸事情の調整がいかに行われるかが、将来のマレーシアにおける言語教育および英語教育の展開に関する主要課題になるといえよう。

3　シンガポールにおける英語教育の現状

(1) シンガポールにおける英語使用環境

シンガポールは隣国マレーシアと同じく、かつては英国の植民地であったが、今日までの両者による英語の取り扱いにはかなりの開きがある。例えば、両国の主立った目抜き通りや官公庁の看板・標識、バスや電車の車内広告を眺めれば、マレーシアではマレー語で表記されたものが殆どであるのに対し、シンガポールは英語一色に近い状況にある。マレー語という同じ国語をもつ両国だが、その言語景観は相当に異なっているといえるだろう。

シンガポールにおける言語環境の変化を示す一つの指標として、最近10年間（1986年～95年）の日刊新聞の発行部数の推移を、言語別に眺めてみると図3-1-1のようになる。90年を境にして、英語紙が華語紙を上回り、その差が徐々に拡がってきているのがわかる。大原はこのような状況を指して、「英語は、人々の上昇の象徴であり、識字力に関係なく英字新聞を購読することは、上昇志向の具現形であるとみることができる[6]」と評し、新中間層の拡大が社会全体の英語化、そして英語の社会的・経済的ステータスの向上を押し進めていると捉えている。

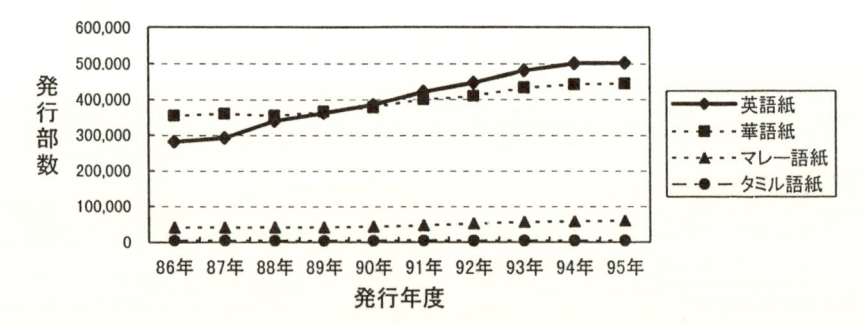

図 3-1-1　日刊新聞の言語別発行部数の変遷

	86年	87年	88年	89年	90年
英　語　紙	282,200	292,700	340,400	362,600	385,900
華　語　紙	354,900	360,700	354,800	366,200	378,400
マレー語紙	41,800	42,000	42,500	42,800	44,400
タミル語紙	5,500	5,500	5,600	5,400	4,800
	91年	92年	93年	94年	95年
英　語　紙	422,900	447,600	481,400	500,900	503,000
華　語　紙	401,100	410,400	433,900	443,200	446,000
マレー語紙	48,000	53,100	57,600	59,000	61,000
タミル語紙	5,500	5,000	4,900	5,000	5,100

(2) カリキュラムおよび履修の状況

シンガポール政府は、1965年の完全独立以降、一貫して英語と各種族語から成る二言語教育を教育政策の柱に据えてきた。特に英語は教科目として、小・中学校段階の必修であるばかりでなく、種族語と道徳を除くすべての教科の教授言語にもなっている。つまり、種族語や歴史科目以外の試験の設問、またその回答の記述がすべて英語でなされるということであり、英語の能力の有無が、即、学習者の学業成績全般を左右することになる。

教育制度もまた英語をいかに効果的に教えるかという観点から、絶えず改良が加えられてきた。例えば現在の教育制度は、主として言語能力によって子ども達を振り分けるため、以下のような構成となっている。

- 小学1－4年段階（基礎段階）：全授業時数のうち、33％を英語、27％を民族母語、20％を数学に割り当て、残り20％は音楽や体育といったその他の教科にまわす。
- 小学5・6年段階（オリエンテーション段階）：
  ① EM1コース …英語を第1言語レベル、種族語も第1言語レベルで学習。
  ② EM2コース …英語を第1言語レベル、種族語は第2言語レベルで学習。
  ③ EM3コース …英語を第1言語レベル、種族語は簡単な会話レベルで学習。
- 中学校段階：
  ① Specialコース …4年間で英語を第1言語、種族語も第1言語レベルで学習。
  ② Expressコース …4年間で英語を第1言語、種族語を第2言語レベルで学習。
  ③ Normalコース …5年間かけてExpressコースと同じ内容を学習。

つまり、各人の種族語の能力をある程度犠牲にしてまでも、英語の運用能力を確実に身につけることが優先されているのである。当然ながら、その学習内容は難しく、表3-1-2のように日本の中学生や高校生が学習する内容

が、同国では既に小学生に対して教えられている。中学校では、小学校で習った単語や文法事項の復習、応用が主となり、その難度は日本の高校のそれにほぼ相当する。教科書内では、内外著名人の伝記のほか、各民族の故事や慣習、社会や学校に関する身近な話題が多く取り上げられ、登場人物には多民族国家らしく、華人系、マレー系、インド系の各民族が配されている。

　英語教育のシラバス内では、一つのテーマから、その関連語彙や文法の用法を学んでいく単元集中的な学習法が採用されている。例えば、"ショッピング"というテーマから、商品名やその分類、購入場面での会話法、オーダー・フォームの書き方、商品購入時の注意事項等、様々な場面を組み合わせることで、実践的な英語の運用技能を総合的に身につけるように配慮がなされている。テーマの設定に際しては、個人生活、移民史、コミュニティと国家、異民族理解、科学、自然といった領域が推奨され、単なる言語教科にとどまらない、歴史・社会科的な側面も色濃くもっている。

　また、実際の授業場面では、OHP、ビデオ、ヒアリング・テープ、コンピュータ用CDソフト、インターネットといったメディア教材が広く用いられている。

(3) 英語教育の問題点

　80年代以降、各民族の母語教育の充実が唱えられ、またアジア圏内の経済発展も相まって、かつてのような英語万能といった社会風潮は徐々に薄まりつつあるともいわれる。台湾から招聘された華語教員らがシンガポール青年の華語能力の向上を喜ぶ反面、英米留学組の現地教員や英豪から採用されたネイティブの英語教員が、生徒の英語能力の低下を嘆いている話をよく耳にする。

　だが、今もなお高所得・高学歴者の多くは、英語を用いる家庭の出身者で占められており、これらの家庭では、その子ども達に幼少のころから家庭教師をつけて、熱心に英語を学ばせている。その場合、その殆どは華人系かインド系であり、マレー系家庭の英語環境は前者に比べて貧弱である。また、同じ民族内であっても、英語との関わり方によって職種や階層は大きく乖離しており、英語教育による社会的地位の上昇・維持、英語による社会階層の

亀裂といった現実は、今も厳然と存在している。

今後は、現在の能力別の教育制度によって、極めて高度の英語話者と、現地の変種英語である"シングリッシュ"しか知らない低度の話者との間で、英語能力の格差が更に拡大し、残りの大部分の層はその中間に位置づけられていくことになろう。つまり、バイリンガル教育の普及・徹底が、バイリンガル話者を更に細分化していくものと思われる。これらの集団が、将来、シンガポール社会の形成にどのように結びついていくかは、小国ゆえに、国外の経済・政治状況によって、微妙に変化していくことになるだろう。

4 フィリピンにおける英語教育の現状

(1) フィリピン社会における英語使用環境

アメリカの植民地時代に、急速に英語教育が普及したフィリピンは、かつて世界でも有数の英語国であった。しかし、1973年にピリピノ語（タガログ語）と英語を柱としたバイリンガル教育政策が導入されて以来、それまですべての教科が英語で教えられていたのに対して、英語の使用は主として理系教科に限定されることになった。また、地域によっては、小学1・2年段階において、ピリピノ語や英語のほか、アラビア語や地域語を補助的な教授用語として用いることも認められた。

アキノ政権下で定められた1987年憲法において、ピリピノ語は正式に国語と定められ、名称も"フィリピノ語"と規定された。その一方で、「英語は法律によって別に定めがあるまでは公用語である」（第7条）と定められ、公用語としてのその位置づけは暫定的なものとなっている[7]。今後、フィリピン人としてのアイデンティティ形成のためのフィリピノ語教育と、国際人育成のための英語教育の両立が図られていくことになるだろう。

日常の生活場面を眺めると、マニラを初めとする都市部では、英語は今なお広く通じている。しかし、セブノア語圏や農村・島嶼部といった地方を含めて、全国的にみた場合、英語の読み書きができる者は、全国民の半分ほどでしかないといわれる[8]。

反面、近年のフィリピノ語話者の増加は著しく、全国民の8割以上はその

読み書きが可能となっている。フィリピンのエンターテイメントは東南アジアでも有数であり、映画、音楽、大衆雑誌、テレビといった娯楽メディアの影響により、フィリピノ語の話者数は確実に増加する傾向にある。更に、米軍基地の返還などもあって、一般の人々が英語文化に直接ふれる機会も少なくなった。全体として、都市部を除けば、英語はかつての勢いを失いつつあるといえるだろう。

(2) カリキュラムおよび履修の状況

カリキュラム上、教授用語は教科によって区分されているわけだが、実際には、都市部と地方、また公立学校と私立学校の間で、その取り扱いにはかなりの違いが存在する。都市部の学校では、教科の別なくフィリピノ語と英語を混ぜ合わせた形で教授が行われているところが多い。地方では先述のように、授業の効果を上げるために、地域語と英語が、やはりすべての教科で混用されている。ただし、このような授業形態は、主に公立学校でみられるものであり、富裕層の子弟を多く受け入れている私立学校では、その殆どにおいて、英語のみが教授用語として用いられている。

従って、教授法としては、英語科は公立・私立共に、一応、英語を用いて教授する直接教授法（ダイレクト・メソッド）が取り入れられていることになる。だが、先述の３つの国々とは異なり、特に公立学校は、OHPやテープ・ビデオ教材といった視聴覚教材・機器の不足が著しく、プリント類を配布するための用紙や複写機にも困っている状態である。教科書をもたない子どもも多いことから、その授業においては、教員が板書を中心に教授を行い、生徒達はそれを写して、読み上げるといった形が中心となる。それに比して、私立エリート校においては、英語に長けた教員によって、日本でもみられないような豊富な教材や機器、施設を用いての少人数形態の授業が行われている。一部の私立校では、アメリカやイギリスから教科書・教材を取り寄せて、利用している。

(3) 英語教育の問題点

本来、タガログ語という一地域語にすぎなかったフィリピノ語を、国語と

して全国に普及するに当たっては、セブ語圏をはじとする非タガログ語地域で、いまだに反発が大きい。例えば、セブ州では、1995年に、フィリピノ語を教授用語として使用することを禁じて、英語を公立・私立学校の統一した教授用語にするとの条例を公布し、現在も中央との対立が続いている。英語が中立的な位置にあることから、その教育もまた中央と地方の対立に、絶えず巻き込まれやすい状況にあるといえる。

　また、フィリピノ語教育の重視が叫ばれる中、特に公立学校では、英語教育の質が年々低下する傾向にあるといわれる。その一方で、質の高い英語教育は一部の私立エリート校と富裕層に占有されているわけで、既に大きな社会階層に基づく言語間格差が、今後更に拡大するのではないかとの懸念も出されている。

　このような状況を鑑みて、有識者の間では、英語教育を犠牲にし、更には国家と社会の穏やかな統合を損なってまで、フィリピノ語を普及・国語化させるメリットがあるのかという声も多く聞かれる。フィリピンの英語教育とその教育政策は、フィリピノ語の取り扱いや政治的な確執、社会階層の問題とも絡み合って、複雑かつ深刻な様相をみせている。

おわりに

　以上、4か国の英語事情とその教育政策を通観すると、次のような共通点が見出せる。

(1)　日本とは異なり、各国共に初等教育段階から英語教育を開始している。教科目としての英語教育の内容は、概して日本のそれよりも進度が速く、シンガポール、フィリピンにおいては教授用語としても用いられている。

(2)　マレーシア、シンガポール、フィリピン等、英米による植民地支配の経験をもつ国々では、依然として英語は広く用いられている。しかし、70・80年代にかけて、国民統合政策の一環から、民族・地域語の復権、母語教育の振興が図られており、全般的に英語技能の水準は低下傾向にある。

(3)　英語話者の社会的ステータスは今なお高く、英語教育は社会的上昇の

手段として非常に有効である。このような中、英語使用能力とその教育活動は、民族、地域（都市－農村）、社会階層の問題と複雑に絡み合っており、社会的亀裂を生む一つの要因ともなっている。

経済・文化のボーダレス化が更に進展する中、日本においても、英語教育はその開始時期や教育方法をめぐって様々な意見が出されている。東南アジア各国でも、英語と民族・地域語の取り扱い、その教育のあり方が改めて問い直されているといえるだろう。

※以上、タイ、マレーシアの項を手嶋が、はじめに、シンガポール、フィリピン、おわりに、の各項を池田がそれぞれ担当した。

（池田　充裕・手嶋　將博）

注
1）村田翼夫「タイにおける言語教育と教授用語の変遷」村田翼夫（研究代表者）『東南アジア諸国における多言語社会と教授用語－国民統合政策との関連を中心として－』1989～90年度文部省科学研究費補助金（一般研究Ｃ）最終報告書、1991年、11-12頁。
2）Office of the National Education Commission Office of the Prime Minister, Kingdom of Thailand, *Education in Thailand 1998*, 1998, p.47.
3）*Ibid*., p.182.
4）Educational Planning and Research Division, Ministry of Education MALAYSIA, *Education in Malaysia*, 1997, p.6.
5）「アジアニューウェーブ　マレーシアのジレンマ」『読売新聞』夕刊、1994年2月8日。
6）大原始子『シンガポールの言葉と社会　多言語社会における言語政策』三元社、1997年、45頁。
7）渋谷英章「フィリピンにおけるバイリンガル教育政策」村田翼夫（研究代表者）前掲書、70-71頁。
8）大上正直「フィリピンの言語政策」小野沢純編『ASEANの言語と文化』高文堂出版社、1997年、52頁。

第2節　華語教育

はじめに

　今日、世界各地に居住する在外中国系[1]の総数は、およそ2,500〜3,000万人といわれ、東南アジアにはそのうちの約8割が居住している。彼らの多くは、大陸中国南部の沿岸地域からの移民およびその子孫であり、特に大規模な移民が始まった19世紀後半以降、東南アジア各地に定着し居住するようになった。本節では、こうした中国系住民の華語教育の変遷について整理する。
　華語（マンダリン）は、様々な方言をもつ華僑・華人の間で共通語となっている言語であり、中国の「普通話」、台湾の「国語」と同じである。華語教育という場合、華語の教授・学習という意味がまず思い浮かぶが、現実に問題となってきたのは、単に華語の学習機会の有無だけでなく、華語を使って教育を行う華僑・華人学校が制度的に認められているかどうかという点であり、本節では両方を対象とする。
　東南アジアの華語教育は、移民の早い時期から私塾のかたちで開始され、やがてそれは華語を使って普通教育を行う華僑学校へと発展した。華僑学校は、華僑との結びつきを重視した国民党政府の後押しもあり、1930年代には華僑・華人の愛国心教育や政治思想の伝達機関ともなった。第2次大戦中には、相当数の学校が廃校を余儀なくされたが、戦後いち早く復活した。ところが1949年に大陸中国に共産党政府が成立すると、中国共産党と台湾の国民党が各々別個に展開する僑民政策の政治的対立に巻き込まれた。また反共主義をとる居住国政府からは、共産主義勢力の温床とみなされて排斥の対象となった。以下では、本書全体が特に1970年代以降の動向に主眼をおいていることから、まずはじめに各国の華語教育が排斥されてきた1970年代および80年代の動きを概観し、次に1990年代にはいって高まった華語見直しの動きとそれに伴う華語教育の変化をみてみたい。

1 華語教育の排斥(1970年代および80年代)

(1) インドネシア

インドネシアでは、1965年に起きたインドネシア共産党の武装クーデター未遂事件「九・三〇事件」に中国共産党が関与していたとされて以来、反華僑・華人、反中国政策が声高に叫ばれるようになった。1966年に誕生したスハルト政権は、「外国人学校」としての華僑・華人学校を閉鎖し、国立国民学校への入学を促した。また、華語と漢字の使用を禁止した。1967年には、インドネシア政府による「華人問題解決のための基本政策に関する指令」が発表され、経済活動の制限、独自の学校教育の禁止、組織活動の制限等の華人規制が定められたほか、中国に対しても外交関係を凍結した。またそれと前後して、公共の場所や日常生活における華語の使用も全面的に禁止され、華字紙の廃刊も相次いだ。こうした措置により、華僑・華人子弟は国立国民学校に入学することになったが、学校数の不足から華僑・華人生徒をすべて受け入れることができなかった。そのため、1969年から政府の監督を受ける私立学校が新たに設けられ、華僑・華人子弟を受け入れるようになった。同学校では、華語の教授は認められたものの、インドネシア語を教授用語とし、国民学校のカリキュラムに従うという規定が定められたほか、教師はインドネシア市民権をもつ者とし、全校生徒の6割、また各クラスでも最低5割をインドネシア国民とするという規制を設けることで、華僑・華人生徒に偏らない配慮がなされた。更にこの私立学校も、教授用語としての華語の使用や、政府の規定に反する運営ぶりを理由に、1974年にはスマトラですべての私立学校が閉鎖され、翌75年にはインドネシア国民学校に転換された。また同年、インドネシア全土に対して、私立学校の廃止規定が発表された[2]。

(2) タ イ

タイの華僑・華人学校は、従来、私立学校として文部省が定めたカリキュラムを基準とする初等普通教育を行う学校として位置づけられ、中国系学校として特に配慮されてきたわけではない。1948年以来、後述するように1992

年に規制緩和措置がとられるまでは、中国系学校の新設も1校も認められてこなかった。1978年には、同学校における華語教育について、例外的措置として第1学年から第4学年に限り、週5時間以内の特別外国語科目として華語の履修が認可されたが、そこでも文部省認定の教科書の使用が義務づけられた。このほか、華語の履修が正規科目として認められたのは後期中等段階の職業教育学校および高等教育段階に限られた[3]。1980年代半ばには、華語の表記法について文部省が簡体字の使用を認めるという方針を示したが、華語問題に関しての最終決定権をもつ首相直属の国家安全保障会議は、簡体字が中国で使用されているものであるという理由からそれを認めなかった[4]。

(3) シンガポール

シンガポールはもと英領マラヤであり、戦後は一時マラヤ連邦を形成しながら、1965年にマレーシアより分離独立した。独立後、シンガポールはマレー語を国語としながらも、その他、英語、華語、タミル語各言語の平等を基本とし、4言語を公用語としてきた。そして教育の場では、共通語である英語とそれぞれの民族の母語を身につけさせる二言語教育を実施し、当初は英語系の学校と共に非英語系の学校が存在した。ところが、1970年代後半から英語学校への入学者が増え始め、1976年にはマレー語学校が、また1982年にはタミル語学校も消滅した。この間1983年には、翌1984年から87年までの間に非英語系学校の教授用語を段階的に英語にするという政府通達が発表され、これによって言語別学校体系は姿を消し、徹底した能力別編成の下で二言語教育が行われるようになった[5]。こうした施策の背景には政府の強い反共意識があった。例えば、華語を主要教授用語とする高等教育機関「南洋大学」は、マラヤの華人の寄付により1956年に開設されたが、政府は同大学を共産主義者の拠点とみなし、学生の摘発などを行った。その一方、英語教育重視の方策を打ち出し、1975年には南洋大学でも大半の講義が英語で行われるようになった。更に政府は南洋大学の学生をシンガポール大学で学ばせるジョイント・キャンパス制度を導入し、1980年には両大学の「合併」案を発表した。その結果、南洋大学は同年最後の卒業生を送り出して閉校した。翌81年には南洋大学のキャンパスに南洋理工学院が設立された。同学院は91年

に南洋理工大学に昇格したが、教科目の85％は理工系でかつての華語高等教育機関としての南洋大学の性格は残っていない。

(4) マレーシア

マレーシアは1957年の独立以来、国民統合のために国語であるマレー語を主要教授用語とした統一的な国民教育を実施してきた。「1961年教育法」によって中等段階の政府補助学校はマレー語か英語を教授用語とするとされた結果、従来あった華語中等学校は、政府補助を求める以上、マレー語ないし英語学校に転換せざるを得なくなった。転換に応じた学校は英語学校になったが、これらもやがて1970年から始まった英語学校のマレー語学校への転換により1975年以降はマレー語学校に一本化された。こうして政府立の華語中等学校は姿を消したが、マレーシアの場合、特徴的なのは、初等段階については今なお、政府立学校としてマレー語のほか、華語およびタミル語学校が残されている点であろう。東南アジアの中で国民教育の一環として華語を教授用語とする政府立学校が存続しているのはマレーシアだけである。また、中等学校については、政府補助をいっさい受けない私立学校というかたちで華僑・華人学校が存続している。「華文独立中学」と呼ばれるこうした学校は、教育省ではなく、華校教師会や理事会の連合組織を運営母体とし、華人社会からの資金援助のみによって運営されており、華語を主要教授用語とするほか、教育年限についても国民教育の前期中等3年―後期中等2年―大学準備過程2年と異なる前期3年―後期3年制をとっている。また、国民教育で行われる各段階での修了資格試験のかわりに独自の修了試験を実施しているが、政府は同校の修了資格を公認していない[6]。更に高等教育機関については、1960年代末と1970年代末の2度にわたり華語を主要教授用語とする「独立大学」の設立運動を展開したが、1981年に行われた裁判で華人側の設立要求は、特定の民族のための大学となる恐れがあることなどを理由に却下された[7]。

(5) フィリピン

フィリピンでは1973年に、華人の同化を図る目的で政府が華人学校のフィ

リピン化を決定し、1976年には次のような措置がとられた。即ち、①華人学校理事会のメンバーの少なくとも6割はフィリピン市民権を有する者であること、②華人学校の校長を初め教職員は全員がフィリピン公民であること、③華人学校における国外からの華人学生受け入れは全校生徒数の3割までとすること、④カリキュラムは政府の定めたものに従うこと、⑤華語は選択科目とし、授業時間数は1日に100分を越えてはならないというものである。以後、華人学校の学校数は全盛時の165校から1989年には128校に減り、生徒数も徐々に減少した[8]。既に1970年代末の時点で、華人社会内部から華人学校に対して多額の投資を行っているにもかかわらず成果があがっていないことが指摘されている。その理由として、第一に華語学校では歴史、地理、数学、科学を華語で教えているが、華語の学習時間数が制限されている上に、他の教科は英語で行われ、子ども達が華語も英語も十分に身につけられないまま二重のカリキュラムについていけない状況にあること、第二に不十分な教材、第三に教職員の低い待遇と優れた教職員の不足が挙げられている。更に都市部の華校では、ごく一部の華人によって学校の運営が慢性的に行われ、理事会の選挙の形骸化、学校資産の個人所有など地方の華語学校に比べてより閉鎖的な傾向が強いことも指摘されている[9]。

(6) ベトナム

ベトナムでは、1975年の解放後、それまで約120以上あったとされる華人学校は国民教育制度に組み込まれ、中国系住民の国外脱出や中越関係の悪化もあって華語教育は衰退した。1980年には、当時の閣僚評議会が華人へのベトナム語教育の必要性と共に華語学習の権利保障を規定し、それを受けて学校現場では華語クラスが設けられたが、華語教育を担当する教員や教材の不足、および華語教育を希望する学生の減少によって華語教育の復活までにはいたらなかった[10]。

---

2 華語見直しの動き (1990年代)

以上みたように、従来、東南アジア各国の言語政策は、共産主義思想の伝

播・浸透を警戒して華語を軽視ないし形式的な「保存」の対象としかみなしてこなかった。しかし、近年では、改革・開放政策に転じた中国との経済交流の活発化に伴い、ビジネス用語としてその有用性が見直されている。経済交流の中心的担い手は華人であり、彼らが用いる華語の実用性が一挙に高まったのである。特に90年代にはいると、世界経済が将来的発展の可能性が高いと評される中国市場に目を向け始め、東南アジア各国も中国との関係を重視するようになり、華語教育を再評価するようになった。

シンガポールでは、前述のように英語を軸とした二言語主義がとられてきたが、その一方で1979年には華人の方言の排除と伝統文化の保持を目的とした「華語推進運動」(Speak Mandarin Campaign)が始められた。この運動については、あまり成果はみられなかったが、今日では、華語の経済的価値が高まる中で、華語学習の有用性が見直されている。例えば、南洋理工学院（前述）の略称を従来の"理大"から、かつての「南洋大学」の略称であった"南大"にかえるという政府方針が示すように、政府の反共主義は薄れ、華語学校出身者の華人との融和を図ろうとする動きがある。

ベトナムでは、特に1989年以降、経済的需要から華語に対する関心が高まり、多くの民間華語学校が設立されたほか、国立大学における中文科の設立、地方自治体による華語教科書の編纂や教員指導、奨学金の給付、民間華語学校への助成等が実施されるようになった。こうした変化には、1986年以降のドイモイ路線に基づく経済の改革解放政策と中越関係の改善も大きな影響を与えた。

またタイでは、1992年に内閣閣議決定により従来の華語教育に対し大幅な規制緩和措置が打ち出された。それによれば、公立、私立すべての学校において、華語科目開設の認可を得られれば、外国語教育としての選択科目の中に華語が加えられ、従来、華人学校だけで行われていた華語教育は、初等、前期および後期中等各段階を通じて学習可能となった。また華人学校についても、条件さえ満たせば、従来の初等段階に加え就学前教育から後期中等段階まで拡充が可能となり、新設も認められることになった[11]。

更にこうした華語見直しの動きは、これまで一貫して国語であるマレー語を優先した言語政策を進めてきたマレーシアでもみられ、特に1990年代には

いると華語ならびに華人との融和を図ろうとする声が政府内部から聞かれるようになった。マハティール首相は、中国を軍事的、政治的に脅威とみなすことを拒否すると述べた。また、これまでイスラーム原理主義的傾向が強くマレー民族主義者とみなされることが特に多かったアンワル副首相兼蔵相（当時）も、中国伝統の儒教とマレーシアの国教であるイスラーム教には価値観の面で共通点が多いと指摘し、ビジネスのために中国語学習を呼びかけている[12]。1995年3月に開催された公開国際セミナー「イスラームと儒教：文明の対話」では、国際的にはイスラーム文明と中国文明の相互理解を通して国際平和の確立に貢献し、国内的にはマレー系と華人の相互理解に基づく良好な民族関係の推進が目的に掲げられた。これは、東アジアの関係が経済的必要性からより重視されるようになったこと、ならびにマレーシア政府のマレー人と華人の融和政策を反映するものであるという見方がなされた[13]。

こうした政府高官の華人系グループへの融和策には、マレーシア財界への政治勢力拡大を狙う意図もあるといわれるが、徹底して華語を軽視していた従来の政策を考えると大きな変化といえる。具体的には、1996年4月から、初等教育において、2000年をめどにすべての政府立学校で正規教科とする計画が進められ、試験校では華語の授業も選択科目として開始された[14]。また、1996年9月に施行された「1996年教育法」では、従来から懸案となっていた華語国民型小学校のマレー語学校への転換条項が削除され、制度的な存続が認められた。更に、1997年5月には、華人の教育団体が提案した私立高等教育機関「新紀元学院」の設立が認可され、1998年に開校された。同校の認可は、人材育成のための高等教育拡充策の一環という意味をもつと同時に、マレー語と英語を教授用語とする「情報工学」、「経営管理」、「社会科学」に加え、「中国文学」では華語を教授用語とするという点で、華語教育出身者の進学先という意味ももち、かつて「独立大学」構想が民族主義的であるとして認められなかった経緯を踏まえると華語教育における進展といえる[15]。また、1997年6月には、マレーシアと中国との間の教育文化交流を促進する覚書きが正式に締結され、両国間の高等教育機関の研究交流や学生の往来が期待されるようになった[16]。

こうした中でインドネシアだけは依然として従来の姿勢を崩していない。

ストリスノ副大統領（当時）は、いかなる民族もインドネシア国民たろうとするものは同化されるべきであるとし、華人は中華文化と絶縁して初めて模範的なインドネシア国民になれると説いている。実際、今日では30代より若い世代の中に華語を解さず、インドネシア語だけを話す華人が生まれている。

もっとも、人口では3％に満たない華人が経済の7割を握る同国にあって、華人資本が逃避した場合には国家経済に大きな影響が出るため、財界華人とどう折り合っていくかが政治的にも経済的にも重要な戦略となっている。例えば、かつてスハルト元大統領が有力華人と結びつきをもち華人資本を経済開発に活用してきたといわれるのもその例である。

前述の通り1965年の「九・三〇事件」以降とられてきた華語禁止措置についても、1990年の対中関係の正常化以降、若干の変化がみられ、1994年8月には観光分野に限り華語版観光パンフレットの発行、ホテル従業員の短期華語研修等、華語の使用が認められるようになった。この背景には、中国との首脳レベルの往来、華人財閥の対中投資、台湾企業の対インドネシア投資拡大等がある。

3 まとめ——華語教育の変遷と華僑・華人の対応——

以上みたように、東南アジアにおける華語教育や華僑・華人学校の存廃は、国内外の政治情勢を敏感に反映し、特に対中関係のあり方に大きく左右されてきた。小論ではふれることができなかったが、華僑・華人は、中国や台湾にとっての対外僑務政策の対象でもあった。その意味で華語教育の動向は、単に各国内の問題にとどまらず、国際政治の影響を強く受ける。例えば、華人が漢字の字体として、簡体字（主として中国大陸で使用されている）と繁体字（台湾で使用されている）のどちらを用いるかは対中国・台湾との外交関係を反映して政治的に決められている[17]。

また、こうした政治的対応には、華僑・華人自身の判断・選択も関わっており、華語教育の存続には、政府のとる政策と共に、華人の華語教育に対する考え方が大きな決定要因になっている。一つは彼らの実利優先の姿勢である。例えばシンガポールで「華語推進運動」が展開されながらも、若い世代

の華語の語学力低下が嘆かれているのは、人々が英語の利便性を重視し尊重したからである。タイやベトナム、フィリピンにおいても、中国系学校の排斥政策がとられる一方で、華僑・華人の側も華語教育離れを起こした。その背景には、上級学校への進学や就職に際して英語を身につけておくことが有利であることや、三世、四世といった若い世代の間では、国民教育の普及によりそれぞれの国語を母語とする者が着実に増えていることが挙げられる。ここには中国系ということよりも、自らを当該国の国民として意識する華人の現地化がみられる。しかしながら、その一方、華僑・華人には、華語を民族のアイデンティティの象徴とし、民族文化の歴史と伝統を守るために華語を重視すべきであるという立場があることも見落とせない。マレーシアの一部の華僑・華人が、民族の母語を教授用語とした教育を受ける権利を主張し、自分達独自の華語中等学校を運営したり、華語高等教育機関の設立運動を展開したのはその例である。

　更に、華語教育の展開をみる上で重要なのは、東南アジア各国を取り巻く経済状況であろう。1990年代にはいり、中国に対する政治的・軍事的脅威というかつての見方を変化させた各国は、中国および台湾との経済交流の活発化を図るようになった。そこでは、華人の間にある華語を軸とした国際的なネットワーク[18]が注目され、経済的需要に基づく華語再評価の動きが認められるようになった。ただし、そうした動きも今後の経済情勢の変動によって更に変化することも予想される。今日、アジアの経済危機という状況の下では、かつてそうであったように、経済不況や社会不安が深刻化するに伴いその矛先が他民族と比べて経済力を有する華人に向けられるようになっており、他民族との間に様々な軋轢を生み出しているといわれる[19]。このことを踏まえると、好転したかにみえる華語教育をめぐる状況も、今後、更にその動向を注意深く見守る必要があるといえる。

（杉村〔高橋〕美紀）

注
　1）中国系の人々の呼称をめぐっては様々な論があるが、本稿では、今日なお中国国籍を保持し続けている僑民と、居住国の国籍をもつ国民という二つの立場が混在している現状を踏まえ、前者については居住国に仮住まい（僑居）をしている華僑、ま

た後者については華人と表記する。
 2）西野節男「インドネシア華僑と華僑教育」西村俊一編著『現代中国と華僑教育：新世紀に向かう東アジアの胎動』多賀出版、1991年、262-263頁。
 3）鈴木康郎「タイにおける華人系学校政策の動向——規制緩和措置の検討を中心として」『比較・国際教育』第3号、筑波大学比較・国際教育学研究室、1995年、87-88頁。
 4）樋泉克夫『華僑コネクション』新潮選書、1993年、202頁。
 5）池田充裕「シンガポール 教育政策の特徴」綾部恒雄・石井米雄編『もっと知りたいシンガポール 第2版』弘文堂、1994年、184-186頁。
 6）杉村美紀「マレーシアの国民教育政策と『華文独立中学』」日本比較教育学会編『比較教育学研究』第16号、1990年、91-102頁。
 7）Kua Kia Soong, *The Chinese Schools of Malaysia : A Protean Saga*, United Chinese School Committees Association of Malaysia, 1985, pp.150-180.
 8）小萬「華校的改革有待大膽的突破」菲律濱華裔青年連合会編『融合』1990年、182-183頁。
 9）呉勝利「華文教育的三大毛病」および「再談華文教育的毛病」洪玉華・蔡麗麗編『十字街頭：菲華社会文集』1988年、47-49頁および53-54頁。首都マニラ、特に中華街にある華僑・華人学校は、他の地域の学校に比べると教育水準が高いといわれる。マニラでは家庭でも学校でも福建語が日常的に使われており、マニラの華人教育の特徴として福建語の教育に力を入れるべきであるという意見がある。
10）今村宣勝「ホーチミン市における最近の華人事情」『外務省調査月報』1995年度、No.2、1995年、122-123頁。
11）鈴木康郎、前掲論文、88-89頁。
12）「対華僑『2つの顔』」『産経新聞』1995年1月30日付夕刊、および「東南アジアの華人明暗」『朝日新聞』1995年1月30日付夕刊。
13）上杉忠之「イスラームと儒教の対話：多民族国家マレーシアにおける新しい民族関係の模索」『民族学研究』第60巻2号、日本民族学会、1995年、157頁。
14）「マレーシア『華語』正式教科に」『読売新聞』1996年4月16日付。
15）教育部私立教育局「新紀元学院批准信」1997年、ならびに馬来西亜董教総教育中心有限公司『新紀元』第2期、1997年。
16）「馬中簽教育諒備忘録」『星洲日報』1997年6月21日付、および「華社全力支持馬中教育備忘録：有利華教発展」『南洋商報』1997年6月22日付。
17）田中恭子「東南アジア華人と漢字文化」『国際交流』78号、1998年、33-39頁。
18）游仲勲『華僑は中国をどう変えるか：未来の「資本主義」大国の行方を探る』PHP研究所、1993年、220頁。
19）For Indonesia's Chinese, Caution is the Watchword, *International Herald Tribune*, Tuesday, February 3, 1998.

第3節　イスラーム教育

はじめに

　東南アジアの中で最大のムスリム（イスラーム教徒）人口を抱える国はインドネシアである。総人口は2億人を越え、その中の約90％がムスリムであり、一国として最大のムスリム人口を抱える国でもある。マレーシアとブルネイもムスリムが多数派を占める。国の人口規模はマレーシアが約1,900万人、ブルネイが約27万人であり大きく異なるが、それぞれ全人口の53％（約1,007万人）、69％（約18.6万人）をムスリムが占める[1]。

　これら3か国以外の東南アジア諸国においてはムスリムは少数派である。フィリピンはカトリックが、タイは仏教が宗教的に圧倒的な多数派であるが、フィリピンでは約459万人（人口の7％）、タイは約233万人（人口の4％）のムスリムを抱える。その他にもミャンマー（ムスリムは約155万人で人口の3.6％）、シンガポール（ムスリムは約53万人、18.3％）、カンボジア（約22万人、2.4％）にもムスリムがマイノリティとして生活する[2]。ASEAN（東南アジア諸国連合）10か国全体では人口は4億6,315万人を数え、その人口の約40％がムスリムである。

　フィリピンは南部地域にムスリムが多く、タイのムスリムも大半は南部地域に住むマレー系ムスリムであるが、タイ北部には中国系ムスリム、バンコクには民族的に多様なムスリムも居住する。フィリピン、タイ両国の南部地域は、現在のマレーシア、インドネシアと地理的に繋がっている。文化的にも共通する部分が多く、歴史的には国境とは関係なくムスリムが行き来してきた地域でもある。植民地支配の経緯や宗主国の違い、その後の独立と国家形成の過程でその繋がりが国境によって分断されたという歴史をもつ。フィリピン南部やタイ南部ではこれまで分離独立運動が激しく展開された時期も

あった。しかし、現在では、フィリピン南部で散発的にゲリラによる人質事件等も起きているが、分離独立運動自体はほぼ終息している。中央政府による統合政策が進められ、国家の枠内でのムスリムの政治参加と社会進出が図られてきた。

東南アジア地域では開発政策が推進され、近年、急速な経済発展を遂げてきた。しかし、経済発展と近代化はムスリムにとって必ずしも世俗化を意味せず、逆にムスリムとしてのアイデンティティが近年強まる傾向がみられる。特に1979年のイラン革命以降はイスラームの信仰を純化・深化させようとする運動が東南アジアにも波及した。人々のイスラーム・アイデンティティの強化に応えるかのようにマレーシアやインドネシアではイスラームの制度化が進められ、国民教育制度内部のイスラーム的要素が強められてきた。また、タイやフィリピンのようにムスリム・マイノリティを抱える国でも、ウンマ（イスラーム共同体）が国家を越える性格をもつことを警戒して、ムスリムに対する教育機会を改善し、国家内でムスリムの社会進出を促進する政策が取られている。

1 伝統的なイスラーム教育と近代学校

イスラームは唯一なる神アッラーに対する絶対的な服従を意味する。そして、イスラームにおける教育の源泉はコーラン（クルアーン）である。コーランは預言者ムハンマドに神アッラーから下された啓示であり、人々はそれを記憶し、第3代カリフ・ウスマーンの時に正本として収録された。ちなみにコーランはもともと「読誦されるもの」を意味し、声を出して朗々と読むことが特に重要とされる。

イスラームの教育は成人に対しても児童に対してもコーラン朗誦から始まった。最初はモスクが教育の拠点であったが、後に児童の教育の場はクッターブとしてモスクから分離した。ムハンマドの死後、コーランと共にムハンマドの慣行（スンナ）が法判断の材料として重要視され、ハディース（ムハンマドの言行に関する伝承）の収集が熱心に行われた。ハディースを集めるために旅をしたのがイスラームにおける学的探究の原型とされる。イスラームの教

第3節 イスラーム教育　197

育の場は、個人がムスリムとして生きることを学ぶ基礎的なレベル（クッターブ）と、それに続くより高度なイスラーム諸学を学ぶ高等レベル（マドラサ）に分かれ、マドラサの制度はイスラーム世界の拡大と共に発展した。法学の体系化とウラマー（イスラーム学識者）の需要に応えてマドラサの整備が進められ、高等教育機関としての位置づけが与えられた。しかし、マドラサの制度が確立されてもなお、イスラームの教育は師の個人的な学識による傾向が強く、諸学の探究のために人々は各地を遍歴し高名な師について学んだ[3]。

　こうした基本的な学習形態は東南アジアにおいても同様にみられた。コーラン学習とキターブ（イスラームの教義書および注釈書）の学習という二つの段階に分けられ、前者はプンガジアン・アルクルアーンと呼ばれた。そこではコーランの意味を理解することよりも、むしろアラビア語で正しく朗誦することと暗唱することに重点がおかれた。コーランの朗誦と共に、礼拝を初めとするイバダート（信仰実践）やアフラック（イスラーム道徳）等を教わった。後者のキターブの学習はポンドックやプサントレンと呼ばれる寄宿塾で行われるのが一般的であった。あるウラマーの名が広く知られるようになると、生徒達が遠方からも集まり、その師の家のまわりに粗末な小屋（ポンドック）を建てて寄宿して学んだ。マレー半島部ではポンドック、西スマトラではスラウ、ジャワではプサントレンと呼ばれる組織はこうして作られ、教育機関というよりもむしろ、イスラーム学習のコミュニティとしての性格をもった。主宰者はマレー半島部ではグル・ウガマ（宗教導師）、ジャワではキヤイと呼ばれた。

　ポンドックやプサントレンでは、フィクフ（イスラーム法学）、タウヒード（イスラーム神学）、タサッウフ（イスラーム神秘主義）の三つが主要な学習分野であった。そこでは生徒の主体的な学習と自己管理が基本にあり、グル・ウガマやキヤイがカリキュラムを独占的に組織し提供したわけではない。入学要件や年限・卒業資格も定められず、生徒は何時入っても何時出ていってもよいという自由でルースな学習の場でもあった。主宰者にはそれぞれ専門的な学問分野があり、高いレベルの学習を目指す生徒はプサントレンを遍歴して学んだ[4]。生徒の移動・遍歴が地域間での情報交換と人的な交流に貢献し、プサントレン相互間のカリキュラムの標準化に導いた。

東南アジア地域においてイスラーム教育に近代学校制度が取り入れられるのは、20世紀初めになって、植民地政府による近代学校の拡大に対応する必要に迫られてからである。他方、中東地域からイスラーム改革思想が伝えられ、新たな法判断(イジュティハード)の必要性、歴史や社会に関する批判的な認識の重要性と共に、伝統的なイスラーム教育を近代学校におきかえることが改革派によって主張された。これに対して伝統派も、例えばインドネシアのジャワで組織されたナフダトゥール・ウラマを初めとして、学校制度の導入に取り組んだ。しかし、それはイスラームの改革思想を取り入れるのではなく、生徒数の増加、アラビア語文法学習の整備、更に普通教科の導入等に対応したものであった。マレー半島部でもイギリスによる「保護」を受けた各ネグリ(土侯国、現在の州)のマジュリス・ウガマ(イスラーム評議会)がイスラーム近代学校設置に積極的に動いた。マドラサ(イスラーム近代学校)は、植民地支配に伴って拡大された近代的な一般学校(スコラ)に対抗すると共にそれを補完する役割も担った。こうした経緯が独立後の一般学校とイスラーム学校の二元的な制度と対抗関係につながっていく。

2 独立後の国家形態とイスラーム教育の位置づけ

① マレーシア

マレーシアは13の州から成る連邦制国家であり、典型的な多民族国家として知られる。民族別構成比ではブミプトラ(マレー系およびその他の先住民族)が約59%、中国系約26%、インド系約7%他(1998年現在)であり、ブミプトラの大半がムスリムである。しかし、州あるいは地域によって民族構成および宗教別人口構成は大きく異なる。半島部の北部東海岸のクランタン州では、マレー系ムスリムが圧倒的多数を占めるのに対して、サバ州とサラワク州ではマレー系ムスリムは一転してマイノリティとなる。イスラームを公式宗教とし、13州の中の9州が国王(スルタン)を戴く。連邦国王(ヤン・ディプルトア・アゴン)は各州(ネグリ)の国王が順に5年任期で務め、連邦のイスラームの長として、また国王不在の州に対してもイスラームの長としての務めを果たす。イスラーム教育に関する権限も基本的には州が握っており、教育省の

学校制度とは別に州のイスラーム関係局の下に州立および民間のイスラーム学校が多数存在している。

1970年代初めからはマレー系および先住民を優遇する「ブミプトラ優遇政策」が進められてきた。その恩恵に与る「マレー人」の法律上の定義としては、マレー語を話し、マレーの慣習に従い、イスラームを信仰するという条件が示されている。公式宗教としての位置づけから、学校のカリキュラムの中にもイスラームの宗教教育が正式に教科としておかれ、ムスリムの生徒は必修である。ムスリム以外の生徒はその授業を受けなくてよいが、その代わりに道徳教育が必修である。道徳教育の内容としては、普遍的とされる16の純粋な価値が定められている[5]。それは各民族グループの宗教・伝統・慣習に基づくとされるが、イスラームの価値が色濃く反映されている。

② インドネシア

インドネシアは単一の共和国で、地域的な広がりや人口規模の点でマレーシアよりはるかに大きい。言語や宗教の点で、また文化的・民族的にも多様性に富んだ地域である。宗教に関してはムスリムが90％近くを占めるが、地域により宗教別の構成比は大きく異なる。バリ州のようにヒンドゥー教徒が圧倒的多数を占める地域、また東ヌサテンガラ州やイリヤン・ジャヤ州のようにカトリックあるいはプロテスタントが多数派を占める地域もある。他に北スマトラ州、北スラウェシ州、マルク州等ではイスラームとキリスト教の信者の割合が拮抗している[6]。また、人口稠密なジャワから他の島への移住政策が進められ、ジャワ人ムスリムの入植によって地域における宗教間のバランスが大きく変化したところもある。

インドネシアは国家原理としてパンチャシラ（国家五原則）が定められ、その第一原則として唯一なる神の信仰が掲げられている。それはイスラームに限定するものではなく、五つの宗教、すなわちイスラーム、カトリック、プロテスタント、ヒンドゥー、仏教が公認されている。信仰の自由も1945年憲法において規定され、無信仰は認められず、国民は五つの公認宗教のいずれかを信仰しなければならない。こうした規定に基づいて、学校においても宗教教育が必修教科としておかれ、生徒は五つの宗教に分かれてそれぞれの宗教の授業を受ける。それは良き信者に育てるための教育であり、単に知識と

して宗教が教えられるわけではない。また、宗教省がおかれている点に特徴があり、国民教育省(旧名は教育文化省)の学校(スコラ)とは別にイスラーム学校(マドラサ)の制度が存在する。一般学校における宗教教育とイスラーム学校については基本的に宗教省が管轄する。マレーシアのケースとは異なる形態だが、二元的な学校制度が形成され、一般教育とイスラーム教育の管轄が異なる点では共通している。

③ フィリピンとタイ

フィリピンはキリスト教徒が90％以上を占め、アメリカ流の政教分離に基づく世俗国家である。1960年代から多くのキリスト教徒農民が北部から南部のミンダナオ島に入植し、次第に同地域ではキリスト教徒が数の上でも政治的にも優位になっていく。マイノリティとしてのムスリムは政治的・経済的により一層不利な状況におかれたという意識を強め、1970年にモロ民族解放戦線(MNLF)が結成され、激しく分離主義運動を展開した。武力衝突の拡大によって内戦状態となり、1977年にはリビアを仲介に政府とMNLFとの間に一時は停戦協定が結ばれたが紛争は終結せず、ようやく1996年の和平協定によって分離闘争に終止符がうたれた[7]。公立学校では長年にわたるカトリックの要求の結果、選択的宗教教育という形態で宗教教育が行われている[8]。他方、南部地域にはマドラサおよび私立のイスラーム学校が設置されている。伝統的なマドラサでは宗教教育しか提供されないが、私立のイスラーム学校では宗教教育の他に一般教科も提供されている。私立のイスラーム学校は1980年代以降に設置されたものが多い。

タイは仏教徒が多数を占めるが、信教の自由が憲法で保障されている。第2次大戦後、イスラームに関する管理統制機構が整えられ、南部地域に限っては相続等の民法におけるイスラーム法の適用などの施策も取られてきた。南部のマレー系ムスリムの分離運動が盛んな時期もあったが、今はタイ・ムスリムとしての統合が進められつつある。伝統的なイスラーム寄宿塾ポーノも1960年代後半から私立イスラーム学校への改編が進められた。また、1970年代半ばまでイスラームに対する配慮がみられなかった南部地域の公立小学校においても、1976年に課外教科としてイスラーム教育が導入され、1981年には正規の必修教科となった。更に1982年からは中等教育段階でも自由選択

教科としてイスラーム教育が提供されるようになっている[9]。

3 イスラーム教育の改革

(1) 伝統的なイスラーム教育の改革

ポンドック・プサントレンと呼ばれる伝統的なイスラーム教育組織は、インドネシアで現在なお大きな影響力を保持している。伝統的な形態を守っているところから、一方では改革を推進し、マドラサはもちろん一般学校（スコラ）や大学をも備え、総合的なイスラーム学園と呼ぶにふさわしいところもみられる。それに対してマレーシアのポンドックは衰退に向かい、青少年の教育機関として機能している所は数少なくなっている。ポンドックの発展と衰退には、人口規模と分布の違い、経済的な要因と共にかつての植民地行政のあり方も少なからず影響を与えている。マレー半島部におけるイギリスの植民地支配は各土侯国との間に保護条約を結ぶことによって拡大した。宗教と慣習を除く一般行政に関してイギリス人駐在官の助言に従うことになったが、国家の行財政基盤を整備することによって宗教に関するネグリ（土侯国、現在の州）の権限を強化することにつながった。ネグリが宗教教師や宗教行政担当者の養成に直接関わったことによって、民間のイスラーム教育機関の発展を抑制したともいえる。しかし、ポンドックの発展はみられなかったものの、マレーシアでは州立および連邦教育省の宗教中等学校が整備され、寄宿舎が整えられているところが多い。そこでは学校の授業時間外に課外活動としてポンドック的な要素が導入されている例もある。

それに対してインドネシア、特にジャワではポンドック・プサントレンは自立的な発展を遂げてきた。植民地政府による援助を受けず、規制には抵抗し、自立するために権力からは距離をおいた。独立後は国民教育制度の発展に対応して、前述のようにマドラサやスコラを整備したり、あるいは内部に学校は設けないが、寄宿生が昼間、外の学校に通うなど外部の学校との連携を図る方向も模索されてきた。また、農村にあって自らの存立基盤を強化するために、様々な生産活動を行ったり環境改善に積極的に取り組むところも多く、政府はそうした活動に対して補助を与えて、職業技能の習得を強化さ

せようとしてきた。インドネシアでは近年、ポンドック・プサントレンは増加傾向にある。ポンドック・プサントレン側の改革努力と共に、一般学校が果たしえない機能の再評価や、イスラーム教育全般への関心の増大、経済発展に伴って裕福なムスリムが増加したことなどが要因として指摘される。

タイの伝統的なイスラーム寄宿塾ポーノ[10]については1961年から自発的に登録を行わせ、1965年からは私立学校としての登録を義務づけた。更に1968年に社会科とタイ語の授業が義務づけられた。1970年代には、私立イスラーム学校は、文部省制定の普通教科と職業教科を教えると共に、国民意識の強化が図られた。その結果、伝統的な学習内容とタイの授業内容との折り合いをいかにつけるかで、ポーノの対応は様々に異なり、寄宿舎を備えたイスラーム系私立学校として整備が進んだところから、伝統的な学習を維持しているところまで多様である。しかし、インドネシアのような独自の教育組織としての発展にはつながっていない。

(2) 一般学校とマドラサ——イスラーム教育のカリキュラムをめぐって

マドラサの改革はカリキュラムの標準化と国家の影響力の増大に特徴づけられる。一般教科の割合が増加し、また職業技能に関する教育も加えられた。インドネシアでは1994年にカリキュラム改訂が行われ、マドラサにおける一般教科と宗教教科の割合がそれまでの70対30から80対20に改められた。マドラサは「イスラーム的な性格をもつ一般学校」として位置づけられた。イスラームに関する授業時間数が一般学校よりやや多いといった違いだけになったが、課外でイスラーム活動を設けたりイスラーム的観点から教育内容が取り扱われるというメリットがある。同じ1994年に9年制義務教育の実施も宣言されたが、その実現には一般学校としての私立マドラサの拡充が鍵ともなっている。他方、国立イスラーム宗教大学(IAIN)に進学したり中東の大学に留学するためには、一般学校化されたマドラサでは準備教育として不十分なため、特別に宗教イスラーム高校 (Madrasah Aliyah Keagamaan) が設置されている。そのカリキュラムは一般教科と宗教教科の割合が50対50である。国連開発計画 (UNDP) の援助によるパイロットプロジェクトとして高校段階のマドラサに職業訓練が導入され、イスラーム開発銀行の借款で全国的に展開

されつつある。

マレーシアにおいてはイスラーム教育に対する連邦教育省の関与が増大してきた。1970年代初めに連邦教育省内にイスラーム教育課が設置された。更に1977年にはイスラーム宗教学校に関する調査が行われ、州および民間によって運営されていた150校の宗教学校を連邦教育省に移管することが提案された。しかし、当初は州側での抵抗が強く、11校が移管されたにとどまった。教育省に移管された学校は宗教国民中等学校 SMKA (Sekolah Menengah Kebangsaan Agama[11]) となり、その後の新設も含めて、1996年末までに SMKA は50校まで増加した。また、後期中等段階の選択教科群にイスラーム関係教科が位置づけられ、試験評議会による統一試験にもイスラーム関係の教科が導入された。一方、州立および民間のイスラーム宗教学校における内容の標準化と質の向上を図るために1983年に「イスラーム教育調整のための諮問委員会[12]」が設置された。同諮問委員会によって示された新カリキュラム（案）では、宗教に関する科目はコーラン学習、ハディース、シャリアー（イスラーム法）学の3教科で週に16時間、アラビア語の8時間を加えると計24時間となる。宗教関係科目の割合からみればインドネシアの宗教イスラーム高校に近い。また、一般の学校と同様に生活技能に関する教科もカリキュラムに含まれている。

南タイでは前述のようにポーノの登録を義務づけて成立した私立イスラーム学校が存在する。他方、一部の国公立中等学校において1982年から前期中等段階で、1984年から後期中等段階でイスラーム教育の授業が導入された。しかし、その授業は社会科グループの自由選択教科として設けられたもので、全授業時数の数パーセントにすぎない。そのため、小学校から中学校への進学において、本格的なイスラーム教育を望んで、国公立中等学校よりも私立イスラーム学校に進む者が多いという。

(3) **基礎的なイスラーム学習の整備**

インドネシアでは一般学校に通いながら、午後は宗教マドラサ（マドラサ・ディニヤー）や伝統的なプンガジアン・クルアーン（コーラン学習）でイスラーム学習を補うという形態が珍しくない。近年では特に就学前および初等段階

におけるイスラーム教育への関心が増大してきた。宗教省が管轄するイスラーム幼稚園ラウダトゥル・アトファルが増加しただけでなく、コーラン幼稚園TPA (Taman Pendidikan al-Quran) もイスラーム組織によって各地に設置されてきた。

マレーシアでは小学校レベルの基礎的なイスラーム学習が近年整備されつつある。1988年にはイスラームの基礎的な学習（KAFA: Kelas Al Quran dan Fardhu Ain）に対する政府の財政的補助が決定された。KAFAはムスリム個々人の義務に関する学習であり、小学校1年から6年の生徒に対して与えられ、内容はコーラン朗誦、シャリアー（イスラーム法）学、イスラーム倫理、預言者伝、アラビア語、およびジャウィ（アラビア文字表記のマレー語）とアラビア文字の能書（カリグラフィ）から成る。

タイでもタディカー（Tdika）と呼ばれるイスラーム教育施設があり、小学校段階の子どもは放課後や休校日にそこでイスラーム学習を補ってきた。タイ政府は小学校にイスラーム教育を導入することによって、学校教育への関心を高め、間接的にタディカーの弱体化を図ろうとしてきた。しかし、その後もタディカーへの関心は失われず、南部タイではタディカーの数がイスラーム教育を実施する小学校の数を大きく上回っているという。1997年にタディカーの存在が制度的に認められ、学校外の宗教教育施設として文部省宗教局の下に監督・助成が行われるようになった[13]。

(4) イスラーム高等教育

20世紀初めからエジプトのアズハル大学への留学が増加し、彼らによって東南アジア地域にイスラーム改革思想が広められた。近年においても中東留学を通してイスラーム改革思想にふれ、帰国後に政府に対して批判的な姿勢をとる者も少なくなかった。ナショナルなアイデンティティよりも国家を越えるウンマ（イスラーム共同体）を志向し、国外のムスリムとの連帯意識をもつ傾向もある。タイ南部やフィリピン南部でのムスリムの分離独立運動においてもそうした影響がみられた。アズハル志向は今も根強く、マレーシアの州立イスラーム学校はアズハル進学を目的としたカリキュラムを編成している所が多い。他方で国内の進学資格との関係もあり、アズハルのカリキュラム

と教育省のカリキュラムの折衷が典型的である。アズハルの下級段階を国内で行い、アズハルの上級段階に留学できるようなプログラム（トゥウィニング・プログラム）までおかれている。一方、インドネシアでは地域差が大きく、ジャワではプサントレン独自の伝統が強いためにアズハル志向がさほど強くないのに対して、南スラウェシなどでは中東留学を目的としたカリキュラム編成が主流である。

インドネシアでは1960年代から1970年代にかけて国立イスラーム宗教大学 (IAIN) が次々と開設された。一般の高等教育機関の拡大に対抗すると共に、イスラーム学校教師や判事、イスラーム行政担当官等を養成する必要に応えるためであった。一般のプログラムは国民教育省（旧教育文化省）の管轄であるため、国立イスラーム宗教大学にはアダブ（イスラーム文学）、タルビヤー（イスラーム教育）、シャリアー（イスラーム法）等イスラーム関係の学部しかおかれていない。イスラーム宗教大学の質的な向上を図るには教員の修士・博士学位取得を進めるだけではなく、西洋の学問の方法を学ぶことが必要と考えられ、1970年代からIAIN教員の欧米留学が推進されてきた。一般学部を備える国立イスラーム総合大学の設置には、従来の管轄の面から大きな壁があるが、まずはイスラーム宗教大学教官の資質向上を通して展望を開くという側面もあろう。

マレーシアにおいてもイスラーム高等教育機関の設置は大きな課題であった。1970年代になってイスラーム・カレッジがマレーシア国民大学のイスラーム研究学部に統合された。また、一般の学校のイスラーム宗教教育担当教師を養成するためにイスラーム教員養成カレッジ (Maktab Perguruan Agama Islam) が設置された。しかし、州立のイスラーム中等学校の教員は中東留学組が主流で、依然としてアズハル志向が強く、中等学校のカリキュラムもアズハル進学を目的とする性格が保たれている。しかし、政府派遣の中東留学に関してはアズハルよりも、カリキュラムが整備され短期間で学位を取得できるヨルダンの大学への留学が増加している。また、マレーシアで注目されるのは1982年に国際イスラーム大学[14]が設立されたことである。会社法によって設立された大学で、アラビア語と英語を教授用言語とし、教授陣・学生の構成共に国際的な性格を強くもっている。そこでは宗教と世俗という知

識の二分法を越えて、イスラームの下に諸学問を統合しようとする「知識のイスラーム化」に向けての努力が行われている。

4 ムスリムの社会進出と教育改革

　インドネシアでもマレーシアでも以前からムスリムがマジョリティであったにもかかわらず、敬虔なムスリム層はマイノリティとしての意識が強かった。しかし、経済発展とムスリムの社会進出、国家によるイスラームの制度化によって、ムスリムは名実ともにマジョリティとしての意識と自信をもつようになった[15]。もはや、ムスリムの教育はイスラーム教育機関に限られるわけではない。インドネシアでもマレーシアでも一般の総合大学で学ぶムスリムが増加したし、中等教育段階でも一般の学校に敬虔なムスリム層の子弟が多く学んでいる。一般の大学におけるイスラーム学習サークルの活動が大きな影響力を及ぼすなど、一般学校への進学者の増加はイスラーム離れを意味するものではない。こうした動きと共に、イスラーム教育と一般教育という二元的なシステムの境界が次第に明確ではなくなり、イスラーム的な一般教育というカテゴリーが作られつつある。

　タイやフィリピンのようにムスリム・マイノリティを抱える国でも、ムスリムに対する国民教育を強化すると共に、ムスリムに対する教育機会の拡大が図られてきた。タイでもフィリピンでも中等段階で国民教育制度を拡充し、国民としてのアイデンティティの強化を図る一方で、大学にイスラーム関係の学部や研究組織を設置するなど国内のイスラーム高等教育の機会を拡大する方策が取られている。ムスリムの政治的発言権を保障し、イスラームに関する事柄に一定の自治を認めるという方向も示される。ムスリムに対する強行な統合政策がかえって、国家を越えるムスリムの絆を強化してきたことに対する反省でもあろうか。イスラームの制度化と、教育を通してのムスリムの社会進出を図るという政策が、東南アジアのイスラーム教育を今後のどのように変えていくのであろうか。

（西野　節男）

注

1) 『ASEAN 諸国におけるイスラムの政治、経済への影響：日本の ASEAN 理解の促進』日本国際フォーラム、1997年3月、6頁の表1参照。
2) 同上書。
3) イスラーム教育の歴史的な発展に関しては黒田壽郎編『イスラーム辞典』東京堂出版、1983年の「教育」の項目（237-255頁）が概説としてわかりやすい。
4) インドネシアのポンドック・プサントレンに関しては、西野節男『インドネシアのイスラム教育』勁草書房、1990年に詳しく記述されている。プサントレンの活動の歴史的な実態については、サイフディン・ズフリ、山本春樹・相馬幸雄訳『プサントレンの人々―インドネシア・イスラム界の群像―』井村文化事業社、1993年、インドネシアのイスラームと地域性についてはタウフィック・アブドゥラ編、白石さや・白石隆訳『インドネシアのイスラム』めこん、1985年が興味深い。
5) マレーシアの道徳教育とイスラームの関係については、西野節男「マレーシアにおける教育改革とイスラーム化政策―価値多元化への対応をめぐって―」日本教育学会編『教育学研究』第64巻第3号、1997年、36-45頁。
6) インドネシアの州別宗教別人口については、『インドネシア・マレイシアにおけるムスリム・アイデンティティーと中東地域の人的・経済的関係に関する調査研究』アジア社会問題研究所、1998年、16頁。
7) 『ASEAN 諸国におけるイスラムの政治、経済への影響』（前掲書）、76-81頁。
8) フィリピンの任意選択制宗教教育については、市川誠『フィリピンの公教育と宗教』東信堂、1999年。
9) 南部タイの公立学校におけるイスラーム教育については、鈴木康郎「南部タイの国公立小学校・中等学校におけるイスラーム教育の試み」日本比較教育学会編『比較教育学研究』第25号、1999年、97-115頁。
10) ポーノについては、小野沢正喜「国家とエスニシティ―南タイのマレー系イスラム教徒における宗教と教育」『文化人類学2』1985年、46-61頁。
11) Rosnani Hashim, *Educational Dualism in Malaysia: Implications for Theory and Practice*, Oxford University Press, 1996, p.69.
12) *Ibid.*, p.70.
13) 鈴木康郎、前掲論文、109頁。
14) 国際イスラーム大学については、杉本均「高等教育における科学と哲学：アジア・イスラム社会の視点―その2―」『京都大学高等教育研究』第2号、1996年、165-183頁。
15) インドネシアにおけるイスラームの主流化については、中村光男「インドネシアにおける新中間層の形成とイスラームの主流化」萩原宜之編『講座現代アジア3 民主化と経済発展』東京大学出版会、1994年、291-306頁。

第4節 キリスト教教育

1 東南アジアへのキリスト教の到来と
キリスト教ミッションの教育活動

　東南アジア地域にキリスト教の影響は、古くは7世紀にさかのぼる。ヨーロッパにおいて異端とされたネストリウス派が、ペルシャ、中国、インドを経て、スマトラに到達し、教会や修道院を設立したとされている[1]。
　ただしキリスト教の伝道活動が本格的に展開されたのは、大航海時代の16世紀にいたってからのことであった。マレー半島からインドネシア諸島にかけては、1511年のポルトガルによるマッラカ征服と共にカトリックの司祭が到来し、現在はインドネシアであるマルク、スラウェシ、ティモールへと、ポルトガルの支配が拡大するにつれて、カトリックの伝道が進められた[2]。また、フィリピンには、1521年にマゼランの遠征隊に加わった司祭が到来していたが、キリスト教の布教が本格化したのは1565年のレガスピの遠征隊による植民地化以降のことであった[3]。一方、タイでは1554年にシャム王の衛兵として駐留したポルトガル兵士のために二人の宣教師が渡来したのがキリスト教との初めての接触であった[4]。
　カトリック・ミッションは教育事業にも着手した。マレーシアでは1548年にイエズス会のミッションスクールが設立され[5]、タイでは17世紀後半にアユタヤにセミナリーが設立された[6]。またフィリピンでは17世紀前半にサント・トマス大学を初めとする中・高等教育機関が開設された[7]。しかしながら16～18世紀にかけてのキリスト教教育は、東南アジアの教育に対する影響という側面では限定的なものであったといえよう。それは以下のような背景による。
　まず第一に、この時代の植民地政策とキリスト教ミッションの関係がある。

キリスト教ミッションの活動は植民地政策の展開に左右されていた。東南アジアの植民地支配はポルトガル、スペインといったカトリックが優勢な国によって開始され、初期にはこれらの諸国の植民地支配とキリスト教の宣教が一体となって進められた。しかしながら、植民地権益をめぐる戦いの結果、オランダ、イギリス等が支配を確立するにいたり、プロテスタント勢力がカトリックに代わる力をもつようになった。また、東インド会社による商業交易を基盤とする植民地支配においては、キリスト教ミッションとの利害が対立するという事態も生じ、布教が許されたとしても植民地政府の支援は期待できず、場合によっては布教活動の制限が課されることもあった。例えば、16世紀のインドネシアでのカトリック教会はポルトガルの権勢を後ろ盾にしての拡張が進められたが、1605年にポルトガルがオランダに敗れたことによりカトリック宣教師は追放され、オランダ東インド会社がインドネシアにおける権益を独占した。そして、オランダ東インド会社は、キリスト教ミッションの布教活動がその商業交易の利益に矛盾することから、必ずしも積極的な姿勢を示してはいなかった[8]。

次に、フィリピンを除いてイスラームや仏教等の既存の宗教が根づいており、人々がキリスト教に改宗する可能性は必ずしも高くはなかった点が考えられる。タイにおいては、国王によってキリスト教の布教に対する許可が与えられたものの、フランスの宣教会が国王自身の改宗を試みたが失敗に終わり、大多数が仏教徒であるタイ社会での伝道活動が円滑であったとはいい難い。マレーシアやシンガポールでも、マレー系はイスラーム、中国系は仏教や儒教、道教、インド系はヒンドゥー教という民族集団毎に宗教の色分けがなされており、キリスト教を普及する余地は少なかった。

ただし、フィリピンでは、土着の信仰を信じる小さな部族集団によって社会が構成され、植民地支配とキリスト教に対抗する勢力が比較的弱かった。更に、19世紀末までスペインの支配下にあった。このような背景から、フィリピンは現在でもとりわけカトリックが優勢な、アジアにおける唯一のキリスト教が支配的な国家となっているのである。

以上は、キリスト教の布教そのものの限界性に起因するものであるが、キリスト教教育という側面からは更に以下の点が考えられる。一つには、キリ

スト教ミッションの東南アジア進出は、この地域における布教を目的としていた一方で、キリスト教信徒である植民地統治者のためのものでもあった。従って、キリスト教の教育機関の数は少なく、あくまでもキリスト教信徒の子弟、即ち植民地統治者の子弟および数少ない改宗した現地のキリスト教徒の子弟を対象としていたにすぎない。また、布教活動は主として外国人教師によって行われ、現地人の聖職者養成という面においても十分な機能を果たしているとはいえなかった。更に、当時の植民地教育政策は、植民地の現地人に対して広く教育の機会を普及するというよりも、一握りのエリートに教育を与え、植民地支配の現地人官吏を養成することに主眼がおかれていた。即ち、キリスト教教育機関の役割は植民地支配に役立つ人材養成に限られていたといえる。

2　ミッションスクールの発展

このように、キリスト教教育の影響力は数少ないキリスト教徒に限られる傾向が続いていたが、19世紀になると、相次いでキリスト教教育機関が設立され、他宗教の信徒の子弟が就学する現象もみられるようになる。1819年にはマレーシアのペナンにメソジスト派の学校が開設され、シンガポールでも、ロンドンのミッショナリー協会や、カトリック、メソジスト派が教育活動を活発化した。イギリス統治政府はキリスト教ミッションの教育活動について自由放任の姿勢をとったが、植民地支配の方針に沿う場合にはその活動を支援し、反する場合には規制を加えた。この時代のミッションスクールには他の宗教の信徒の子弟も通学するようになっていたが、イギリス統治政府は植民地社会の既存の宗教との関係については非常に敏感であり、「キリスト教儀式への出席を生徒に強制しない、補助金を受けている学校では生徒の宗教を理由に入学を拒んではならない」という規則が定められた。このようにすべての宗派、民族の子弟を受け入れるようになったミッションスクールでは、英語を教授用語とし、質の高い教養教育とキリスト教精神に基づいた道徳を教授しており、名声を博していた。西欧の知識や文化を摂取しようとする知識人層を惹きつけ、第1次世界大戦前には、マレーシアとシンガポールにお

ける英語を教授用語とする学校の生徒のうち、74パーセント以上がミッションスクールに在籍していたとされる[9]。

　タイでは、ローマ法王の裁可を得てフランスの宣教会が19世紀初めに教育事業を展開し、19世紀中葉には10校の共学のミッションスクールと2つの女子修道院を擁するにいたった。この学校のカリキュラムは読み書き、唱歌、算数とカテキズムによって構成され、ラテン語を教授用語としていた。ただし、生徒の大半は中国系の移民であり、タイ人の生徒は少なかったとされる[10]。

　フィリピンでは、キリスト教ミッションの設立した大学や中等学校は支配者であるスペイン人子弟を対象とし、フィリピン人に対しては布教を目的とした宗教教育中心の教会附属の小学校という、2種類の学校制度が長い間存在していたが、1863年の教育令によってすべての市町村に男女1校ずつの初等学校を設立し、読み書き、算数、スペイン語、歴史音楽、更に農業や裁縫等々も教科として採り入れられた。この初等学校は依然として宗教教育が中心であったが、スペイン語教育が施されたことにより、フィリピン人子弟が中等学校そして大学へと進む道が開かれることになった[11]。

　更に、米西戦争の結果、スペインに代わってアメリカがフィリピンでの支配権を確立すると、直ちに長老派、メゾジスト派、ディサイプルズ・オブ・クライスト、クリスチャン・ミッショナリー・アライアンス、セブンスデー・アドベンチスト等の、アメリカのプロテスタント宣教会や聖公会の伝道が始まった。アメリカ統治下のフィリピンではアメリカ主導による教育制度の整備と大衆に対する教育普及の取り組みが開始されたが、プロテスタントは教育と医療に熱心に取り組み、大学や学校、職業教育センター等の開設に力を注いだ[12]。

　このように、植民地統治者の子弟の教育が中心であったミッションスクールは、19世紀には植民地の現地人子弟にも広く開かれるようになり、急速な発展を遂げた。しかしながら、フィリピンを除いては、キリスト教の布教が成功した結果というよりも、植民地支配の過程で、現地人の支配層が西欧の知識や技術の優位性を認め、英語を初めとするヨーロッパの言語で教育を行い西欧の知識を授けるミッションスクールへの需要が高まったことによるといえよう。

3 国民教育制度とキリスト教教育

20世紀の初頭から高揚していた東南アジア諸国の独立運動は、第2次世界大戦の終結後には更にその勢いを強め、フィリピン、インドネシア、マレーシアと相次いで独立を達成した。独立国家としては、植民地教育体制から脱却して国民教育制度を樹立することが求められたが、既に実績があり影響力も大きかったキリスト教ミッションスクールにとってはそれらが私立学校として国民教育制度の中にいかに位置づけられるかが課題とされた。

インドネシアでは、1945年憲法において、「唯一神に対する信仰に基礎をおく」とされ、国是とされるパンチャシラの中にも「唯一神への信仰」が一つの原理とされている。そして、イスラーム教徒が国民の多数を占めるが、信教の自由が保障されキリスト教の宣教は認められている。1965年には、国民は四つの公認宗教の中から一つを選択すると定められ信教の自由が制限されることとなったが、この公認宗教にはイスラーム、ヒンドゥー教を含む仏教と並んでカトリックとプロテスタントが含まれており、キリスト教の地位は確立しているといえる。ミッションスクールには私立学校としてキリスト教教育を行う自由が認められ、定められた基準を満たしている場合には政府から補助金を受けることができるとされる。また、ミッションスクールに限らず国立学校においても、生徒数などで一定の条件を満たせば、宗教の時間にキリスト教を教授することができる。ただし、政府はイスラーム学校を優遇しており、またたびたび生じる民族対立がミッションスクールに影響を与えていることも否めない。1971年のインドネシア教会協議会(プロテスタント系)の統計では49教団のうち28教団で幼稚園230、小学校2,158、中学校75、高等学校62、初級職業学校75、上級職業学校78、高等教育機関17(そのうち4大学は政府より学位授与権を与えられている)が設立・運営されているとされているように、教育事業はインドネシアのキリスト教ミッションの重要な活動の一つになっている[13]。

マレーシアとシンガポールでは、イギリス統治下ではキリスト教ミッションの活動は自由放任とされていたが、独立によってマレーシアの国民性に基

づいた国民教育制度の組織化が課題となった。即ち、複合民族国家を構成する各民族に共通の統一的な国民教育制度を樹立すると共に、学校経営をイギリス人の手からマレーシア人に移行することが目指された。前者に関しては、各民族の母語によって分かれていた学校制度を統一する過程で、英語は各民族語に対してニュートラルであることから英語学校は存続された。そして、英語学校の多くを占めるミッションスクールは私立学校として政府の財政的補助を受けるにいたった。その一方で、カリキュラムのマレーシア化が進められ、ミッションの英語学校は従来のように一部の上流階層のみを対象とするのではなく、国民大衆に開かれるべきであるとされた。そしてそのために、イギリス人校長をマレーシア人校長に交代させ、マレーシア人教師の比率を高めることが要請された。従って、ミッションスクールのスタッフを新たに外国から受け入れることは次第に困難になってきた。その後、教育におけるマレー語化政策が強化されるに伴い公立の英語学校は廃止されたが、私立の英語学校としてミッションスクールは存続している[14]。

フィリピンでは、多くの私立大学や私立学校がキリスト教ミッションにより設置、運営され、キリスト教の精神に基づいた教育が行われている。カトリック、プロテスタントという宗派別に私立大学、私立学校の連盟が組織されており、各大学、各学校の外部評価を行うアクレディティングを実施し教育の質的水準を維持向上させるための努力を行っている。そして名声の高いフィリピンの大学や学校にはミッション系が多く含まれている。私立学校も原則として文部省の示すカリキュラムに従うこととされているが、「価値教育」の時間に宗教を加えることができるとされている[15]。一方、キリスト教徒が国民の多数を占め、人々の生活に深く根づいていることから、一般の学校を対象とする「価値教育」でも、そこで扱われる価値観や道徳は、キリスト教の教えを背景としていることが窺われる。

タイは仏教国であり植民地支配を受けていないが、国王がキリスト教を含めてすべての宗教に寛容であったこと、またキリスト教が次第にタイ化してタイ社会に受け入れられたことを背景とし、ミッションスクールが質の高い教育を行い、西欧の知識や近代科学をタイにもたらすとして肯定的に評価されたこと、近代学校教育の普及についての政府の財政的負担を軽減する役割

を果たしたことから、ミッションスクールは私立学校としての地歩を固めていた。1892年にはミッションスクールは登録されなければならないとされ、1919年には文部省の管轄下におかれ、規則を遵守することが求められ、1936年には教授用語はタイ語とし、校長と教員にはタイの試験による資格の取得が求められた。1954年の私立学校法では、宗教による生徒の差別が禁止され文部省の規則やカリキュラムに従わなければならないとされる一方で、学校の経営や教員の任免、カリキュラム外の宗教的儀式の遂行については自由が認められた。その結果、多くの仏教徒の子弟がミッションスクールに入学するようになった[16]。

4 東南アジアにおけるキリスト教教育の意義

東南アジアにおけるキリスト教教育は、植民地支配と密接に結びつき、植民地における布教活動の一環として着手されたと考えられるが、キリスト教の布教自体はフィリピンを除いて順調であったとはいえず、当初はその影響力は限られたものであった。しかしながら、英語を初めとする西欧の言語の教育、西欧の近代的知識の教授という側面が特に植民地の上流階層を惹きつけたことにより、19世紀以降着実に発展してきたといえよう。「たとえ、キリスト教が拒絶されたところでも、ミッションスクールは商業、教育、政治における英語の価値を認識したコミュニティからの生徒を惹きつけたのである[17]」。

そして、独立後の国民教育制度の建設に際して、質の高い教育を提供する機関として、また教育の普及に際しての政府の負担を軽減するものとして機能しているとして、ミッションスクールは私立学校としての地位が認められたのである。更に、信教の自由という理念に支えられ、国家の定めたカリキュラムの中の宗教教育として、あるいはカリキュラム外の活動として、キリスト教教育の実施が認められている。

例えば、マレーシアのサラワクにあるミッション女子中等学校の教育目標は、①宗教的・精神的価値を基盤とした人間形成、②国家原理（ルク・ネガラ）の尊重、③修道女会の精神に従った人格形成、④アカデミックな成果の高度

な達成、⑤エスニシティ、宗教、文化的背景が多様な生徒の相互尊重と相互理解、⑥体育や課外活動を通じての全人的発達、⑦継続的に高い水準を目指す努力というように、「マレーシア憲法」の原理を遵守しつつ、修道会の精神にも従い、更にアカデミックな側面でも質の高い教育をというものである。そして、中等教育評価試験（前期評価試験のPMR、後期修了試験のSPM）の結果は、英語、マレー語、数学、理科、社会等殆どの科目で、生徒の平均得点が全国平均を上回っている（下回るのは「生活技術」のみ）実績を提示している。ここに、生徒は必ずしもキリスト教徒ではなく、私立学校としての許容範囲はあるものの国家の宗教政策の枠内での教育を実施し、更に成績優秀は生徒を輩出していることをセールスポイントとしている、東南アジアにおけるミッションスクールの現状が集約されているといえよう。フィリピンを除いてキリスト教はマイノリティであり、ミッションスクールが国民教育制度の一翼として認知されたとしても、それはキリスト教教育自体の意義が認められたというよりは、むしろ宗教教育以外の部分が評価された結果であり、キリスト教教育そのものではなくミッションの実施する教育事業が評価されているというジレンマは解消されたわけではない。イスラームや仏教が中心の社会では、キリスト教教育それ自体の影響力は周縁的なものでしかないのである。

(渋谷　英章)

注
1) T.V.シトイ、F.ウクール、S.チャイワン、Z.モウ共著『アジアキリスト教史〔2〕—フィリピン・インドネシア・タイ・ビルマ—』教文館、1984年、71頁。
2) D.B.バレット『世界キリスト教百科事典』教文館、1986年（原著は1982年）、217頁。
3) 『アジアキリスト教史〔2〕』（前掲書）16-17頁。
4) 『世界キリスト教百科事典』（前掲書）521頁。
5) Francis Wong Hoy Kee, *Comparative Studies in Southeast Asian Education*, Heinemann Educational Books (Asia) Ltd., 1973, p.130.
6) Keith Watson, *Educational Development in Thailand*, Heinemann Educational Books (Asia) Ltd., 1980, p.78.
7) 『アジアキリスト教史〔2〕』（前掲書）19-20頁。
8) 同上書、75-78頁。
9) Francis Wong Hoy Kee, *op.cit.*, pp.130-131.

10) Keith Watson, *op.cit.*, p.79.
11) 綾部恒雄・石井米雄編『もっと知りたいフィリピン 第2版』弘文堂、1995年、191頁。
12) 『アジアキリスト教史〔2〕』(前掲書) 30-32頁。
13) 『世界キリスト教百科事典』(前掲書) 236-237頁。
14) Francis Wong Hoy Kee, *op.cit.*, pp.131-138.
15) 馬越徹(研究代表者)『アジア地域の中等教育の内容と評価法に関する調査研究』1996-98年度文部省科学研究補助金(国際学術研究)研究成果報告書、1999年、188頁および190頁。
16) Keith Watson, *op.cit.*, pp.83-84.
17) Brian Holmes (ed), *Educational Policy and the Mission Schools: Case studies from the British Empire*, Routledge & Kegan Paul, 1967, p.9.
18) *St. Teresa's Secondary School* (http://wwww.sarawak.com.my/org/st_teresa/aim.htm,http://wwww.sarawak.com.my/org/st_teresa/achieve.htm).

第5節　少数民族の教育

1　東南アジアにおける民族分布の多様性と教育

　東南アジアの歴史は多種多様な民族の移動の歴史でもある。東南アジアの島嶼部においては先住のオーストラロイド系の人種に対して、モンゴロイド系人種群のマレー系集団が進出し主要民族として定着した。一方、東南アジア大陸部においては、主にチベット・ビルマ系、タイ系の諸族が先住のモン・クメール諸族と拮抗する形で南下を進め、互いに侵略と同化を繰り返しつつ河川流域の低地に居住地を求めた。これら平地に居を定め国家形成の主体となった民族に加えて、山岳地帯には断続的に移動を続けてきたメオ・ヤオ系、チベット・ビルマ系の諸民族が分布して居住している。

　このような数世紀にわたる民族移動によって複雑な交錯をみせていた民族の世界は、19世紀以降の植民地支配、更に戦後の独立国家の成立により国境という境界線を隔てて大きく分断されていく。これによって同一の民族集団に属する人々が複数の国家に分かれて存在することになる一方、各国家の領域内には言語、文化を異にする複数の民族集団が包含されることとなった。東南アジアの近代的国家は必然的に諸民族集団の複合体として成立したのである。こうして成立した国民国家という政治的実体は、その領域内の成員に対して共通のアイデンティティと社会的価値を浸透させることで普遍的な連帯の基盤を確立しようとする。この過程においては、ゲルナーが示唆したように教育の普及と識字率の向上によって国家の共通語と国民文化を広くその成員に内面化させることが重要な要件となる[1]。しかしながらここでいう共通語と国民文化とがしばしば国家形成の主体となった主流民族の言語や文化をもとに構想されたものであったために、周縁の少数民族集団はそれらに向けての同化を求められることにもなった。この意味において国家による少数

民族集団への教育普及は、言語・文化を異にする多様な集団に対して異文化受容と同化を図ることで均質な「国民」を形成しようとする試みということができよう。

本節では特に東南アジア大陸部に焦点を当てながら、国境という政治的境界を越える居住する少数民族の状況と彼らに対する各国家(ミャンマー、タイ、ベトナム、ラオス)の少数民族政策、教育政策の動向について概観していきたい。

2 国境を越える民族と各国における少数民族教育政策

東南アジア大陸部は地形的にはヒマラヤからの山脈が連なる山地部、その南に広がる丘陵・平原部、更に大河の河川に形成されるデルタ部から成る。このうち現在ミャンマー、タイ、ラオス、ベトナム、中国が国境を接する北部の山岳地帯には、チベット・ビルマ系、メオ・ヤオ系、タイ・カタイ系、アウストロアジア系などそれぞれ言語系統を異にする多種多様な民族が分散して居住している。彼らの多くは狩猟・採集、焼畑耕作を主たる生業としており、照葉樹林で覆われた山地の生態圏において移動と定着を繰り返しながら生活を営んでいたのである。英仏による植民地支配が及び、この地域に国境が確定した後も境界を横断する民族の移動は継続して行われていた。これら山地に生きる民族にとって特定の国家の領域内に居住しているという事実はさして重要なものと認識されていなかったといえよう。しかしながら近代的国家概念が実効をもち始めるにつれ、これら諸民族はミャンマー、タイ、ベトナム、ラオス、中国といった国民国家に分断されることとなる。彼らは居住地域に応じてそれぞれの国家に帰属することとなり、国内少数民族として政府による定住・統合政策の対象となっていったのである。

これら東南アジア大陸部の諸国家のうち少数民族に対する教育が最も早くから普及したのが英領ビルマである。ビルマの北部、北西部の山岳地帯では英植民地勢力の進出に伴って、既に19世紀初頭よりキリスト教宣教師らによる布教・教育活動が始められた。彼らは民族語の書記法を開発し、民族語の聖書を用いて布教を行う一方、地域に学校を設立して民族語による識字の普

及、英語教育、ならびに近代教育の普及に努めた。植民地政府はこれら宣教師らによる教育活動を支援しつつ、1864年には三系統、即ち①母語学校、②英語学校、③母語・英語併用学校、から成る教育制度を制定している。これは平地のビルマ族と山岳地帯に居住するカレン、シャン等の諸族をそれぞれ分割して統治しようとする植民地政府の政策を反映するものであった。この政策下、山地民の中には民族語で初等教育を受ける者が増加したが、更にミッション系の母語・英語併用学校を経て植民地政府の下級役人となりビルマ族以上に重用される者も現れ始める。この教授用語に基づく三分岐型の学校制度は、1942年からの日本軍政下においてビルマ語を唯一の教授用語とする単線型へと改められたものの、ビルマ族と他の諸民族との間の対立・相互不信は減じることがなかった。

　1948年、ビルマはビルマ本州と少数民族州から成る連邦制民族国家として独立したが、解放独立を求める少数民族集団や共産党による武装蜂起が続き政情は不安定であった。こうした情勢下、教育の領域においては中央政府の統制の下国民的教育制度の確立が図られていく。教授用語はビルマ語に統一され、母語はビルマ語への移行手段として初等低学年においてのみ用いられるものとされた。1962年以降はネ・ウィン政権によって「ビルマ式社会主義」が提唱され、教育・文化の面でも更なる「ビルマ化」が推進された。これに伴い外国人宣教師は国外退去を命じられ、ミッションスクールを含めすべての学校は国有化された。このような一連の改革によって、従来民族語による教育を受けてきた山地民にも政府立学校でビルマ語による教育が義務づけられることとなったのである。更に教育の原則としては、愛国心および連邦精神の養成が掲げられ連邦国家の国民としての一体感を醸成することが求められた。

　1988年、ビルマではネ・ウィン体制への批判から民主化運動が活発化したが、治安回復を名目に介入した国軍によって全権掌握が図られる結果となった。現在は国家法秩序回復評議会による軍政下、地域、民族を問わずビルマ語が教授用語として採用され、文部省において策定された共通カリキュラムに基づいて教育が行われている。同評議会は1989年、自国の対外向け呼称を「ミャンマー」に改め、これを少数民族を含めた全国民を示す概念として定義づ

ける一方、独立解放を求める少数民族集団に対する掃伐作戦を展開するなど他民族に対する強権的な対応を取り続けている。英植民地支配下の分割統治、民族語による教育の普及によって拡大されたビルマ族と山地民との間の対立葛藤は連邦国家としての独立以降更に激しさを増しているといえるだろう。

一方、タイでは山地民と平地のタイ社会との接触は1950年代にいたるまでごく限られたものであり、タイの中央政府も彼らに対しては相互不干渉の政策をとっていた。北部の山岳地帯は事実上タイ政府の統治の及ばない辺境の地であり、少数民族はタイ政府とは独立した形で生活を行っていたといえる。

しかしながら、1949年の中華人民共和国の成立、ラオスにおける左派パテトラオの解放闘争、ビルマにおける少数民族解放戦線とビルマ政府軍の闘争激化といった近隣諸国の政治状況の変化はタイ政府に国境地帯の防衛への関心をあおることになった。政府は1955年に国境警備警察を設置、国境地帯の治安維持に当たらせたが、彼らは管轄地域に居住する山地民に対する教育普及の必要性を認識し、タイ語能力ならびにタイ国家への帰属意識の醸成を目標に山地民村落への学校建設を進めた[2]。これに加えて1960年代以降は、政府による山地民の行政掌握・取締が強化される一方、内務省ならびに文部省によって教育普及のための様々な施策が山地民村落へ及ぶことになった。

1980年代以降は文部省管轄下の国家初等教育委員会を中心に山地民への教育普及が推進されている。同委員会の山地民教育の方針は、一般のタイ人と同様の教育を山地民にも拡大することにあり、教授用語、カリキュラム共山地民に対する特別の配慮は行わないのが原則である。そのため教授用語は中央タイ語を用いるものとし、山地民の言語の使用は認められていない。カリキュラムの内容は近代的な知識と共にタイの国家原理であるタイ民族、仏教、国王というタイの文化的価値観を多く含むものであり、授業や種々の活動を通してこれらの価値観の内面化が図られているのである。一方、ノンフォーマル教育においては1979年以降、山地民の文化・社会状況に応じた教育プログラムが提唱・実施されている。このプログラムでは教授用語は中央タイ語とするものの、各民族の言語や地域の言語である北タイ語も必要に応じて使用してよい。またカリキュラム、教育方法、学校運営に関しても山地民の参加を通じて改善を加えるといった試みがなされている[3]。

タイ政府による山地民教育は、1950年代の国境警備警察による教育普及の段階から、タイ語能力、タイの王権・国家・政府に対する理解と忠誠心の涵養を目標として定めており、平地のタイ族と言語、文化、宗教を異にする山地民にとってはタイ社会への文化的同化を強いられるものであった。1992年に策定された『高地における教育開発計画』は山地民に対するより一層の教育、宗教、文化の普及を目標としている。より具体的には「タイ語」「仏教」「国民的芸術・文化」の普及を挙げているが[4]、これは山地民に対してタイ文化への同化を求めている点で従来の政策を継承・強化するものであったといえよう。

しかしながら、1997年に改訂された『高地における教育開発計画 第2期(1997年-2001年)』をみると、山地民の言語や文化に対する政府の認識が変化してきていることが窺える。同計画は、山地民を「自立した良きタイ国民」とすべく、タイの国民統合のシンボルである民族・宗教・国王に対する理解と忠誠、タイの法律・規則の遵守を求める一方、文化や宗教に関わる活動においては山地民の文化的多様性を認めるとする[5]。具体的なプログラムとしては、地域や民族の状況にあったカリキュラムの開発、民族の文化伝統の理解・維持・発展のための活動の推進等が提示された。民族の言語や文化を学習する機会の充実、学校教育の中での民族文化に対する配慮等が今後の課題となろう。

ベトナムではフランスによる植民地支配の下、1920年代にはベトナムナショナリストによってキン族の国家としてのベトナムが想定されたが、一方ベトナム人による共産主義勢力は、国際主義者としての立場から少数民族をも含めたすべての民族に自決権を与えることを課題とした[6]。

1945年のベトナム民主共和国成立以降は、中国や他の社会主義国をモデルに民族自治区が設置されるなど「諸民族の平等」という理念の下に少数民族への教育普及が図られた。特に少数民族が多く居住する中国との国境地帯が独立闘争にとって戦略的に重要であったことから、教育普及・宣伝活動を通した革命運動への参加が称揚された[7]。政府は特に識字率の向上を重視し、1945年にはローマ字によるベトナム語表記法(クォック・グー)の学習を義務無償とし、以後1年の間に8歳以上のすべての国民がベトナム語の識字を身

に付けるようにとの布告を発してもいる[8]。

　現在ベトナムではすべての学校においてベトナム語が教授用語として用いられている。少数民族に対する政策としては、①諸民族の統一と平等、②各民族語の尊重が提唱され、各民族の教育要求に配慮しつつ漸進的な同化を目指すものとされる。しかしながら国家が経済発展を指向する中で、経済的に遅れた山岳地帯の教育レベルを上げることが重要な国家課題ともなってきた。特に1979年からは北部、中部の山地民に対する識字教育が特別重点目標として掲げられ、山地居住の民族が平地の民族に追いつけるようベトナム語の識字とその意義を理解させることが肝要であるとしている[9]。この傾向は1986年にドイモイ政策が提唱されて以降は更に強まっており、市場経済への移行と経済発展への指向の下、各民族の言語・文化の尊重よりもベトナム語の識字、ベトナム文化あるいは近代文化の学習に重点がおかれている。

　ノンフォーマル教育の分野においても、早くからベトナム語の識字教育が進められた。これに加えて1978年からは多くの村落で「文化啓蒙」活動が実施されている。これは特に山岳地帯における識字ならびに初等教育の普及、労働と学習の統合、文化活動の推進を目的とするもので「文化啓蒙」教員が各民族村落に赴き地域の事情に合わせて教育・文化活動を行う。この「文化啓蒙」活動においては少数民族のベトナム語学習のために開発された教科書、また指導書が広く用いられた。これらベトナム語の学習に加えて、歌や踊りの指導、生活改善運動等を通じて地域における「文化啓蒙」が図られている[10]。

　ラオスもまた、断続的な民族移動によって複雑な民族構成を示している。ラオス政府は国内の民族構成を、①ラオ・ルン（平地のラオ族）、②ラオ・タイ（タイ系諸族）、③ラオ・テュング（モン・クメール系諸族）、④ラオ・ソング（メオ族、ヤオ族など）として分類し、ラオスに居住する民族はすべてラオ人＝国民であるとの見解をとっている。

　ラオス政府は独立以来、教育の普及を国家目標として掲げていたが、交通の便の悪い遠隔地の行政掌握の困難、資金不足等のため、山岳地帯にまで教育を及ぼすことが困難であった。これに対してアメリカ政府は初等教育の普及に多額の資金援助、更に技術援助を行い、特に辺地の教育発展に援助を

行ってきた。一方、1950年代以降、山岳の少数民族居住地域には左派パテトラオの勢力が及び、1955年からラオ語による大衆教育、識字教育のためのプロジェクトが実施された。このうち特にモン族の中にはパテトラオの宣伝・教育活動を通じて解放勢力に加わる者が多く現れ、民族が右派プーマ政権側と左派パテトラオ勢力側に分かれて争う結果ともなった[11]。

1975年にパテトラオがラオス全土を制圧し、ラオス人民共和国として独立を達成するが、それ以降は、フランス植民地下の影響を排除するために初等教育の「ラオス化」が図られた。ラオ語による新カリキュラムが全教育レベルに採用され、民族語の使用は認められなかった。このため人口の半分を占める非ラオ系民族に対しては、ラオ語、ラオ族の文化が強調されることになった。1990年の国家教育会議によって策定された教育政策によれば、2000年までに6歳から14歳までのすべての子ども達に対して初等教育の普遍化を進めること、全地域における中等教育へのアクセスの増加、初等中等教育における質と効率性の向上が掲げられている。特に交通の便の悪さや言語文化の違いなどから少数民族への教育普及が後れていることから、政府は今後はノンフォーマル教育をも重視しつつ、教育事業の拡大を図ろうとしている。

3 政府による教育の普及と少数民族の対応

以上みてきたように、19世紀以降の植民地時代を経た東南アジア大陸部の国々では、その独立と発展の条件として、領域内の成員の間に共通のアイデンティティと社会的価値を浸透させることが大きな課題であった。各国政府による国民的教育制度の確立・整備は、国内の多様な言語・文化集団に対して共通言語、国民文化の受容と同化を求めることで均質な「国民」を形成しようとする試みでもある。この過程における少数民族集団の位置づけは国ごとに異なっているが、いずれの国においても教授用語、カリキュラムの統一が図られ、国民統合と国家開発へ向けての教育普及が進められてきた。

こうした各国政府による教育が普及する中で、各民族集団はそれぞれ異なる対応をみせてきている。例えば、ミャンマーでは英植民地勢力の分割支配の下、民族意識を高めてきた諸民族が自治権の獲得、更には分離独立を求め

て連邦政府と闘争を続けている。その際の一つの争点となっているのが民族の言語・文化を学習する権利の要求である。特にカレン族は1949年、連邦政府に対してカレン国の独立を宣言し、カレン語による初等・中等教育を行っている。またシャン族もシャン分離運動が活発になる中、シャン語のテキストの作成、シャン語教育、シャン文化の復興を進めている[12]。

　タイでは民族の分離独立という主張はあまりみられなかったが、山地の民族は政府の教育普及に対して不信、反発、無関心といった態度を示しており、学校教育は容易には定着しなかった[13]。こうした民族の抵抗はしばしば教育への無関心・無知として解釈されてきたが、むしろ彼らは彼らの生活の維持に当たってその民族社会内における社会化、学習の過程をより重視していたともいえるだろう。しかしながら1980年代以降、タイの行政機構ならびに市場経済が山地にも浸透していく中、次第に学校教育を受ける者が増加してきている。山地の民族の多くは彼らの言語・文化の維持を望みつつも、タイ社会の中での生存と適応のための戦略を模索しているのである。1992年にタイ国内の少数民族団体の連合によって出された宣言が、市民権など国民としての権利の保証を求める一方、公教育への民族文化の導入を要求しているのは、タイ社会・国家への統合を果たしつつ民族文化の保持を求める民族集団の意図を反映するものといえよう。

　これらの各地域を通じて、中央政府による行政掌握、各国経済に基づく市場経済の浸透、マスメディアの普及等、国家の中心へ向けての統合の動きは激しさを増している。国民国家の領域がその実効性を強めていく中で、国境によって分断された民族は政府による教育を経ることにより異なる国家の国民としてそれぞれが属する社会への統合を進めているのである。しかしながら山地の民族にとっては国家的な教育のみが彼らが経験する文化的過程ではない。彼らは学校経験を通じて国家や更に大きな社会関係についての位置づけを学んでいくが、それと並行して彼らの共同体において地域的、民族的な言語文化をも学んでいく。冷戦の終結、国境経済の活性化は国境を越えた人の動きを促進し、国境を越えて存在する共通の言語・文化、また親族のネットワークへと各民族を結びつけもしている。現在の東南アジアにおける少数民族の教育は、このように国家的統合への動きと地域的、民族的統合との動

きの相互作用の下にある一過程として理解することができよう。

(渋谷　恵)

注

1) Gellner, Ernest., *Nations and Nationalism*, Oxford: Basil Blackwek, 1983.
2) Border Patrol Police and USOM Safety Division, *The Civic Action Program*, 1963, pp.10-13.
3) タイの山地民に対する教育政策については、Samnakgaan Kanakamakaan Kanpratomskusaa Haengchaat, *Raaigaan ruang Nayobai lae Kancatkansukusaa Chaokao nai Prathet Thai*, 1983 (国家初等教育委員会『タイの山地民に対する教育政策と教育経営に関する研究』)、Samnakgaan Kanakamakaan Kansukusaa Haengchaat, *Raaigaan Kansuksaa ruang Samrap Chonkrumnooi nai Prathet Thai: Chaokao*, 1988 (国家教育委員会『タイの少数民族に対する教育経営に関する研究：山地民』).
4) Krasuang Suksaathigaan, *Gaanphaen Kansuksaa Puun Thi Suun*, 1992 (文部省『高地における教育開発計画』).
5) Krasuang Suksaathigaan, *Gaanphaen Kansukusaa Puun Thi Suun Chabap Thi 2*, 1997 (文部省『高地における教育計画　第2期』).
6) 古田元夫「ベトナムと社会主義」『東南アジアの政治』弘文堂、1993年、268-272頁。
7) UNESCO Regional Ofice of Education in Asia and Pacific, *Literacy Situation in Asia and Pacific: Viet Nam*, 1984, pp.53-54.
8) *Ibid.*, pp.2-3.
9) *Ibid.*, pp.53-54.
10) *Ibid.*, pp53-64.
11) 1950年代、1960年代におけるラオスの教育政策に関しては、例えば Halpern, Joel M. and Marilyn Clark Tinsman, Education and Naion-builiding in Laos, *Comparative Education Review*, 1966, pp.499-507.
12) 牧野勇人「多民族国家ミャンマー連邦の同化政策と教育」村田翼夫（研究代表者）『東南アジア諸国家における多文化と国民教育』1989年度文部省科学研究費補助金（一般研究C）中間報告書、1990年、51-52頁。
13) 拙稿「タイにおける山地民教育―学校教育の導入と山地民社会の対応―」日本比較教育学会編『比較教育学研究』第19号、31-42頁。

第6節 識字教育

はじめに

　1990年3月、タイのジョムティエンにおいて開催された「万人のための教育世界会議 (The World Conference on Education for All)」は、教育を受けることが人間の基本的な権利であることをあらためて確認し、21世紀に向けて教育機会の普遍化を達成すべく「万人のための教育世界宣言 (The World Declaration of Education for All)」を採択した[1]。同宣言は、各国政府によるこれまでの教育普及の努力を評価しつつも、初等教育を受けていない子どもが今なお1億人以上、また文字の読み書きができないものが9億6千万人以上いること指摘し、世界中のすべての人が「基礎的な学習ニーズ」を満たすことができるよう、新たな行動目標の設定を求めている。ここでいう「基礎的な学習ニーズ」の中でも、「文字を識ること」、即ち識字能力の獲得は、それがすべての学習の基盤であり、教育への権利を保障するために不可欠なものであることから特に重視されており、各国政府はもちろん、ユネスコ、世界銀行などの国際機関や教育に関わる非政府団体など、様々な組織、団体、個人が協力し合って、識字率の向上を図ることが目指された[2]。国連はまた、1990年を「国際識字年」、続く1991年からの10年間を「国際識字の10年」と定め、国際社会全体に非識字問題への積極的な取り組みを要請している。非識字問題の解決は現代の世界における主要な課題と考えることができるだろう。

　非識字の克服を目指すこのような国際的な動きに軌を併せて、東南アジア地域においても様々な試みがなされてきた。1985年に開催された第5次アジア・太平洋地域教育大臣・経済担当大臣会議は、2000年までに同地域における初等教育の完全普及と非識字の撲滅を図るべく、教育上の地域間協力を進めることを決議した[3]。これを受けて、1987年には「教育の完全普及に関す

るアジア・太平洋地域事業計画（Asia-Pacific Programme of Education for All, APPEAL）も開始されている[4]。こうした動きの中で、東南アジア地域の識字率は全体としては大きく向上してきた。しかしながら、地域、性別、社会階層の違いに基づく格差の是正、言語的少数者に対するより一層の配慮の必要性等、多くの課題も指摘されている。

　本節においては、まず、東南アジアにおける識字の状況を歴史的に概観し、この地域における識字および識字のための教育の意味の変遷を検討していきたい。次に、1940年代後半から現在までに焦点を当て、欧米の植民地支配を脱し新たに独立を果たした東南アジアの諸国が、国家の独立と発展を維持する要件として、識字の普及に取り組んできた経過をみていく。また、ユネスコや国連等の統計資料を用いながら、1940年代以降の各国の識字率の推移、識字状況にみられる性差、地域差といった問題点を検討してみたい。最後に、1990年代における識字教育の動向を検討し、21世紀に向けた識字教育の課題に言及することとする。

1　東南アジアにおける識字の歴史

　東南アジア地域においては、錯綜する民族分布を反映して数百を越える言語が話されている。これらの言語のうち、書字体をもつ言語は必ずしも多くなく、また歴史的にみれば、文字による読み書きを必要とする状況は極めて限定的なものであった。

　仏教信仰の伝統をもつ東南アジアの大陸部、現在のタイ、ラオス、カンボジア、ミャンマーに当たる地域においては、近代以前から、仏教寺院において経典の読解に必要なパーリ語や地方語の学習がなされていた。しかしながら、僧侶、出家者による文字の学習は男子に限られており、女子にはその機会が与えられなかった。一方、島嶼部では、イスラームの伝播に伴い、聖典に用いられるアラビア文字が普及し、イスラーム寺院ではコーランの読み方、アラビア文字やイスラーム法等の学習がみられた[5]。また、東南アジアの伝統的な王権国家においては、王族や貴族、官吏等の支配者層を中心にそれぞれの文字が広がった。中国の強い文化的影響下にあったベトナムにおいては、

漢字漢文が用いられるほか、13世紀ごろからは話言葉としてのベトナム語を漢字を用いて表記するチュノム文字なども用いられている。ベトナムでは漢字漢文での科挙によって官吏の登用がなされたが、これら文字を操る官吏が中心となって「文紳」階層が形成され、政治、経済、文化等に強い力を有していた。このように前近代の東南アジアにおいては、仏教やイスラーム教等の宗教共同体や、伝統的な王国の支配者層を中心に識字が広がっていたと考えられる。

　こうした伝統的な識字の状況は、地域の被植民地化が進むにつれ変化していく。東南アジアにおいては、フィリピンが16世紀以来、スペインの支配下にあったが、その後も欧米列強の進出が続き、19世紀末までにはタイを除くすべての地域が植民地と化した。こうした欧米列強の進出に伴い、植民地政府の下で新しく教育を受けた階層からは、英語、オランダ語といった宗主国の言語での学習がなされるようになり、それらの言語による識字が進んだ。例えば、現在のインドネシアに当たる蘭領東インドでは、現地出身の官吏を養成する必要性から、19世紀から一部のエリート層子弟を対象にオランダ語による教育を行った。同様に、英領マラヤでは英語、フィリピンではスペイン語、仏領インドシナではフランス語による教育が行われ、学習を経た者はそれぞれの植民地政府の下で官吏層を形成した。また、これら宗主国の言語を用いた文学作品も著わされるようになっていく。しかしながら、これらの地域を管轄する植民地政府は、一般大衆にまで教育を普及することに対しては、あまり熱心ではなかったため、こうした宗主国の言語、文字に関する知識は、現地のエリート層のみにとどまるものであった。これに対して、19世紀末から20世紀初頭にかけて、英領マラヤ、蘭領スマトラ、フィリピンにおいて、地方語や民族語を用いた民衆学校設立の動きがみられてくる。こうした学校は、宗主国の言語を教授用語とする官吏養成学校とは全く異なる体系の学校として構想されたものであり、複線型の学校制度が作られてきた。また特に英領マラヤにおいては、民族毎のコミュニティを中心に母語学校がつくられたことから、言語・文化の異なるコミュニティが並存することにもなった。この時期には、植民地政府の分割統治の影響もあり、民族毎、また同じ民族であっても階層毎に異なる識字能力が求められていたことが窺えよ

う。

　このような西洋列強による植民地化に対抗して、20世紀初頭から、各国でナショナリズム運動が高揚し、一国内で共通に用いられるべき言語としての「国語」の制定、文学や教育による「国語」の普及が目指されるようになる。フィリピンでは、スペイン統治下ではスペイン語、1898年以降のアメリカ統治下においては、英語を教授用語とし、その読み書きの学習が推奨されたが、1937年には、現地の言葉であるピリピノ語を国語とすることが宣言された。インドネシアにおいては、1928年、地域で用いられていたマレー語を新たに「インドネシア語」と称する宣言（「インドネシア青年会議　青年の誓い」）が出され、「インドネシア人唯一の言語」として称掲された。タイでは、19世紀末より国民教育制度の整備が目指され、1932年には初等教育を義務化する初等教育令が出されたが、全国的な教育の普及には容易には進まなかった。1932年の統計によれば、10歳以上の国民680万人のうち68.8％が非識字者であったという[6]。しかしながら、1932年の立憲革命を経て新たに成立した人民党政府は、すべての国民がタイ語を話し、またタイ文字で読み書きができるようになることを目標として掲げた。このため、政府は初等教育の普及をより一層進めるほか、1940年には全国的な識字キャンペーンを開始している。この識字キャンペーンは1945年まで続けられ、140万人が識字能力を得たとされている。

　また、この時期、ベトナムにおいては、1930年代以降、勢力を強めたベトナム共産党によって、ベトナム語識字の普及のための活動が積極的に展開された。ホーチミンをリーダーとするベトナム共産党は、非識字の撲滅と、普通義務教育を通じた教育ある市民の養成を教育目標とし、1938年からは国内14の地域において、約7万人を対象に識字教育を行っている。ここで用いられた文字は、従来のような漢字漢文や漢字表記のチュノムではなく、ローマ字体の表記文字として開発された「クォック・グー（国語）」であった[7]。また、その教育の内容は、単に文字の知識にとどまらず、国民としての意識や国家統一のための意志が育つよう構成されており、文字の学習を通じて民族的主体性を高めることが求められていたのである。

2　国家の独立と開発のための識字――1945年以降の展開――

　既にみてきたように、東南アジア地域においては、20世紀の初めごろより、広範な識字の普及を目指した識字教育の試みがなされてきた。しかし、より積極的な施策がとられるようになったのは、多くの国が国民国家としての独立を達成した1945年以降のことである。

　第2次世界大戦以降、列強の植民地支配を脱して新たに独立した東南アジアの諸国は、国家建設の要となる国民を養成するために、国民的な教育制度の確立と教育の普及に努めた。これらの国の多くは、その領域内に民族、言語、宗教を異にする複数の集団を抱えており、また植民地支配の影響も受け、同じ民族であってもエリート層と一般民衆とでは使用する言語、所有する知識や価値観において大きな違いがみられた。これら異なる多様な集団の成員を国民として一つに統合し、国家の独立と発展を維持していくためには、共通の言語を教授用語とする民主的な単線型の教育制度を確立し、教育を通じて共通の言語や価値観を広く国民の間に普及させることが急務の課題であったのである。

　このため、各国は義務教育制度を確立し、これから成長する子ども達に識字の学習を含む基礎的な教育を保証するよう努めた。インドネシアでは、1945年の独立後に制定された憲法において、国民の教育を受ける権利が保証され、国語であるインドネシア語を教授用語とする単線型学校制度がつくられた。英領マラヤではイギリス政府が主導する中央教育委員会において、初等教育の無償化、マレー語と英語による二言語主義教育が構想された。しかし、1957年のマラヤ連邦の独立以降は、マレー語を教授用語とする国民学校を中心に国語としての「マレーシア語」を軸とした国民教育制度の確立が急がれた。また、フィリピンでは1946年の独立後、6年制の無償義務初等教育制度が整備されている。

　このように、1940年代後半より、各国政府によって初等教育の整備が進められていった。新しく育つ子ども達が初等教育を受けることは、国内全体の識字率の向上に何よりも必要なことである。しかしながら、学齢期に教育を

受ける機会を得られなかった成人も多く、これらの人々の非識字状態を改善するためには、若者や成人を対象とする識字教育プログラムも必要とされる。そのため、各国は初等教育の整備とあわせて、成人教育の普及や識字キャンペーン等の推進を図ってきた。例えば、タイでは1948年から学齢期を過ぎた非識字者を対象とする成人基礎教育プログラムが開始された。また、戦後、共産主義国として独立を果たしたベトナムは、「全国民に対する非識字撲滅のためのアピール」を行い、国家の独立を維持し、その繁栄と勢力を増すための第一の手段として、国家の書字体の学習を位置づけた。具体的な方策としては大衆教育の普及と共に、識字学習の義務化、農民や労働者のための夜間クラスの設置等が定められている。

　1960年代以降、東南アジア地域における国民教育は、国家の経済的・社会的開発と結びつけて論じられるようになり、経済計画、特に開発に必要な人材の養成・需給計画と連関させて教育計画が策定されるようになった。タイでは1961年から第1次国家経済開発計画が開始されたが、これに続いてマレーシアでは1966年、インドネシアでは1969年から同様の開発計画が実施されている。このように経済開発が国家の重要目標となった1960年代においては、識字能力は経済開発を支える要件としてみなされるようになった。例えば、1965年にテヘランで開催された非識字撲滅のための文部大臣世界会議（テヘラン会議）は、開発の過程における識字の重要性を指摘し、開発プロジェクトに統合された識字教育、技術や職業に関連した「機能的識字」の概念を提唱した[8]。これを受けて、タイやマレーシアでは職業上の知識・技能と結びついた機能的な識字能力を高めるためのプログラムが開発された[9]。

　しかしながら、こうした職業中心的な機能的識字プログラムには、識字と職業訓練の内容を統合して指導するための教員や教材の不足といった技術的な問題があること、また識字能力は経済成長との関連だけではなく、社会的・文化的開発とあわせて考慮する必要があることなどから、現在では、より広い意味において「機能的識字」概念が捉えられている。例えば、マレーシアでは保健衛生、市民性、職業的成長に関する内容を含んだ識字教育プログラムが策定された。また、インドネシアではケジャー・プログラムのように非識字者のニーズに応えながら、開発に対する積極的な態度を養成するた

めのプログラム、タイでは学習者のニーズにあわせて、それぞれの抱える問題を解決するための識字教育が開発されている。

このような各国の取り組みを支援しているのが、ユネスコを初めとする国際機関、また東南アジア文部大臣会議に代表される地域間協力組織である。1946年に発足したユネスコは、その活動の当初から、世界的な初等教育の普及と成人識字率の向上を重要な目標として掲げ、各種会議、シンポジウムを開催したり、いくつかの国において識字率向上のためのマス・キャンペーンを実験的に行うなど、識字教育の普及のために様々な試みを行ってきた。このうち、アジア地域における初等教育の完全普及を目指したカラチ・プラン(1960年)、「機能的識字」概念を提唱したテヘラン会議(1965年)等は、東南アジア地域の識字教育の動向に大きな影響を与えた。

識字教育に関する地域内協力の組織としては、1960年に東南アジア文部大臣会議が発足しており、地域の教育課題の改善のために活動を行っている。また東南アジアを含むアジア地域全体の協力関係を構築するため、1962年以降、アジア地域教育大臣会議が開催されている。1971年には、同会議の決議に基づいて、「開発のためのアジア教育革新計画(Asian Program of Educational Innovations for Development, APEID)」が発足しており、加盟国間の協力体制が確立した。これに加えて、1987年からは「教育の完全普及に関するアジア・太平洋地域事業計画(The Asia-Pacific Programme of Education for All, APPEAL)」もスタートしている。APPEALは、1985年、東南アジア各国の教育大臣の連絡会議において設立が要請され、ユネスコ総会での承認を経て、1987年に発足したものであり、「初等教育の完全普及」「非識字の撲滅」「継続教育の推進」を三つの主要な課題として活動を行っている。東南アジア地域にある国々は、これら国際機関、地域協力機関の援助を受けながら、国家の独立を維持し、開発を進めるため、初等教育の普及、成人のための識字教育の普及に取り組んできたのである。

3 統計資料にみる識字率の推移と問題点

では、各国政府の取り組み、また国際機関等の活動によって、東南アジア

第6節 識字教育 233

表3-6-1 東南アジアにおける非識字率の推移

上段：調査年、対象年齢（+ 以上）
下段：全体（男性/女性）単位：％

	1945−1955	1960	1970
ブルネイ	1947　10+ 73.9 (58.4/91.7)	1960　15+ 57.4 (39.8/77.6)	1971　15+ 36.1 (24.5/50.3)
カンボジア		1961　15+ 63.9 (37.7/89.6)	
インドネシア		1962　15+ 57.1 (42.8/70.4)	1971　15+ 43.4 (30.5/55.4)
ラオス		1963　15+ 63.9 (37.7/89.6)	
マレーシア	1947　15+[1] 61.7 (43.0/83.6)	1957　15+[2] 53.0 (34.1/73.5)	1970　10+ 42.0 (30.9/53.2)
ミャンマー	1953　6+ 43.2 (30.9/56.1)	1962　15+ 40.3 (20.0/60.0)	1972　15+ 29.0 (15.9/41.7)
フィリピン	1948　10+ 37.8 (34.8/40.7)	1960　15+ 28.1 (25.8/30.5)	1970　15+ 17.4 (15.7/19.1)
シンガポール	1947　15+ 54.1 (35.7/78.4)	1957　15+ 50.2 (32.3/70.8)	1970　15+ 31.1 (17.0/45.7)
タイ	1947　10+ 46.3 (32.6/59.9)	1960　15+ 32.3 (20.7/43.9)	1970　15+* 21.4 (12.8/29.7)
ベトナム		1960　15+[3] 35.5 (− / −)	

	1980	1990	1995
ブルネイ	1981　15+ 22.2 (14.8/31.0)	1991　15+ 12.2 (7.5/17.5)	1995　15+* 11.8 (7.4/16.6)
カンボジア		1990　15+ 64.8 (51.8/77.6)	1992　15+ 34.7 (20.3/46.6)
インドネシア	1980　15+ 32.4 (22.5/42.3)	1990　15+ 18.4 (11.7/24.7)	1995　15+ 16.2 (10.4/22.0)
ラオス	1980　15+* 56.4 (48.7/64.3)		1995　15+* 43.4 (30.6/55.6)
マレーシア	1980　15+ 30.4 (20.4/40.3)	1990　15+* 21.6 (13.5/29.6)	1995　15+* 16.5 (10.9/21.9)
ミャンマー	1980　15+ 30.0 (19.5/40.7)	1990　15+* 19.4 (10.9/27.7)	1995　15+* 16.9 (11.3/22.3)
フィリピン	1980　15+* 16.7 (16.1/17.2)	1990　15+ 6.4 (6.0/ 6.8)	1995　15+* 5.4 (5.0/ 5.7)
シンガポール	1980　15+ 17.1 (8.4/26.0)	1990　15+ 10.9 (4.9/17.0)	1995　15+* 8.9 (4.1/13.7)
タイ	1980　15+* 12.0 (7.7/16.0)	1990　15+ 6.7 (4.4/ 8.8)	1995　15+* 6.0 (4.0/ 8.4)
ベトナム	1979　15+ 16.0 (9.5/21.7)	1990　15+* 12.4 (8.0/16.4)	1995　15+* 6.3 (3.5/ 8.8)

注1）＊は推定値を示す。
2）マラヤ連合の数値。島嶼部のサラワクは83.4％（1947年）、北ボルネオ（現サバ州）は84.0％（1951年）。
3）マラヤ連邦の数値。サラワク、サバはそれぞれ、78.5％、76.5％（1960年）。
4）北ベトナムのみの数値。

出所）United Nations, *Statistical Year Book*, 1956, 1964. UNESCO, *Statistical Year Book*, 1980-1997.

の識字状況はどのように変化してきたのであろうか。ここでは、主としてユネスコの統計資料を用いながら、過去50年間の識字率の変化、また1990年代における各国の識字の状況をみていきたい[10]。

表3-6-1は、1960年代以降、東南アジア地域における識字率がどのように変化してきたのか、時間的推移に基づいて示したものである。東南アジア諸国の独立が相次いだ1945年から1955年にかけての数値をみると、特に島嶼部においては成人人口の半数以上、また女性はその約8割以上が、非識字の状態にあったことがわかる。フィリピン、タイや現在のミャンマーに当たるビルマ地域では、植民地政府や国民党政権によって学校制度が早くから整備されたこともあり、その識字率は比較的高かった。タイ、ビルマでは寺子屋での学習の伝統があったことも大きいであろう。その後、各国が初等教育の普及、成人教育の推進を図ったこともあり、年を追うごとに非識字率は低下してきている。1995年の推定値をみると、フィリピン、シンガポール、タイ、ベトナムの非識字率は10％台、あるいは一ケタ台に入っている。しかし、国内の政変によって教育が停滞したカンボジア、ラオス等では、その非識字率はまだ高い数値となっている。

次に、表3-6-2から、成人非識字者の概数の変化をみると、1980年から1995年にかけて、東南アジア地域の多くの国において、非識字者の数が減少してきていることがわかる。しかしながら、例えば、ミャンマーとラオスの

表3-6-2　成人非識字者の概数

	1980		1990	
	総数（×1,000人）	うち女性比率（％）	総数（×1,000人）	うち女性比率（％）
ブルネイ	27	65	22	67
カンボジア	―	―	―	―
インドネシア	28,325	66	21,507	68
ラオス	1,083	62	1,170	66
マレーシア	2,400	67	2,057	67
ミャンマー	4,727	69	4,913	67
フィリピン	2,911	55	2,234	53
シンガポール	301	75	196	77
タイ	3,297	68	2,613	68
ベトナム	5,133	72	2,916	73

出所）UNESCO, *World Education Report*, 1996.

ように、識字率が上昇しているにもかかわらず、非識字者人口が増加する、即ち国内人口の増加に初等教育、あるいは基礎教育の普及が追いつかないといった問題も生じている。また、インドネシア、シンガポール、ベトナムのように、全体としての非識字者人口が減っているものの、非識字者に占める女性の割合がかえって増している場合もあり、国民に対する識字教育が進みながら、女性が非識字にとどまる傾向が窺える。表3-6-2をみても、女性が男性より非識字の状態にとどまりやすいことがわかる。こうした男女間の識字格差をなくしていくことも、今後の識字教育の重要な課題である。

4 識字教育の課題

　現在、東南アジアの諸国においては、1990年に採択された「万人のための教育世界宣言」に従って、基礎教育の完全普及のための試みがなされている。同宣言の採択をみた「万人のための世界教育会議」以降、ユネスコアジア太平洋地域事務所は、具体的な行動のための国家計画の策定に向けて情報の提供や専門家の交換等の支援を行っている。また、APPEALはアジア地域における「万人のための教育」を達成するためには、「初等教育の完全普及」「非識字の撲滅」「継続教育の推進」を統合させたアプローチが必要であるとして、各国の行動計画の策定・実施に対して援助を行っている。各国政府はこれらの援助の下に独自の行動計画を作成すると共に、他の国際機関や非政府団体とも協力しつつ、非識字者を減少させるための活動を進めている。

　こうした活動の中で、現在、大きな課題として認識されているのが、識字の普及における格差の是正である。「万人のための教育世界宣言」は、教育を受ける機会の普遍化と公平の促進を提唱し、教育が子どもを含め、あらゆる人に差別なく、公平に提供されることを求めた。しかしながら、前項の表からも、明らかなように、東南アジアの多くの国々においては、女性の識字率が男性のそれよりも低くなっている。特に、ラオス、マレーシア、インドネシアにおいては、成人男女間の識字率の格差がかなり大きい。こうした男女間の識字格差は、地域の社会的・文化的伝統や宗教上の慣習とも深い関わりをもつものであり、これを変えていくことは容易ではない場合が多い。しか

しながら、農業や村落開発、保健衛生等に果たす女性の役割は極めて重要である。女性が識字の学習を通じて自信を深め、開発に主体的に参加していくためにも、女性に対する識字の普及が求められている。

また、APPEAL 加盟国による報告書は、国内の非識字者層として、少数民族や移民集団が高い比率で存在していることから、これらの人々に対する識字の教育を今後の課題として指摘している。東南アジア地域の国の多くは、国内に複数の民族集団をかかえる多言語国家である。そのため、一つの言語を国語として定めて識字教育を推進することは、その言語を母語としない集団に対する言語の強制ともなりかねない。少数民族や移民集団が、ある特定の国家の中で国民としての権利を獲得し、その国内での政治的・経済的・社会的活動に十全に参加するためには、共通の言語による学習も必要であろう。しかしながら、これら少数民族集団に対する識字の普及においては、各民族の歴史、文化、言語に対する理解と尊重が強く求められる。

「万人のための教育世界宣言」は、識字教育の新たなビジョンとして、実際の生活に役立つ学習、また学習者が学習内容の設定や計画に参加できるようなアプローチの重要性を指摘している。女性のための識字、少数民族のための識字とも関連して、学習者自身がそれぞれの必要性にあわせて主体的に参加できるような受益者主導型の識字プログラムの作成が求められている。

(渋谷 恵)

注

1) World Conference on Education for All, Meeting New Basic Learning Needs, Jomtien, Thailand, March 5-9, 1990, *World Declaration on Education for All: Meeting Basic Learning Needs* (Adopted by the Conference on March 9, 1990), New York Inter-Agency Commission for the World Conference on Education for All, 1990.

2) *Ibid.* 基礎教育における識字プログラムの重要性については、第9項「基礎教育の概念とその手段の拡張」を参照。

3) Introduction: Concept of Education for All, *Education for All, Bulletin of UNESCO Principal Regional Office for Asia and the Pacific*, No.30, December 1989, pp.4-5.

4) *Ibid.*, pp.5-10.

5) 近代以前、また欧米の植民地支配下における東南アジアの識字の状況については、

第 6 節　識字教育　237

Furnival, J.S., *Educational Progress in Southeast Asia*, Ann Arbor, Mich.: University Micro Film International, 1981, c1943.

6) Department of Non-Formal Education, Ministry of Education, *Thailand's Experiences in the Promotion of Literacy*, Ministry of Education, Thailand, 1987, p.8.

7) UNESCO Regional Office for Education in Asia and the Pacific, *Literacy Situation in Asia and the Pacific: Country Studies, Viet Nam*, 1984, p.2. Alexander Woodside, The Contribution to Rural Change of Modern Vietnamese Village School, Keyes, Charles F. (ed.), *Reshiping Local Worlds: Formal Education and Cultural Change in Rural Southeast Asia*, New Heaven, Connecticut: Yale University Southeast Asia Studies, 1991, pp.175-176.

8) Introduction: Concept of Education for All, *Education for All (op.cit.)*, pp.4-5.

9) Kasama Varavarn, Literacy and Non-Formal Baisc Education in Asia and the Pacific, *Education for All (op.cit.)*, p.107.

10) ユネスコの統計資料は、殆どの場合、各加盟国が提供する統計データに基づいて作成されている。これらのデータは、各国が独自の国勢調査によって収集したものであり、例えば、識字者／非識字者の算定も、統一された基準・方法に基づくものではない。Wagnerが指摘するように、識字に関するこれらの統計資料の数値の信頼性、妥当性、また比較可能性はかなり低いものといわざるを得ない。識字に関する統計資料の問題点については、Wagner, Daniel A., Literacy and Development: Rationales, Innovations, and Future Directions, *International Journal of Educational Development*, Vol.15, No.4, 1995, pp.341-362.

第4章

東南アジア諸国と日本の
教育交流・協力

第1節　日本の教育協力——理念と実態——

はじめに

　東南アジアの教育制度は経済成長を支える基盤であった。30年にわたって東南アジアの経済は成長してきたが、いくつかの要因の中で教育制度の整備はその欠かしえない重要な要因であった。

　本節では、東南アジアの教育の現状を調べ、それに対するわが国の教育上の協力の現状と意義を検討したい。

　わが国の教育上の協力は従来、留学生受入も技術研修も東南アジアを中心として実施されてきたが、1990年のジョムティエン会議[1]以来教育協力の焦点は「基礎教育（Basic education）の確立」におかれ、対象地域は基礎教育の未整備な南西アジア→アフリカにも拡大され、東南アジアに対する今後の教育協力の中心は中等段階に移りつつある。

1　アジアの経済成長とその要因

　東アジア[2]は高度で持続的な経済成長を記録した。世界銀行によれば、1965年から1990年の間に1人当たりのGNPの平均成長率でみると、東アジアは他の発展途上地域はもとより先進OECD諸国よりも大幅な経済成長を成し遂げた（図4-1-1参照）。

　つまり東アジアは上記25か年に平均5％以上の成長を成し遂げたが、これはOECD諸国（2.3％）、南アジア（1.9％）、中東（1.8％）、ラテン・アメリカ（1.8％）を遥かに上回るGNP成長率を記録するものであった。

　東アジアの経済成長は日本を初め、「4つの竜」と呼ばれる諸国（香港・韓国・シンガポール・台湾）がけん引車となって実現されたものである。世銀は更

第1節　日本の教育協力　241

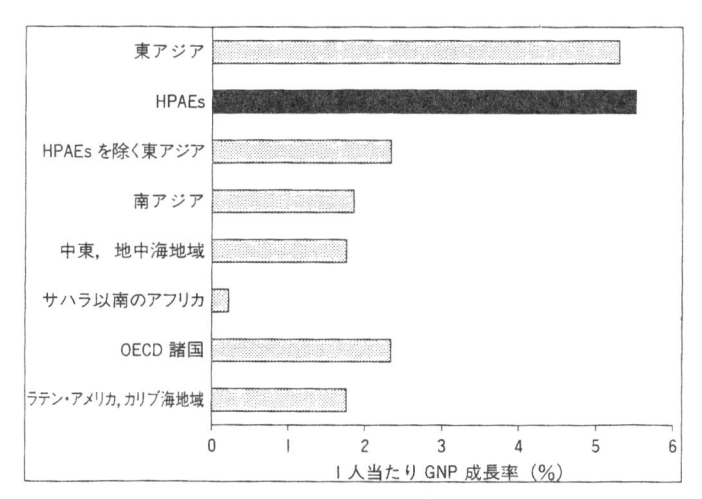

図4-1-1　1965〜90年の1人当たりGNP平均成長率
出所）世界銀行『東アジアの奇跡』（訳書）1993年、2頁。

に3か国（インドネシア・マレーシア・タイ）の新興工業国を加えて、「高いパフォーマンスを示している東アジア経済」（High-Performing Asian Economics ＝HPAEs）と名づけている（図4-1-2図参照）。

　世銀はこの東アジアの成功を「奇跡（miracle）」という表現で呼んだ（*The East Asian Miracle: Economic Growth and Public Policy*, 1993. 訳書『東アジアの奇跡』東洋経済新報社）。

　派手な言葉であるが経済的成功を生んだとされる要因は、今後の検討のためにも検証されなければならない。

　上記の書は東アジアおよびHPAEsが基礎的条件の整備を適正に行ったことが、高度成長を達成した主因であるとしている。そしてより優れた物的および人的資本の蓄積によるものであるとする（同訳書、5頁）。

　東アジアの基礎的条件はどのように変化したのであろうか。まず厚生面に劇的な改善があった。HPAEsの平均寿命は56歳（60年）から71歳（91年）に伸びた。飲料水、食料、住居等をもたない人口の割合は、インドネシアを例にとると、58％（60年）から17％（90年）に減少した。人口増加率は他の地域に比べ急速に低下した。例えば韓国では年率2.6％（60-70年）から1.1％（80-90年）にまで低下し、香港では同時期2.5％から1.4％へ低下し、タイでは3.1％から1.8％に低下している（表4-1-1参照[3]）。

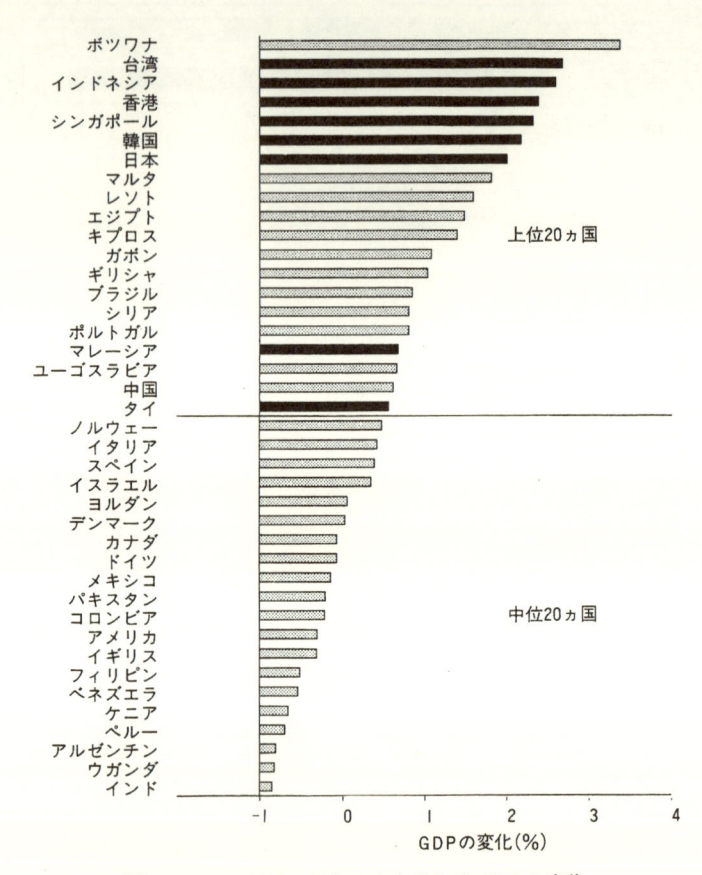

図4-1-2 1960〜80年の1人当たり GDP の変化

出所) 世界銀行、前掲訳書、3頁。

農業は経済発展に伴い相対的な重要性を低下させたが、農業の生産と生産性は向上した。「緑の革命」によって60-70年代、技術の浸透が行われ、高収穫作物の導入が図られたが、灌漑などのインフラ整備、病虫害除去、肥料の投入等に要した膨大な投資は、東アジアの経済成長なしには不可能であった。

生産ー貯蓄ー投資の通常の経済活動には、金融制度の整備が必要である。東アジアのHPAEsには健全な銀行制度が急速に作られてきた。これは政府の指導性と共に世銀が重要な組織改革として指摘するところであった。

『東アジアの奇跡』が世界に報じられて間もなく、東アジアは激しい経済

表4-1-1 人口動態変化

(%)

国・地域	出生率変化 1965〜80	死亡率変化 1965〜80	年平均人口増加率 1960〜70	年平均人口増加率 1980〜90
東アジア				
香　港	−52	−54	2.5	1.4
インドネシア	−40	−55	2.1	1.8
韓　国	−54	−	2.6	1.1
マレーシア	−25	−58	2.8	2.6
シンガポール	−45	−16	2.3	2.2
タ　イ	−46	−30	3.1	1.8
ラテン・アメリカ				
ブラジル	−31	−36	2.8	2.2
メキシコ	−40	−55	3.3	2.0
ペルー	−33	−50	2.9	2.3
ベネズエラ	−31	−38	3.8	2.7
サハラ以南のアフリカ				
ガーナ	− 6	−28	2.3	3.4
ケニア	−13	−50	3.2	3.8
シエラ・レオーネ	− 2	−29	1.7	2.4
タンザニア	− 2	−22	2.7	3.1
南アジア				
バングラディシュ	−27	−33	2.5	2.3
インド	−33	−45	2.3	2.1
ネパール	−13	−42	1.9	2.6
パキスタン	−13	−43	2.8	3.1

注)− データなし。
出所)世界銀行、前掲訳書、41頁。

危機に遭遇した。1997年7月。タイ・バーツの下落に端を発した東アジアの通貨・金融危機は未曽有の経済危機に発展した。98年のGDPは軒並みにマイナス成長に陥り、金融部門の脆弱性だけでなく経済・開発政策に関わる人材の不足等構造的な問題が共通要因として指摘された。経済システムそのものへの不信感に加え、政局の不安が重なり、海外からの大量の短期資金が引き揚げられ、景気は低迷し失業者は増加し各国の貧困人口層が増大した。アジアの経済危機は世界にも及び、この地域と相互依存関係の強い日本の経済には特に大きな影響を与えた。

しかし各国の経済構造改革への自助努力や国際社会の支援により、99年に入って明るい兆しもみられるようになった[4]。

即ち実体経済回復のためには経済基盤の再構築が必要である。不良債権処理によって金融制度を改革し短期資本の呼び戻しを計ることが緊急の問題である。

2　東アジアの教育開発

東アジアの経済成長は教育・訓練制度の面にも大きな発展をもたらした。殆どすべての国で、児童が受ける教育の量は飛躍的に増大した。国家の財政力が高まることによって教育の公的支出は増大し、一方、家計が豊かになれば家計の教育負担比率が軽減される。更に東アジアのいくつかの国では、児童は働きに出る母親に替わって家事を分担しなければならず、家計が豊かになることは児童の就学機会を高めるものであった。

アジアにおける最初の教育開発会議は1960年開催された。開催地にちなんで「カラチ会議」と呼ばれているが、ユネスコ主導で1980年までに最低7か年の無償義務教育の実現を目標とするものであった。参加15か国のうち東アジアの諸国はほぼこの目標に到達したといってよい(表4-1-2参照)。

例えばタイを挙げれば当初の7年間を6年

表4-1-2　東アジア6か国の教育状況(1)
初等教育および識字率

	〈初等教育〉就学率(注)				〈成人〉識字率(%)		
	1960	1983	1993		1960	1980	1995
			男	女			
シンガポール	111	113	108	105	—	83	91
インドネシア	71	115	104	91	39	62	84
マレーシア	96	99	94	91	53	60	84
タ　イ	83	99	93	91	68	86	94
韓　国	94	103	108	105	71	93	98
日　本	103	100	101	101	98	99	91

注）就学率は総就学率で年齢（6〜11歳）調整が行われていない。100％を越える数字がみえるのはそのためである。
　　最近の国連推計によって純就学率（6〜11歳間以外の就学を除いた率）をみると、

```
1993-95データ
              男    女
シンガポール  100   100
インドネシア   99    95
マレーシア    91    92
タ　イ        —     —
韓　国        93    94
日　本       100   100
```

〔台湾のデータ・香港のデータは国連統計にはない。〕
出所）豊田俊雄『第三世界の教育』アジア経済研究所、1987年に加筆。

間に下げて目標年次に到達したが、タイは現在9年間の義務教育を実現しつつある。これらHPAEsに属さない東アジアの諸国も一部を除き初等教育制度はようやく整備されたといってよい。従って東アジアの教育開発は21世紀にかけて、非識字成人[5]の基礎教育と中等教育制度の樹立に向うことになる（表4-1-2および表4-1-3参照）。

表4-1-3　東アジア6か国の教育状況(2) 中等教育

	中等教育就学率　％(注)		
	1975年前後	1990～96年	
		男	女
シンガポール	51	58	60
インドネシア	8	52	44
マレーシア	25	56	61
タイ	21	38	37
韓国	49	101	101
日本	94	98	100

注）総就学者の該当年齢人口に対する比率。
出所）豊田俊雄『アジアの教育』アジア経済研究所、1978年、およびユニセフ『世界子供白書』1999年。

東アジアの教育開発にとって、前述のジョムティエン会議は一つの中間総括であった。カラチ会議からちょうど30年後の1990年、参加国153か国の中で東アジアはその教育発展を比較検証される機会となった。ベーシックエデュケーション（初等教育と成人識字教育）という教育開発の基本面において量・質の問題点が提示された。東アジアの教育開発に幸いしたのは経済成長と共に、先にふれた人口動態の変化であった。出生率の低下－就学年齢人口（0-14歳）の減少は、児童1人当たり利用可能資源の増大を意味し、初期段階における人的資本形成を高くするものであった。ジョムティエン会議は10年後の2000年、その成果が再び評価された[6]。

東アジアの教育開発は上のように数量的発展を示したが、各国の教育と文化の関係の考察は重要である。教育は各国の伝統文化の上に立ち、植民地時代の状況、独立後の産業化の度合い等によって異なった内容をもつようになるからである。東アジアの国々はタイ以外は西欧の植民地ないし準植民地であったし、それぞれ言語・習俗・宗教等の基盤文化をもっている国々である。

東アジアには仏教・イスラーム教・キリスト教の3宗教圏と共に中国の古典に基礎をもつ儒教の文化圏がある。東南アジアの経済に大きな力をもつ華僑社会[7]はこの儒教文化圏の代表者である。華僑の教育観は次の言葉によく現れている。－"水有る処華僑あり。華僑ある処学校あり"－

東アジアの教育開発（中学生）について記しておくべき点がある。一つは「4つの竜」といわれる国々の中学生の数学力である。IEA（国際学力到達度評

表4-1-4 世界の非識字率（非識字者数）

(単位：％ カッコ内：100万人)

	1960	1970	1980	1990	1993（男性/女性）
世　　　界	39.3 (735)	34.2 (783)	32.2 (932)	26.9 (933)	23.7 (17.5/30.4)
先　進　国	4.9 (33.9)	3.5 (27.3)	2.3	4.4	1.7 (1.3/ 1.5)
発展途上国	59.2 (701.1)	50.2 (756)	43.6	35.1	31.2 (22.4/40.2)
ア フ リ カ	81.0 (124)	73.7 (153)	64.6 (169)	53.7 (サハラ以南) (139)	45.0 (35.3/54.6)
ア　ジ　ア	55.2 (542)	46.8 (579)	43.3 (695)	24.0 (東アジア) 53.8 (南アジア)	19.0 (10.9/28.1) 51.2 (38.3/65.0)
ラテンアメリカ	32.5 (40)	23.6 (38.6)	21.0	15.2	14.1 (13.0/15.8)

出所）豊田俊雄『発展途上国の教育と学校』明石書店、1998年、15頁。

価機関）の最近（1995年）の調査によると中学生の数学の得点は、世界の最上位を、シンガポール、韓国、日本、香港が独占したことである（台湾はコンテストに参加していないが、おそらく上位グループに入るであろう）。

もう一つはタイの中学校への進学率の急増である。HPAEsの中で見劣りしていたタイの進学率が1990年代の後半にいたって急角度で上昇した点である。タイでは、教育を受けた労働力の不足が急成長の継続を脅かしていると内外から指摘されていたからである。農村地帯に中学校がときに小学校の校庭等を利用して急速に建てられたのであった。

3　日本の教育協力

日本の教育協力は従来「留学生受け入れ」および「技術協力」という形で行われてきた。「留学生受け入れ」はここ10余年間、2000年を目標に「10万人計画」を立ててきたが、ここ数年6万人のラインで踏みとどまっている。基本的には日本の生活費の高さと日本語の非汎用性に理由があるであろう。「技術協力」は研究生の受入れと専門家の派遣によって成り立っているが、この協力は日本の技術大国化を背景に順調に伸びている。今日この中身には「社会開発」（教育・保健医療系）の比重が増えるという変化があるが……。

これらは高等教育ないし中等教育段階の協力であるが、1990年のジェムティエン以来、「基礎教育」段階の協力が新しい流れとなっている。

わが国はOECD・DACの場で開発協力について発言、国や社会の自助努力と共に開発援助が重要な補完的役割を果たすことを述べ、教育協力について次の2点を指摘した[8]。

(1) 2015年までにすべての国において初等教育を普及させること。
(2) 2005年までに初等・中等教育における男女格差を解消し、それによって、男女平等と女性の地位の強化（エンパワーメント）に向けて大きな前進を図ること。

この"野心的であるが実行可能な目標"は、わが国の教育協力の教育協力に関するある種の国際的公約である。東アジアに[9]とっては主として第2点が目標である。

わが国は東アジアの人材育成への協力をこれまで重視してきたが、99年12月に、5年間に2万人の人材育成支援を目標とする「日・アセアン総合人材育成プログラム」を表明した。これは、①将来のリーダー（政治分野・社会分野）、②中央・地方行政官（経済・社会運営）、③民間人材（実務・技術）の育成を重点とするものである。

留学生支援としては、貸付条件が有利な円借款を設立し（97年12月）、マレーシア・タイの経済危機によって日本留学が困難となった学生を支援する緊急要請援助を行った。更に99年度より、2国間関係強化の観点に立って途上国による日本への留学生派遣を支援する留学生支援無償が導入された。

一方、「知的分野」（「長期経済計画」、「教育制度」等）に対する協力が重要となっている現状において、2年間程度の長期研修員受入れ制度が99年度創設された。これは大学等で正規留学生同様単位の取得を伴うものであり、国際協力事業団（JICA）は入学金・授業料、日本語研修費、渡航旅費、滞在費、住居費等を支給する。本年度は100名の予算が提示済みであり、新しい教育協力として注目される。

教育協力は広い意味で文化の交流である。わが国はユニークな日本文化を提供しつつ、あるいはときに相手国文化と融合しつつ、真の国際交流に貢献するのである。教育を通じての国際交流は今後一層重要となるであろう。

現在教育協力は2国間ODAの6％であり、工学や高等技術を中心とした高等教育への協力である。今後は中等教育、特に理数科のカリキュラム開発や教員養成への協力が必要である。基礎教育への協力は1％（97年）にとどまり、その内容はまだ青年海外協力隊員（JOCV）による理数科教師活動と無償資金による小学校建設に限られている。伝統的に基礎教育を重視したわが国は、途上国における基礎教育の質の改善に飛躍的に取り組む時期にいたったというべきである。

（豊田　俊雄）

注
1）タイ国ジョムティエンで開催された教育開発会議。世銀・UNDP・ユニセフ・ユネスコ共同主催。52か国、1,500人が参加。「すべての人に教育を！（Education for All）」の宣言を採択。以後基礎教育拡充の世界的動向が生まれた。
2）ここで東アジアは東南アジアを含む23か国の呼称。英文で East Asia。
3）人口動態の変化は社会開発に大きく影響する。特に次項で述べる教育開発－入学人口に影響する。
4）『ODA白書』概要版、1999年、32頁。
5）東アジアの非識字率は15歳以上人口の20％内外である（1990-24.0％、1993-19％、表参照）。成人労働者の20％が読み書きできないということは大きな損失というべきである。女子の低い識字は更に改善が望まれる。なおアジアでも南アジアの非識字率は最も高く、サハラ以南アフリカに匹敵する。
6）ダカール会議、2000年7月開催。
7）中国南部に故郷をもつ人種集団。福建・広東・潮州・客家・海南島の5つのグループ（幇＝ぱん）が著名。1世紀以上東アジアの経済に強い影響力をもってきた。華僑の定着者を華人という。
8）OECD・DAC『21世紀に向けて：開発教育を通じた貢献』1996年。
9）上記DAC報告書（訳文）、2頁。

第2節　東南アジア諸国と日本との高等教育交流

　日本と東南アジアとの教育交流は年々活発化している。この背景には日本が世界の経済大国に成長したこと、これに伴う政府開発援助（ODA）の増大、相互依存と国際化の動き、更には近年工業化が著しい東南アジア側の日本に学びたいとの期待の増大、等が挙げられる。これまでの欧米中心の教育交流の流れから近隣諸国である東南アジアとの交流が見直され、今後ますます活発化することが予想される。

　日本側からみた広い意味での高等教育に関わる交流は大きく二つに分けられる。一つは留学生受け入れであり、もう一つは研修生の受け入れである。東南アジア側からみた受け入れはまだその実数は限られており、日本からの働きかけによるものが圧倒的である。これは東南アジア側の教育基盤がまだ完全に確立されておらず、その教育内容も先進国にキャッチアップすることが先決となっているからである。

　ここでは日本側からみた交流、特に日本で勉学・研修する人たちに焦点を絞ってみていくことにする。日本からの交流では日本からの専門家派遣、教員の交換、学術交流等幅広く行われているが、留学生や研修生として日本で生活することによる異文化との直接体験の交流がそのインパクトが最も大きいと思われるからである。

1　留学生の受け入れと派遣

(1)　日本への留学生は低下傾向

　日本への留学生数は近年その数を大きく伸ばし、1994年にはピークに達したが、その後低下傾向にある。留学生登録者数は、1994年末6万1,515人、1995年末6万685人、1996年末5万9,228人と推移してきている。単年度毎の留学目的の入国者数でみると、1995年までは順調に伸び、1995年には8万

2,975人を記録したが、1996年には8万1,902人と初めて低下した。この他に留学予備軍となる就学目的の入国者がいるが、近年は一貫して減少しており、1992年の2万7,367人から1996年には9,436人となっている。

1995年までの日本への留学生急増の背景としては中曽根元首相の音頭により1983年に発表された［留学生受け入れ10万人計画］を契機として、日本での受け入れ体制が徐々に整備されてきたこと、アジアからみて戦後の経済奇跡を成し遂げた日本から学びたいとの期待感の高まりなどが考えられる。しかし、1996年に低下がみられたのは、円高傾向、長引く不況等が大きく影響したものとみられる。これらの要因が取り除かれれば留学生の増加も期待できる。

1996年12月末で留学目的で来日し、留学生として登録されている人数は5万9,228人で、8年前の1988年末の2万9,154人の2倍強となっている。日本への留学生の9割はアジアから来ている。登録者の国籍別では表4-2-1にみるように1996年末で中国が全体の55.9％と圧倒的で、次いで韓国が21.4％、この両者で留学生全体の77.3％を占めている。これに対して東南アジア10か国からの留学生はマレーシア2,236人、タイ1,140人、インドネシア1,122人、フィリピン569人、ミャンマー351人、ベトナム297人、シンガポール138人、カンボジア72人、ラオス54人、ブルネイ5人の計5,984人で全留学生の10.1％となっている[1]。

このように中国、韓国が日本への留学生の大半を占めていることは、これら両国が日本とも地理的に近く、漢字文化圏による日本語の習得が容易であ

表4-2-1 留学生外国人登録者数の推移

(各年末)

	1988年		1990年		1993年		1996年	
	人数	構成比(%)	人数	構成比(%)	人数	構成比(%)	人数	構成比(%)
総数	29,154	100.0	48,715	100.0	60,110	100.0	59,228	100.0
中国	15,642	53.7	29,354	60.3	34,423	57.3	33,120	55.9
韓国・朝鮮	6,117	21.0	9,953	20.4	13,930	23.2	12,648	21.4
マレーシア	1,224	4.2	1,649	3.4	2,195	3.6	2,236	3.8
タイ	825	2.8	952	1.9	1,119	1.9	1,140	1.9
インドネシア	739	2.5	968	2.0	1,218	2.0	1,122	1.9
その他	4,607	15.8	5,839	12.0	7,225	12.0	8,962	15.1

出所）『国際人流』第89号（1994年10月）および『在留外国人統計平成9年版』入管協会、1997年。

(2) 日本からの海外への留学先は先進国が主

一方、ユネスコの文化統計年鑑（1996年版）による日本から海外への留学生数は主要50か国で約5万9,000人である（国によって年度が異なり91年から94年にまでまたがっている）。最も多いのがアメリカで4万3,770人、次いで中国8,526人、イギリス2,042人、ドイツ1,236人、フランス1,157人、カナダ774人、オーストラリア675人、韓国392人、オーストリア251人、ニュージーランド109人、その他528人となっている。中国、韓国を除いて先進国となっている。また、留学・研修・技術修得のために出国した日本人をみても、全体で18万86人、このうちアジアに出かけた人は2万8,149人と、わずか全体の15.6％にしかすぎない[2]。

文部省調べによる1996年5月1日現在の在日留学生数は5万2,901人で（1983年1万428人、88年2万5,643人）、内訳は私費留学生4万3,573人、国費留学生8,051人、外国政府派遣留学生8,051人となっている。教育機関別では学部レベル47.2％、大学院レベル37.4％、専修学校14.4％、高等専門学校1.0％となっている。

しかし、日本の留学生受け入れ数5万2,901人はアメリカの44万9,749人（93/94）、フランスの13万9,562人（93/94）、ドイツの11万6,474人（91/92）、イギリスの9万5,594人（92/93）に比べてはるかに少ない。日本からの海外への留学生も殆どがアメリカで、全体の5万9,460人のうちの4万3,770人と実に73.6％を占めている。

(3) 東南アジア学生の留学先の特徴

東南アジアからの留学先の大半はまだ欧米志向で、特にアメリカが圧倒的に多いのが特徴である。1996年のユネスコ統計で東南アジア学生の留学先をみてみる[3]。東南アジアの中で海外への留学生が最も多いのはマレーシアで3万5,797人、次いでインドネシア2万730人、シンガポール1万5,332人、タイ1万3,318人、である。その他の東南アジア諸国では、フィリピン5,477人、

ベトナム5,126人、カンボジア1,559人、ラオス956人、ブルネイ939人、ミャンマー708人となっている。

国別の留学先をみてみる。マレーシアの留学先の上位は、アメリカ（1万3,718人）、イギリス（8,529人）、オーストラリア（7,849人）でこれら3か国で全体の84.1％を占めている。日本へは1,742人で第4位である。インドネシアの上位3か国はアメリカ（1万1,744人）、オーストラリア（2,718人）、ドイツ（2,178人）で、次が日本の1,032人である。シンガポールの上位3か国は、オーストラリア（5,374人）、アメリカ（4,823人）、イギリス（3,359人）で、日本への留学生は大幅に少なく103人のみとなっている。タイの場合は最も多いのがアメリカ（9,537人）、日本が第2位で898人、次いでイギリス601人となっている。フィリピンの場合はアメリカに次いで日本が多い。

マレーシアの海外留学生が多いのは国内の大学の数が限られていること、国内の民族別の入学割り当てにより非マレー系がはじき出されていることが大きな要因である。日本への留学生が多いのはのちにふれるルック・イースト政策によるものである。タイとインドネシアで日本が上位に食い込んでいるのは歴史的なつながり、英語が両国ともそれほど通用せず、それなら地理的にも近く同じアジアの日本に行こうとの表れとみることができる。シンガポールからの留学生が非常に少ないのは英語圏であることとかつてシンガポールが日本に占領され祖父母・両親で虐殺された悪夢による抵抗感が強かったことが挙げられる。フィリピンからの日本への留学生が多いのは、地理的に近いことと食生活面でフィリピン料理がアジアの中でも唯一辛くなく日本食にあうこと、フィリピン人が日本語を覚えることに対する抵抗感が少ないこと等がある。

(4) 東南アジアでの日本への期待増大

日本の経済発展を見習いたいとの期待は東南アジアに共通のものになりつつある。ただ、東南アジアは欧米の植民地下にあったことから歴史的に欧米との結びつきが強かったことと日本語という言葉のハンデが大きく、東南アジアからの海外留学は既にみたように依然として欧米が主流となっている。このような中で日本への期待が高まっており、その一つの表れとして外国政

府派遣留学生が送られてきている。最初は中国政府派遣留学生であり、1979年度から受け入れている。続いて、マレーシア政府派遣留学生を1984年度から、インドネシア派遣留学生を1985年度から受け入れている。このような派遣留学制度により留学生の数も東南アジアの中ではマレーシアとインドネシアがそれぞれ1位、2位を占めている。

マレーシアは東南アジアの中でシンガポールに次いで日本の経済発展に学ぼうとして政府の政策としてルック・イースト政策（東方政策）を推進している。これは1981年から政権についている第4代マハティール首相がこれまでの欧米の価値観から脱却してアジア人の価値観、特に日本、韓国に見習うべき点が多いとして、日本人の勤勉さ、集団性、経営方式等を取り入れて、自国の発展に役立たせようとして提唱したものである。

日本も政府開発援助によってマレーシア政府のルック・イースト政策に支援を行っている。日本から日本語、数学、物理等の高校の教師を送り込み、日本の授業にすぐについていけるように2年間の予備教育を行っている。日本の大学への留学生はマラヤ大学で、高専の3年生に編入される高専留学生はマレーシア工科大学でそれぞれ教育を受けている。ルック・イースト政策による日本への派遣は留学生にとどまらず、研修生の派遣にも及んでいる。

筆者はかつてマレーシア、タイ、フィリピンに滞在したことがあると同時にこれらの国を含め東南アジアに出張する機会が毎年あるが、近年日本に対する憧れ、日本での勉学したいとの希望を多くの人から寄せられる。今後、東南アジアからの日本への要請は更に強まってくると思われるので、これに応えていく体制作りがますます求められることになるのは確実である。

2　研修生の受け入れ

(1) 年々拡大を続ける研修生の受け入れ

公私の機関で技術、技能または知識を修得しようとする目的で入国する研修生の数は表4-2-2にみるように1987年の1万7,081人から1990年3万7,566人、1993年には3万9,795人、1996年には4万5,536人と毎年増大してきている。これはアジアへの日本企業の進出が増え、研修のために日本に送

表4-2-2 研修を目的とした外国人の国籍別新規入国者数の推移

	1987年		1990年		1993年		1996年	
	人数	構成比(%)	人数	構成比(%)	人数	構成比(%)	人数	構成比(%)
総　　　数	17,081	100.0	37,566	100.0	39,795	100.0	45,536	100.0
中　　　国	2,688	15.7	7,624	20.3	15,688	39.4	17,904	39.3
タ　　　イ	2,428	14.2	5,075	13.5	4,075	10.2	3,298	7.2
フィリピン	1,207	7.1	3,460	9.2	2,942	7.4	4,446	9.8
韓　　　国	2,800	16.4	4,485	11.9	3,224	8.1	2,710	6.0
マレーシア	757	4.4	3,564	9.5	2,174	5.5	1,675	3.7
インドネシア	1,310	7.7	2,891	7.7	3,433	8.6	5,098	11.2
中国（台湾）	375	2.2	1,239	3.3	448	1.1	737	1.6
そ　の　他	5,516	32.3	9,228	24.6	7,811	19.6	9,668	21.2

出所）東京商工会議所『外国人研修生受け入れのすすめ』1994年および法務大臣官房司法法制調査部編『第36出入国管理統計年報（平成9年版）』大蔵省印刷局、1997年。

るケースが増大したことによるものである。更に日本での受け入れも民間企業での受け入れを促進する目的で1991年には㈶国際研修協力機構が設立されるなど、その体制が整備されてきていることも大きい。国籍別では中国の比重が高まっているのが読み取れる。また、日本企業の東南アジアとの結びつきの強さを反映してこれら諸国からの研修生の比重が大きいのが注目される。東南アジア10か国から1万6,270人で35.7％を占めている。多い順にインドネシア（5,098人）、フィリピン（4,446人）、タイ（3,298人）、マレーシア（1,675人）、ベトナム（1,313人）である。

　この中で、技術協力の一環として受け入れている研修生は年々増大しており、1992年の受け入れ人数は1万3,063人で10年前（82年6,607人）のちょうど2倍になっている。このうち政府ベースによるものが7割弱の8,892人、その大部分（8,363人）が国際協力事業団（JICA）によるものである。民間ベースによるものが4,171人、その大半（3,623人）が海外技術者研修協会（AOTS）を通じて受け入れている[4]。

　これら研修生を地域別にみると55.1％がアジアからである。国別には中国からの研修生が全体の11.3％を占め最大であるが、東南アジアからの研修生がそれに続いている。タイ9.6％、インドネシア9.4％、フィリピン6.5％、マレーシア6.2％、シンガポール2.8％のASEAN5か国で全体の34.5％を占め、これら諸国との経済協力関係の強さを物語っている。

3 日本の国際的責務

(1) 高まる日本の国際的責務

　日本が経済大国になるに伴い日本の国際的責務も大きくなっている。日本のODAもここ年間100億ドルを越え、世界第一の援助国になっている。しかし、その一方で援助・開発に従事する人材が質・量ともに不足しており、援助の効果的・効率的実施を妨げているとの認識が援助関係者の間で一般化していた。日本のODA業務に従事している人数はJICA、OECF（現在JBICに統合）、主要官庁担当者を合わせても約2,000名でアメリカの約4,500名、ドイツの約4,800名に比べて半分以下であった。また、国際性と高度の専門性にも欠け、国際的に通用する人材の不足は国際機関で働く日本人の数が割り当て人数に比べてはるかに少ないことからも明らかになっている。

　このような中で高等教育機関における開発援助関係の教育・研究を振興することを目的として開発大学院が国立大学に設置された。名古屋大学、埼玉大学、横浜国立大学、神戸大学、広島大学の各大学に1991年から94年にかけて大学院の開発援助コースが開校した。

　日本での留学・研修が敬遠される大きな要因の一つに語学の問題がある。大学院レベルでの英語による履修が可能なものとしては東京大学や横浜国立大学の工学系のもがあるが、社会科学系では埼玉大学政策科学や国際大学等その数は極めて限られている。そのため日本への留学、勉学をあきらめるケースが多くみられる。この中で特異な存在として注目されるものにアジア経済研究所開発スクールがある。

(2) 新たなる人材開発の試み

　アジア経済研究所は1990年に開発・援助専門家育成のために過去30年の地域研究・開発分野での蓄積・知見に基づきアジア経済研究所開発スクールを設立した。現在日本人対象のコースと外国人対象のコースの二つがある。外国人コースは6か月であるがその内容は大学院レベル相当である。日本の経済発展、産業政策、財政・金融政策、援助行政・政策、開発問題全般に関わ

るイシュー等を勉強してもらうと共に工場視察・機関訪問による日本の現状把握によって自国の経済発展の参考にしてもらおうとするものである。授業はすべて英語で行われている。このプログラムは日本のODA事業の一環として実施されている。

外国人学生の選抜に当たっては、①行政官で開発計画立案・実施、援助行政に従事している人、②機関からの推薦を受けられること、③3年以上の勤務経験があり、35歳以下であること、④修士以上の学位を取得していること、⑤高度な英語能力（TOEFL 550点以上相当）を有すること、の条件を課している。

本コースの特徴としては厳しい条件を課すことによって優秀な学生を選抜していること、英語で授業を提供していること、座学だけでなく週1回の工場見学と地方への研修旅行を4回実施していること、日本人学生との日常の交流が密なこと、アジア経済研究所職員の手作りによる日常的なテイク・ケアーが行われていること、などから海外でも注目されており、多くの志願者を引きつけてきている。特に日本人学生はその殆どが勤めをやめて将来の自分の夢を開発・援助にかけたいとの意気込みで参加している人達で外国人学生にとってはまたとないパートナーとなっている。

1991年にスタートした時点ではASEANのフィリピン、インドネシア、タイ、マレーシアの4か国から8名であったが、その後徐々に学生の数を増やしており、92年11名、93年13名、94年15名、95年15名、96年17名、97年15名、98年は15か国から15名を受け入れている。15か国の内訳はモンゴル、中国、インドネシア、フィリピン、マレーシア、タイ、ベトナム、ミャンマー、カンボジア、ラオス、ネパール、バングラデッシュ、インド、パキスタン、スリ・ランカである[5]。

開発スクールで学んだことを契機として日本への関心が高まり、日本で更に勉学を続けたいとの希望が多く、中には既に大学院に合格して勉学している元外国人研修生もいる。このように外国人研修生とのネットワークが年々拡大していると共に日本との新たな教育交流の輪も確実に広がりをみせている。その国での生活・勉学の体験の善し悪しがその国の評価につながってくることを考えると、開発スクールの提供しているプログラムの果たしている

役割は大きいものがあるといえる。

（山本　一巳）

注
1）『第36出入国管理統計年報』大蔵省印刷局、1997年。
2）UNESCO, *Statistical Yearbook 1992 & 1996*.
3）*Ibid.*
4）『平成6年版 経済協力の現状と問題点』1994年。
5）アジア経済研究所『アジア経済研究所開発スクール1998-1999』。

第3節　東南アジアに対する日本語教育の援助
――今後の日本語普及のあり方をめぐって――

はじめに

　近年、東南アジア諸国では日本語学習者が急増している。海外の日本語教育普及に対するわが国の中心的援助機関である国際交流基金が行った調査によると、1975年から1993年までに東南アジア諸国では日本語教育機関数は約7.7倍、学習者数は10.8倍に増加している（表4-3-1参照）。東南アジア地域の学習者数を他の地域と比較すると、東アジア（韓国、中国、香港等）、太平洋地域（オセアニア諸国）に続く大きな学習者地域を形成している[1]。

　東南アジアの日本語学習者急増は、よく知られるように日本との経済関係が深まり日本語の需要が増大したことを背景にした現象である。戦後の日本と東南アジアの経済関係を振り返ると、1960年代より東南アジア諸国に対する直接投資と企業進出が始まり、この時期から経済関係が急速に緊密化していった。こうした経済情勢を反映して、各国政府は日本語教育に対する重要性を認識し、国内教育機関に日本語教育の講座を設置したのである。1970年代には民間日本語学校も台頭し、「日本語ブーム」と呼ばれるほどに東南アジアにおける日本語教育は活況を呈した。更に1980年代からは、大学だけでなく中等教育への日本語教育の導入、日本に留学し科学技術を学ぶ研修生のための日本語予備教育課程の相次ぐ設置などが行われ、日本語教育と学習者

表4-3-1　東南アジアにおける日本語学習者数の推移

1975年		1988年		1993年	
学習者数	（機関数）	学習者数	（機関数）	学習者数	（機関数）
1,179	(90)	55,530	(331)	121,559	(697)

注）国際交流基金『海外の日本語教育の現状』1995年、等より作成。
　　数値は次の10か国の合計―インドネシア、カンボジア、シンガポール、タイ、フィリピン、ベトナム、ブルネイ、マレーシア、ラオス、ミャンマー（ビルマ）。

の多様化が生じている。

　このような日本語教育の拡大に対応して、わが国政府は国際交流基金などの政府機関を通して日本語普及のための援助・協力事業を行っており、この援助事業のあり方はわが国の大きな政策課題となってきている。しかしながらこの援助事業は、急増する援助要請に対応することが急務となり、いかなる目的や課題をもって行うべきか十分議論されていない。

　以下では、今後ますます拡大が予想される東南アジアの日本語教育に対して、どのような理念の下にわが国は援助協力を行うべきか検討する。特にここでは、多民族社会という東南アジアの社会構造を踏まえ、従来あまり議論されてこなかった日本語教育と民族・文化との関連に着目して検討したい。いうまでもなく東南アジアは多民族・多文化の国家から成る地域である。様々な言語が互いに緊張関係をもち衝突してきた経緯は、これらの国の教育史にも明確に表れている。ここでは、民族や文化の問題が複雑に絡んだ葛藤の場の中に日本語をおいてみることにより、多民族社会での言語教育のあり方が、従来の日本語教育のあり方に対して何を問題提起するのか、多民族社会が問いかける日本語教育の問題は何かという視点から検討を進める。いうなれば、日本語教育を写し出す鏡として多民族社会を捉え、写し出される像の歪みを探ってみることにする。

1　わが国の日本語普及への援助事業

　多民族社会における日本語教育の問題を考える前に、東南アジア諸国に対する日本語教育普及への援助・協力事業の概要をみておく。1954年にわが国は東南アジア諸国へ経済協力と技術援助を行う「コロンボ計画」に正式加盟し、戦後の東南アジア諸国に対する経済援助・技術協力を開始した。東南アジアにおける日本語教育への援助もこの技術協力の一環として始まった。現在、政府の東南アジア諸国の日本語教育への援助・協力事業はいくつもの省庁に分かれているが、日本語教師の派遣数からみると主要な援助機関は国際交流基金と青年海外協力隊の二つが挙げられる[2]。

　国際交流基金は、「わが国に対する諸外国の理解を深め、国際相互理解を

増進すること」(国際交流基金法第1条)を目的とした外務省特殊法人である。同基金は「海外における日本研究に対する援助およびあっせんならびに日本語の普及」(同法23条)を業務の一つとし、以下のような日本語普及のための援助を行っている。

(1) 日本語教育専門家の海外派遣：現地大学等の日本語教育機関で日本語教授、現地日本語教師への専門的指導等を行う。1972年創設より1996年度までに、延べ約2,900人の日本語教育専門家が海外に派遣された。
(2) 青年日本語教師等派遣：日本語教育が拡大しつつある地域の大学、高校における日本語教育支援のため、青年日本語教師を派遣する。
(3) 日本語講座の運営・維持のための条件整備援助：日本語教材、辞書、視聴覚機材、日本語教育施設・機材の供与援助、また日本語教材開発の援助を行う。
(4) 海外日本語教師の研修：現地また本邦招聘による日本語教育研修の実施。埼玉(日本語国際センター)と大阪(関西国際センター)で長期・短期の研修生を多数受け入れている。
(5) 財政的援助：現地日本語教師の給与や謝金の助成を行う。

現在、国際交流基金が行っているアジア地域への日本語教育普及事業の概要は表4-3-2の通りである。

青年海外協力隊は、開発途上国に対して技術協力を行う政府機関である国際協力事業団の事業の一つで、開発途上国の経済・社会の発展に協力したい青年を派遣する青年の海外協力活動であって、「開発途上地域の住民と一体になって当該地域の経済及び社会の発展に協力すること」が目的となっている(国際協力事業団法21条の二)。青年海外協力隊は、1965年発足以来、1994年ま

表4-3-2　アジア地域の日本語教育普及に対する支援事業 (国際交流基金)

	東アジア	東南アジア	南アジア
日本語教育専門家派遣 (人)	20	68	8
青年日本語教師等派遣 (人)	54	2	8
日本語教材作成 (件)	18	7	1
海外日本語教師の訪日研修 (人)	34	37	17
現地講師給与助成 (件)	3	3	—
現地講師謝金助成 (件)	3	15	15

出所) 国際交流基金年平成8年度事業報告から作成。

でにのべ463名の日本語教師を開発途上国に派遣している[3]。

2 日本語教育における民族の不在

東南アジアにおける日本語教育はいかなる場面で多民族社会と出会うのだろうか。この問題を考えるために、マレーシアの日本語クラスを例にして、まず日本語教育の現場からみてみる。マレーシアには1965年より青年海外協力隊の日本語教師が数多く派遣されている。例えば全寮制中学校に派遣された隊員が初級クラスで次のような質問をしたとする[4]。

「日本人は、朝パンやご飯を食べます。マレーシア人は、朝何を食べますか。」

おそらく、この質問への生徒の反応はにぶいだろう。「日本人」と「マレーシア人」は等価でないからである。「マレーシア人」を構成するのはマレー系民族、中国系民族、インド系民族であり、朝食は民族によりそれぞれ異なる。隊員は多民族国家という概念をここで具体的に知ることになる。けれども、問題はこれだけで終わらない。隊員は教える日本語クラスを見渡すと、クラスを構成するのは99％がマレー系民族であることに気づく。この隊員が派遣された全寮制中学校は、マレーシア政府のマレー系民族優先政策により設置された教育機関であり、生徒はほとんどがマレー系民族だからである。ここで多民族国家の政治、民族問題の複雑さを隊員は垣間見ることになる。マレーシアを含め東南アジアの言語教育は、政治、文化、民族の角逐と葛藤の舞台なのである[5]。

現在の日本語教育においては、このような多民族や多文化の問題が教師の教授活動や教授内容といかに関わるか研究されてこなかった。というよりは、日本語教育という領域全体で民族や文化を視野に入れた教育のあり方を考えることは意識化されていないといってよい。日本語教育の歴史をみると、東南アジア諸国を含む多くのアジア地域は、戦前の日本軍政下において日本語が「国語」と制定され、植民地支配のために「大東亜共栄圏」の公用語として教育されていた地域である。戦前の日本の日本語教育は、言語と民族の関連からみれば現地の民族と文化を排除・抑圧した強制的言語教育であり、軍事

政策に追従した「文化帝国主義」的言語教育だったということができる[6]。こうした戦前の明確な国家イデオロギーを支柱にした日本語教育に比べ、戦後の東南アジアにおける日本語教育への援助は「平和的」「善隣友好的」な文化外交の中に位置づけられている[7]。歴史的経緯から、日本語教育は学習者の民族と文化に侵入しないことがあらかじめ条件づけられている。

政策レベルでみると、海外における日本語普及の援助事業に関与する一元的な法的・制度的機構は存在しないため、援助機関の普及活動の目的や課題を統一的に明示したわが国の日本語教育援助の「理念」と呼べるものは現在のところない。しいて理念に類するものを取り出せば、「援助の基本姿勢」といった実務的なレベルである程度共通した援助実施のあり方が存在している。それは、「現地主導の援助」と呼ばれ、日本語教育の実施主体は現地教育機関であり、援助する側は教育内容や考え方の押しつけはせず、あくまで現地の主体的努力を支援することに自らの立場を限定するという姿勢を示したものである[8]。海外での日本語普及のための援助は教育の内容には立ち入らず、外的条件整備に自らの役割を限定することにより事業は進められているといってよい。

この「現地主導の援助」姿勢は日本語教育の現場においても浸透している。日本語教師の専門研究雑誌を見てもほとんど民族や文化の問題についてはふれられていない。「日本語教育における文化の取り扱い方については、模索の段階であり、明確な位置づけはなされていない」とし、民族と文化の問題に対して日本語教師がいかに関わるべきか積極的な議論はなされていない現状にある[9]。

しかし、日本語教育における民族と文化の不在は大きな矛盾を抱えているといえる。民族と文化を職分の埒外におき、語学教授に仕事を徹する教師の態度は、多様な民族の学習者の文化に共感し、従来の日本語教育のあり方を多民族国家の中で再考する視点を閉ざすことになりはしないだろうか。更に、民族と文化への自覚のなさは、日本語と不断の関連にある日本民族、日本文化に対する批判的認識の欠如につながり、無意識に日本民族と日本文化への同化教育を押し進める危険性が伏在していないだろうか。自覚のなさは、無意識のうちに自民族中心主義の教育となり、結果的には「文化帝国主義」イ

デオロギーを助長する危険があるといえる。既に、現在の日本語教育における日本文化の取り扱いの安易さが、表面的な「単一文化・単一民族・単一言語の日本社会」という幻想を流布しているという批判がされている[10]。むろん、この批判の妥当性は個々の日本語教育活動の諸局面に即して考えなければならない。しかし、言語が民族と文化の根底に存在するということは疑問の余地のない自明の命題ではあるが、両者の複雑な構造関係を問い直し、更に現在の日本語教育のあり方をその構造の中で再考することが必要と思われる。

そのためにはどのような視点からの検討が必要なのだろうか。以下では、東南アジアの教育制度に見られる言語教育のあり方をみてみることから、日本語教育の課題を考えてみたい。

3　東南アジアの民族と言語教育

東南アジアの日常生活で使われている言語の数は数100にものぼる。各国の学校教育では、各国の「国語」教育の普及政策、「民族語」や「地方語」の取り扱い、さらに「外国語」教育のあり方は、それぞれの国の歴史的・社会的背景が複雑に絡み今日にいたっている。ここで二つの国を事例に取り、様々な言語の学校教育制度内での扱いを示してみる[11]。

インドネシア

典型的な多民族・多言語国家であるインドネシアには、250種もの民族語（地方語）が存在する。小学校より国語（インドネシア語）が教授用語であるが、インドネシア語で教育することが困難な地域では、小学校3年まで民族語（地方語）を教授用語とすることが認められている。小学校4年以上は大学までインドネシア語が教授用語となる。英語は、中学校から必修外国語科目として教えられている。なお、日本語学習者はアセアン諸国で最も数が多く、6万7千人以上を数える。大学と並んで高等学校でも第二外国語に日本語が教えられている（図4-3-1参照）。

フィリピン

インドネシアと同様に多数の民族語（地方語）が存在するフィリピンでは国

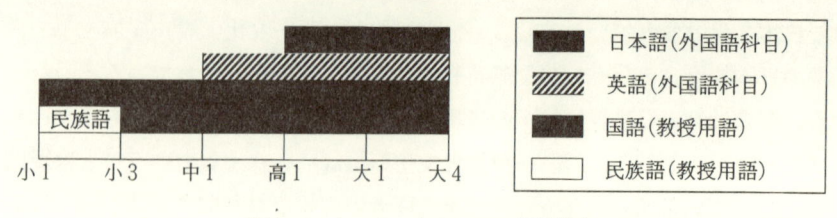

図4-3-1　インドネシアの言語教育

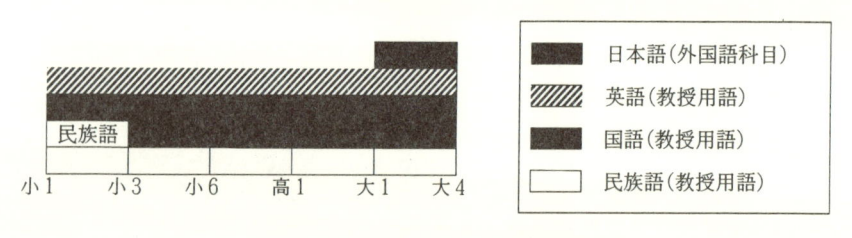

図4-3-2　フィリピンの言語教育

語（ピリピノ語）と英語のバイリンガル教育が展開している。小学校低学年で民族語（地方語）を教授用語として使用することが認めるが、英語、ピリピノ語は小学校1年からから科目として教えられる。中学以上はピリピノ語、英語のバイリンガル教育となり、ピリピノ語と英語が教授用語となる。日本語は大学で外国語科目として教えられている（4,543名）（図4-3-2参照）。

(1) 東南アジアにおける言語の共有性

2カ国の例からまずみてとれる特徴は、東南アジアの教育制度においては、「国語」「英語」「民族語」など、それぞれ性格の異なる言語が存在し、その国の子ども達はいくつもの言語を学校で学ばざるを得ない社会に成長しているということである。彼らが学校で日本語を学習するとすれば、いくつもの言語学習をした上で、第二外国語ないし第三外国語として学習するのである。それらの言語が自らの母語といかに隔たったものであっても、将来の進学、就労機会を考えるならば多くの犠牲を払いながらも複数の言語を学ばざるを得ないのである。

けれども、この事実は「単一民族」「単一言語」の社会にない長所ともなっている。多民族社会において人々は生活のため学習のために複数の言語を積

極的に獲得し、使用言語のレパートリーを増やしてる。人は家庭、学校、地域社会などで場面に応じて複数の言語を使用する。更に、それらの複数の言語をみてみると、東南アジアにおいては一つの民族の独占物ではなく、様々な民族に共有される言語の存在が認められる。異なる民族間の共有言語を社会言語学では「橋渡し言語」と呼び、バザール・マレー語やピジン英語はその典型である[12]。この言語の共有性には、日本語教育のあり方を考える手がかりがある。仮に、日本語が日本人だけの独占物ではなく日本人以外の人によって使われまた教えられる状況を展望するならば、日本語も異民族間の「橋渡し言語」となれるかどうかという視点から考えてみる余地がある。

　言語の共有性という視点からは、東南アジアの学校教育におけるもう一つの特徴である英語の強い影響力についても考えてみることができる。フィリピンを初めマレーシア、ブルネイ、シンガポールなど英米の植民地支配を受けた国では、国語と共に英語によるバイリンガル教育が積極的に推進されている。英語使用国を植民宗主国としなかった国でも英語教育は、学校主要教科の一つである。タイでは小学校、インドネシアでは中学校から英語が外国語教科として教えられている。今後、東南アジア地域で中学校へ就学する子どもが増加すれば、更に英語学習者の数は増えることになる。現在、東南アジアの英語使用者数を6千7百万人とする研究もあり、東南アジアでは英語は民族や国家を超えた人々の共有言語となっている[13]。

　自分の母語を学ぶだけでなく、多くの葛藤と摩擦を経験しながらもより広い共通のコミュニケーションの媒体が必要な多民族社会に彼らは成長し生活しているのである。英語教育の重視は、英語が苦い植民地支配の歴史につらなる抑圧言語であったとしても、現実の社会状況、国際情勢の中で生き抜くためにむしろ積極的にそれを活用しようとする国家戦略の現れである。既に彼らは自家薬籠中の物として英語を使用しているのである。民族との分かち難い結びつきを担った母語や民族語を踏まえ、様々な民族的差異を承認した上で、共通コミュニケーションのために別の言語が共有されるという認識は、そのまま日本語教育の状況に当てはめることはできないとしても、今後のあり方を探る上で示唆的である。

4　日本語の国際化

　ここで、社会言語学の「国際語」また英語教育学の「国際英語」という考え方を参照して、日本語教育の課題を考えてみる。社会言語学では一つの言語が国際的に普及し「国際語」となることよって生じる様々な性質を分析している。そのパターンは次の8項目に集約できるという[14]。
　① その言語がその言語のために学ばれるのではなく、何か別の目的のために学ばれる。
　② その言語を母語としている以外の人が教師となることが多くなる。
　③ その言語の母語以外の地で学習されることが多くなる。
　④ 学習者のうち年少者の比率が高くなる。
　⑤ 一度に教育される人間の多数化が起こる。
　⑥ 学習の中心は書き言葉から話し言葉に移る。
　⑦ 学習者がその言語学習に割くことができる時間数がまちまちになる。
　⑧ その言語は非純粋化する。

「国際語」の典型は英語である。英語がイギリス、アメリカといった本来の英語の所有者を離れて、世界に普及することにより「国際英語」と呼ばれる変種を生み出してきた。東南アジアでは、その歴史的背景によりシンガポール英語、フィリピン英語等と呼ばれる独自の音韻、語彙、文法体系をもった独自の変種を生み出してきた。出自としては外国語だった英語を、各民族が自分の言語とするための努力の結果として「国際英語」を作り出してきたのである。ある言語が一つの民族の独占から離れ、異なる民族に共有されるとき、その言語は純粋さを喪失し、様々な偏差をもちながらも共通コミュニケーション手段となるのである。

　更に、「国際英語」の論者達は、「国際英語」が英米人の言語規範に拘束されず、その学習・使用は英米人の価値観や伝統、文化などへの追従を意味せず、「日本的」「アラビア的」英語はすべて平等の価値をもって国際コミュニケーションの手段として認めるべきであると主張している。「国際英語」には英米の社会や文化を学ぶ以上に、民族間の橋渡し言語として積極的な役割

が期待されているからである[15]。

このような「国際語」や「国際英語」の論点を踏まえ、現在の東南アジアの日本語普及状況をみたとき、いくつかの目立った傾向を指摘することができる。

(1) 学習者層の低年齢化

まず、上の④に挙げられた「学習者のうち年少者の比率が高くなる」という傾向がある。近年、東南アジア諸国の政府は、従来日本語教育の中心であった高等教育機関のみならず、中等教育機関への普及を積極的に推進している。そのため、東南アジアには、中学生、高校生といった若年層の日本語学習者層が作り出され、今まで高等教育機関を中心にしていた学習者層は、次第にすそ野を下り中等教育に移り、低年齢化が進んでいる。

現在、東南アジアの中で最も中等教育の学習者が多いのはインドネシアで、そこでは6万人以上が学習している。タイ、マレーシアでも1980年代に中等教育カリキュラムに日本語が取り入れられ、日本語は外国語選択科目となった。両国では、中等教育での日本語教師の不足のため、実際に日本語を学習できる中等教育機関は限られていたが、1990年代に入り政府は中等教育日本語教師養成施策を開始し始め、今後更に学習者が増加することが予想される。シンガポールでは、教育省外国語センターに日本語講座を設け、国内の優秀生徒を選抜し、中学高校6年間の一貫した日本語教育課程が実施されている。

(2) 実践的志向の日本語学習

第二の特徴は学習の目的が実践的志向をもっていることである。上の①の「その言語がその言語のために学ばれるのではなく、何か別の目的のために

表4-3-3 東南アジアの中等教育段階における日本語教育

1977年	シンガポール	日本語をフランス語と共に第3国語に制定
1978年	シンガポール	公立中学校の課外授業で日本語教育開始
1981年	タイ	中等教育カリキュラムで日本語を外国語選択科目とする 高校卒業時の水準試験や大学入試科目へ採用
1984年	インドネシア	高校の外国語選択科目へ
1994年	タイ	中等教育日本語教師養成開始

表4-3-4 日本語学習者の学習目的（タイ）

・タイでの仕事に役立てるため	(70％)
・日本をよりよく理解するため	(28％)
・日本で勉強するため	(24％)
・日本で仕事をするため	(5％)
・その他	(12％)

注）複数選択回答。

学ばれる」という項目がここに該当する。これは、日本語学習者の拡大は日本と東南アジアとの経済関係の深まりを背景にしていることからすると自然と発生する傾向である。日本語学習者の学習動機は日系企業や日本人観光客を対象としたビジネスの職種で就労することにあり、実践的・実際的な技能、コミュニケーション手段として日本語を求めているのである。逆にいうと、彼らの日本語学習動機は決して日本文化・日本社会を深く知るためのものではないのである。1993年にタイ・バンコクの主要日本語教育機関で学習する学生・一般人230名を対象にした調査の例では、学習目的については表4-3-4に示されるように約70％が「タイでの仕事に役立てるため」という回答を選択している[16]。学習者の多くはタイに進出している日系企業などで日本語を使って仕事を行うことを目的にして学習しているのである。

　この特徴は東南アジア全体の一般的傾向となっており、各国の日本語教育機関での学習科目には「ビジネス日本語」や「観光日本語」といった実践的な科目が多いのが科目構成上の特徴ともなっている。

　実利的志向の日本語学習は、ともすると日本語学習と一般的な日本事情や日本文化といった事柄の学習とを安易に結びつけた従来の日本語学習のあり方へ問題を提起しているといえるだろう。

5　今後の日本語教育の課題

　「国際語」の性質⑧にある「その言語は非純粋化する」という性質は、日本語教育にとって最も重たい課題と思われる。国際共通語としての「国際英語」は、多国籍化、無国籍化を積極的に進めることで、初めて圧倒的な数のコミュニケーション手段となることができた。日本語は民族を超えることによって純粋性を奪われることになるのだろうか、それをどう捉えるべきだろうか。

　客観的な水準からすれば、東南アジアにおける日本語学習者数は英語学習

者数の数百分の1である。現在までのところ、日本語学習者が日本語を使用する相手はほとんどが日本人であり、想定される日本語使用場面もある程度限定された特定の日本社会や日本人集団との対話に限られる。タイ人とフィリピン人が日本語でコミュニケーションを行う機会は依然少ない。従って、日本語の現実をそのまま「国際語」と照らし合わせて議論することはできない。現在の日本語教育において直ちに日本語の多国籍化、無国籍化を許容し、あるいは自覚的に国籍を抹消し、多民族に共有される言語として教育内容を組織することはできない。「日本人」や「日本文化」も計画的に日本語教育の中に取り込まれるべきである。

けれども、現状にあっても日本語は日本人だけが話しているのではなく、日本語を話す人はそれぞれ別個の民族と文化を背負っているという認識は重要である。更に、私たち人間が民族や国家を超えて共存していくためには、今まで自明のものとされていた言語と文化の規範であっても、意識的に相対化していく作業が必要である。現在までの日本語教育は、日本人の言語の様式を範型として、学習者がそれを習得することを自明のこととしてきた。日本人の音韻、語彙、文法体系が規範とされ、この言語学習に結びついた日本人の非言語的行動様式も「日本文化」として無意識のうちに学習すべき規範となっていた。このような従来自明のこととされてきた日本語教育のあり方を批判的に検討し、日本語はどうあるべきか考えるために多民族社会は貴重な鏡であり、東南アジアの多民族社会に対する認識を深めることは、日本人の民族意識、言語意識を問い直す契機ともなる。

（野津　隆志）

注
1）同調査によると1993年時点で東アジアと太平洋地域の日本語学習者は、それぞれ114万7千人と21万人となっている。次回調査は1998年度行われる予定であるが、前回調査よりも更に学習者数は増加しているとみられる。
2）戦後の海外への日本語教育普及の歴史については次の文献を参照。野津隆志「海外での日本語教育の普及とわが国の援助政策―戦後の歴史的展開の整理―」『埼玉短期大学研究紀要』第5号、1996年、93-102頁。
3）青年海外協力隊事務局の隊員業種リストから算出。
4）ここに取り上げた事例は、青年海外協力隊員からの聞き取りによる。

5）マレーシアの言語教育の歴史については次の文献を参照。野津隆志「マレーシアにおける言語政策と言語問題」筑波大学教育制度研究会『教育制度研究』第14・15合併号、1982年、28-43頁。
6）石剛『植民地支配と日本語』三元社、1993年。
7）文化外交と日本語教育政策の関連については、野津隆志、前掲注2)文献、96-99頁を参照。
8）国際交流基金『日本語国際シンポジウム報告書 海外における日本語教育の現状と将来』1989年、93頁。詳しくは次の文献を参照。野津隆志「海外の日本語教育に対するわが国の援助—タイへの援助を事例として—」『国際協力研究』第22号、国際協力総合研修所、1995年、59-66頁。
9）石田敏子「異文化理解における日本語教育の課題」異文化間教育学会編『異文化間教育』第8号、1994年、16頁。
10）大濱徹也「日本語教育と日本文化」『日本語学』1992年3月号、75-81頁。
11）東南アジアにおける言語教育については次の文献による。村田翼夫編「東南アジア諸国における言語教育—多言語社会への対応」（筑波大学教育学系比較・国際教育研究室、アジア諸国の言語教育研究報告書）1991年。
12）東南アジアの多言語状況と「橋渡し言語」の役割については次の文献を参照。林正寛「伝達と規範意識—多言語社会における人とことば」溝口他編『アジアから考える 交錯するアジア』東京大学出版会、1993年、127-158頁。
13）本名信行編『アジアの英語』くろしお出版、1990年、2-3頁。
14）野元菊雄「日本語教育と異文化間教育」異文化間教育学会編『異文化間教育』第4号、1990年、4-20頁。
15）本名信行編『アジアの英語』くろしお出版、1990年、1-22頁。
16）本名信行・竹下裕子『アジアのなかでの日本語教育：現状と課題—タイ王国での調査から—』青山学院大学総合研究所・国際政治経済研究センター、1994年、7頁。

第5章

東南アジア諸国の国民統合と教育

第1節　多文化状況と教育

　第2章においてタイ、インドネシア、マレーシア、シンガポール、フィリピン、ベトナム、ミャンマー、スリ・ランカの8か国を取り上げ、各国の民族と教育の関係について歴史と現状を記述した。そこで紹介された8か国の多文化と教育の関係において比較的共通にみられる主な特色について各節の記述を参照しつつ、各国の民族と教育のまとめをしてみる。共通の主題は、植民地支配下の教育、伝統教育、および国民統合のための教育である。特に、各国の多文化と教育の現状や改革動向をみながら、国民統合教育の特色について整理してみたい。

1　植民地支配下の教育

　東南アジア諸国では、タイを除いてすべての国は欧米諸国の植民地支配を受けた。その影響は教育にもみられる。それらは、(1)教育機会の制限、(2)伝統文化の軽視、(3)宗主国教育制度の移入、(4)国民統合の困難性、等の特色を生むことになった。

(1)　教育機会の制限

　植民地支配の結果、宗主国は東南アジア各国に自国語（英語、フランス語、オランダ語等）を使った近代教育を導入したが、その教育を受けられたは人々は、社会階層的、地域、性などの面で極めて制限され、多くの大衆はそれにアクセスすることができなかった。殆どの被植民地国では、エリート層に対する宗主国の言語を使用するエリート学校と初等教育レベルの大衆学校に二分され、複線型学校制度となっていた。しかも、大衆が通う初等学校はあまり普及しなかった。

　例えば、インドネシアでは、19世紀の初めにオランダ植民地政府がインド

ネシア人に対して取った教育政策は放置政策であり、19世紀初頭にオランダ語を教授用語とする学校教育を受けることができたのは、上流階級のオランダ人子弟とキリスト教徒のインドネシア人のみであった。それが拡大されたのは、20世紀になって過酷な植民地支配の搾取によって破綻したインドネシア経済を再建しようとする倫理政策が掲げられてからのことであった。倫理政策の下で初めてインドネシア民衆を対象とする3年制の村落学校（スコラ・デサ）が設立された。それは、地方語を教授用語とする水準の低い一般大衆のための学校であり、非識字者の撲滅を図るものであった。1930年代になってもこの村落学校に行けたものは、人口1万人当たり300人に満たなかった。上層階級の子弟が通う官吏養成学校とこの初等教育レベルの村落学校によって複線型学校となった。

　マレーシアにおいて19世紀以降、近代学校制度を導入したが、当初、植民地官僚のエリート養成を目的とした英語学校が整備された。都市に設けられたその近代学校を利用できたのは、中国系、インド系の裕福な市民であった。殆ど農村に居住していたマレー人には、初等教育機関が設けられたが、全体に普及したものではなかった。中等教育の機会をもった中国系、インド系市民と農村で初等教育しか受けられなかったマレー系市民の間に教育機会の格差を生むことになった。

　フィリピンでは、早くからサント・トマス大学が設立されたが、それは、支配者であるスペイン系子弟のためのものであった。ミャンマーでは、植民地政府は英語中学校と英語と母語併用の英語母語中学校を設立したが、それらはイギリスの植民地政府関係者の子弟に対するものであり、原住民ではほんの一部の上流階級の子弟にしか入学が許されなかった。スリ・ランカにおいてイギリスは植民地政策として英語によるエリート養成に力を入れ大衆の教育は行わなかった。ミッショナリーはキリスト教普及と英語教育を重視し、エリート予備軍を養成することになった。ベトナムにおいても、フランス植民地政府は、植民地官僚のためのフランス語によるエリート学校を設立したが、大衆は愚民化政策の煽りで初等教育を受けた子どもも少なく非識字者が多かった。

(2) 伝統文化の軽視

フィリピンでは、アメリカ植民地の時代には、「アメリカ体制下の学校教育は、フィリピン人にアメリカ社会の価値観と文化嗜好を植えつけ、かれら自身の文化に対する軽視をうみだした[1]」。マレーシアにおいて、植民地時代以前からマレー系社会には、ポンドックにおいてイスラームの伝統的教育が行われていたが、植民地政府はそれに対し考慮を払わず、世俗的な初等学校制度の導入を図った。インドネシアでは、「植民地政府による近代学校の拡充には、宗教的中立性を装いながら、この地の人々をイスラームから切り離し、西洋文明に引きつけるという意図が隠されていた[2]」。植民地政府が拡大を図った近代学校であるスコラは伝統的なイスラームを弱体化させる役割を担っていた。

仏教教育を行っていたミャンマーの僧院学校は、イギリスの植民地政府の教育政策から除外されて存続したが、それ以前の王朝時代の社会的地位を漸次失っていった。ベトナムには13世紀に作られたというチュノムと呼ぶ民族文字があり、18世紀にはチュノム文学も繁栄した。阮朝（1802-1945年）時代に、支配階層に対し漢学を主とした学校制度も整備されたが、フランス植民地政策ではこうした伝統的チュノムや漢字の使用を勧めなかった。スリ・ランカには、西洋列強の支配下におかれる以前からピリヴェナと呼ばれる仏教僧侶学校が存在し、出家者に対し仏教教義やパーリ語を教え仏教研究も行った。ポルトガル、オランダ、イギリスと続いた植民地時代は、ミッションスクールが数多く設立され、キリスト教の布教を目的とし、ピリヴェナの仏教教育を考慮しなかった。

(3) 宗主国の教育制度の導入

植民地支配を受けた東南アジア諸国には、近代教育制度を設立する際に植民地宗主国の教育制度が移入され、それが各国の近代教育制度の原形となった。

フィリピンでは、アメリカ植民地時代にアメリカの教育制度が導入された。それらは、7－4－4制、無償の初等教育、師範学校（ノーマル・スクール）の設置、英語を教授用語とする教育、男女共学等である。マラヤにおけるイギ

第1節　多文化状況と教育　275

リスの植民地時代に、最初ミッショナリーによってシンガポール、ペナンなどの海峡植民地に英語学校が創設された。その後、植民地政府はミッショナリーに対抗して政府学校や英語エリート校を設立した。これらの英語学校の基盤の上にイギリスの学校制度をモデルとした6－3－2－2制が導入され、マレーシアの近代学校制度が整備された。中でも、2年制の大学予備課程や国家教育修了資格試験制度（下級中等学校修了試験、上級中等学校修了試験、大学予備課程修了試験）等はその典型といえよう。

　20世紀になるまで、オランダはインドネシアにおいてオランダ語を教授用語とする中等教育機関を設立していた。20世紀以降、倫理政策を掲げてオランダ語教育の機会を拡大したが、その教育制度は、オランダ本国の学校制度に似て、大学、専門学校、中等学校など中央集権化されたヒエラルキーをもつ制度となっていた。スリ・ランカでは、キリスト教ミッショナリーによって近代的教育制度が導入された。パブリック・スクール型学校、英語による教育、教育修了試験制度などにその影響をみることができる。

　ミャンマーを支配したイギリス植民地政府は、伝統的な僧院学校と分離した英語学校を設立し、英語の事務能力を有する人材の育成を図った。母語学校以外に設立された英語学校は植民地政府関係者および一部の原住民を対象にしイギリス本国と同様な教育を行った。また、現地の上流階級の子弟が行くことになった英語母語中学校でもイギリス式の英語教育を導入した。

(4)　国民統合の困難性

　フィリピンにおけるアメリカの植民地支配の時代は、英語による教育を導入し、アメリカ製の教科書を使用した。中等教育では、職業教育は殆ど無視され、地方産業をはぐくむ教育は行われなかった。そのため、地方語による教育、自国について認識させる教育もみられなかった。その上、国民統合または国民意識を強化する運動が排除されたため、児童生徒に国民意識を育て国民統合を図ることは困難であった。

　イギリス植民地支配の時代に、マラヤの都市に設立された英語学校に華僑、印僑の子弟が多く入学したのに比べ、農村で生活するものが多かったマレー人は英語学校で教育を受ける機会は少なかった。1919年から1937年における

英語学校の生徒の割合は、マラヤ連合州において人種別にみると、華僑46〜50％、インド人23〜30％に対し、マレー人は僅か9〜19％であった³⁾。このように教育機会や経済活動において不利な状況におかれたことに対しマレー人は不満を募らせ、第2次大戦後独立した後も華人とマレー人の対立から人種暴動を招いたり、マレーシア政府がマレー人優先のブミプトラ政策を打ち出したりする大きな原因となった。

オランダ植民地支配下におけるインドネシアの学校制度は、複線型であった。一方に、オランダ人子弟や現地の富裕な階級の子弟を対象とした官吏養成のエリート学校があり、他方に、地方語で読み書き中心の初等教育を行う大衆向きの学校があった。かくして社会階級的に学校が分離していたことに加え、地方語で教育を行う村落学校で学習した生徒は、共通の言語習得もままならず、国民意識の養成からはほど遠い状態におかれた。

ベトナムがフランス植民地となった時、植民地政府はフランス領インドシナ連邦の諸民族を分断・対立させる支配政策を基本とした。ベトナムの地方に地域学校、予備学校と呼ばれる小学校が設立されたが、僅か1−2学年のみであった。都市には6年制小学校や高等小学校、ハノイ、フエ、サイゴンには後期中等教育の学校が設立されたが、就学人口は極めて少なかった。ベトナムにおけるフランス植民地政府の土地政策、プランテーション開発などにより、大地主、商人等と小作人、零細農民等の階級対立、社会的不平等を深めた。19世紀末にはフランス植民地政府に対し、義軍の闘争、勤王運動、文紳の乱などの民族的抵抗運動、20世紀に入ると開明的儒家者を中心とする東遊運動、反仏抗税運動等の民族運動が高まりをみせた⁴⁾。このように民族意識の形成は比較的早かったが、植民地政策、産業・社会構造の相違、政治的イデオロギーの違い、アメリカの介入などもあって、南北の分裂が続きその統一には時間を要することになった。

ミャンマーにおけるイギリス植民地政府の教育政策は、英語学校と母語学校に分けた。母語学校に学んだ者はほとんど初等教育止まりであったが、一部の者は、母語中学校まで進んだ。英語学校または英語母語学校で英語教育を受けた者は、中学校から大学まで進学することが可能であった。少数民族の間では、植民地時代に、カチン族、シャン族、仏教派のカレン族は母語教

育を受けたが、一方キリスト教派のカレン族は英語教育を受け両者に統一性がみられなかった。独立後、ミャンマー政府が、ミャンマー化政策を取ると、キリスト教派カレン族のように一部の少数民族は政府に対し反抗し分離・独立運動まで展開している。

スリ・ランカでは、イギリス植民地時代に植民地政府はタミル人が英語に堪能なこともあって、彼等を優遇した。それを不満に思っていたシンハリ人は、独立後、仏教復興運動、シンハリ・オンリー法等を制定してシンハリ人の待遇改善に努めた。冷遇されたタミル人は、反政府・反シンハリ運動を行うことになった。

2 現代に生きる伝統文化・教育

宗教および母語を中心にした伝統教育は、今日も実践され、中には近代教育または民族教育に生かされ、国によっては国民教育の中核に位置づけられているケースもみられる。

タイにおいてスコータイ王朝、アユタヤ王朝時代に根を下ろした仏教教育は、寺院教育として整備された。その伝統は、現在のタイの国民教育においても見出され、初等・中等教育における宗教・道徳教育の核となっている。それは、ノンフォーマル教育として行われている仏教日曜教育センターにも生かされている。また、幼児教育から大学教育まですべて伝統的なタイ語で教育されている。

インドネシアおよびマレーシアでは、近代学校が整備される以前から前述のごとくイスラーム教育が導入されポンドックにおいて実施されていた。その伝統は、インドネシアでは、今日でもフォーマルな学校であるマドラサに受け継がれ、私立イスラーム学校やノンフォーマル教育機関であるポンドック・プサントレンでも踏襲されている。マレーシアでは、普通の公立学校において宗教道徳の時間にイスラーム教徒の生徒がイスラーム教を学ぶことは必修となっている。華語の教育は華語小学校、タミル語の教育はタミル語小学校で行われている。また、私立の華文独立中学では華語と並んで中国文化も教え、その伝統的教育の維持を図っている。

シンガポール政府は、新しい国造りの理念の下に英語教育の徹底を図ったが、民族語・民族文化復活に対する人々の要望が強く、1966年から種族語(華語、マレー語、タミル語)の復活を認め、英語と種族語によるバイリンガル教育を行っている。1970年代から西欧的価値の浸透に対応してアジア的価値を強調して、華語推進運動を展開し、1980年代半ばには、儒教倫理や仏教を行動指針として重視した。

ベトナムでは、伝統的に漢字や民族文字チュノムが使われたが、表記が難しく知識人以外に余り普及しなかった。17世紀にフランス人のアレキサンドル・ド・ロード神父が基礎を作ったベトナム語のローマ字表記であるクォック・グーは、表音文字のため習得が容易で、民衆の間にも普及した。独立後ベトナム民主共和国政府は、このクォック・グーを学校教育で使用することにした。

ミャンマー王朝の時代は、タイと同様に僧院(チャウン)における仏教教育が普及していた。この仏教教育は、現在も道徳教育や公民教育の主要な要素とされている。

スリ・ランカには、古くからピリヴェナと呼ばれる仏教僧侶学校があり、仏教の教義やパーリ語を教えて僧侶を養成してきた。そのいくつかは、現在の大学の前身となった。19世紀後半より近代的教育制度が導入され、キリスト教の教育が盛んになると仏教が弱体化した。英語教育を受けていないシンハラの仏教徒は、反キリスト教、反英語の気運を高め仏教復興運動が起こし、シンハラ語による教育、仏教の伝統を重んじる近代教育を推進しようとした。

フィリピンにおける教育のいろんな側面に伝統的文化・価値の要素が組み込まれている。例えば、近年強調されている価値教育(value education)には、伝統的な家族愛、コミュニティにおける成員の協力、円滑な人間関係等が含まれている。

3 国民統合のための教育

多民族国家である東南アジア諸国は国民統合を図り、国民教育を確立するための各種の教育政策を実施してきている。前述の9か国の例を検討してみ

ると、主に次の6つの政策が挙げられよう。

(1) 国民教育制度の確立

すべての国は、国民教育制度を整え、初等教育6か年を義務教育にするか（タイ、インドネシア、フィリピン、ベトナム、ミャンマー、スリ・ランカ）、無償教育にし（マレーシア、シンガポール）、すべての児童が初等教育を受けられるようにしている。更に、タイ、インドネシアは、前期中等教育も義務教育にする政策を取り、中等教育機会の拡大を図っている。

(2) カリキュラムの統一

マレーシアにおいては独立以前から、華語学校、マレー語学校、タミル語学校が設立され、それぞれ、民族語、民族文化を尊重して独自のカリキュラムで教育を行っていた。1957年の独立以降は、統一国家マレーシアの公立学校として共通の教育内容を志向し、1961年のラーマン・タリブ報告の勧告に基づき、教授用語は違っても教育内容は同一であるようにカリキュラムの統一を図った。そのことはタイ、シンガポール、インドネシア、フィリピン、ミャンマーなどの学校においてもみられる。タイ、インドネシア、フィリピン等では、私立学校も公立学校と同様なカリキュラムを用いることが国家によって要請されている。

(3) 教授用語の規制

タイ、インドネシア、ミャンマー、ベトナムでは、国語で教育することが求められる。タイにおいて華語やマレー語を教えることは制限的に認められているが、それらを教授用語にすることは認められない。インドネシア、フィリピンでは、小学校の低学年において教授用語として地方語の使用は認めているが、それ以上の学年では、国語または公用語のみを使用する。

フィリピン、マレーシア、シンガポール、スリ・ランカは、複数言語の教授用語を認めているが、それらはいずれも、国語または公用語である。フィリピンでは教科別に英語またはフィリピノ語で教える。マレーシアでは、初等教育レベルは、マレー語、華語、およびタミル語を使用するが、中等教育

レベル以上はマレー語で統一されている。シンガポールは、前述の通り、英語と種族語の二言語主義である。スリ・ランカの学校では、国語であるシンハラ語またはタミル語のいずれかを選ぶことになっている。このように、いずれの国も教授用語に規制を加え制限する政策を取っている。

(4) 国家原理の強調

タイにおいてはラック・タイ（タイ三原理）、インドネシアはパンチャシラ（国家五原則）、マレーシアはルク・ネガラ（国家原理）を打ち立てた。国民がそれらの国家原理を順守するように、各国の学校教育やボーイスカウト、ガールスカウト活動において強調されている。タイおよびインドネシアでみられるように、少数民族の児童生徒が通う民族学校や、私立学校においても公立学校と同様に国家原理は教育されている。

(5) 私立学校に対する規制

東南アジア諸国では、各種の民族が自民族の言語・文化を維持するために私立学校を設立してその伝統文化の維持発展を図っている。それらの私立学校は、しばしば国民学校の教育政策と対立する。各国政府は、民族の分離・独立を恐れ、私立民族学校が分離・独立運動の温床となることを危惧してそれらの規制を行ってきた。タイの華人学校、イスラーム学校、インドネシア、フィリピンの華語学校などに対する規制はその典型的事例であろう。例えば、タイにおける1954年の私立学校法は、学校の所有者、校長はタイ人であること、タイ語のできない教員はタイ語を勉強し試験に合格すること、国家が定めたカリキュラムに準拠することなどを規定した。

(6) 宗教に対する寛容

東南アジア諸国の人々は、多様な宗教を信仰している。各国政府は、原則として、多数派の宗教を教育において強制する政策は取らず、少数派の信仰する宗教とその教育を認めている。例えば、タイにおいて仏教、マレーシアにおいてイスラームは国教となっている。しかし、タイの三原理の一つは宗教であって仏教にはなっていない。1878年にタイでチュラロンコン王が「宗

教寛容令」を発布し、国民の信仰の自由を認めた。マレーシアでは、公立学校においてイスラーム教を教えるが、非イスラーム教徒にはそれを強制せず代わりに道徳教育を選択させている。インドネシアにおいても国民の多くはイスラーム教徒であるが、パンチャシラの第1原則は「唯一神への信仰」を挙げつつもイスラーム教の信仰に限定していない。教育実践においてもキリスト教学校、仏教学校の設立は認められている。フィリピンにおいても信仰の自由を保障し、公立学校では特定宗教の教育は行っていない。

各国政府は、1つの宗教に固執し、その特定宗教の教育を強制することにより、別の宗教信者の反発を受けて社会的に不穏な動きや反政府運動が起きることを危惧している。そのため宗教および宗教教育に対しては寛容な政策を取り、多様な宗教教育を認めるか、または宗教教育に対し中立政策を取っているのである。

(村田　翼夫)

注
1) 渋谷英章「本書、第2章第5節フィリピン」より。
2) 西野節男「本書、第2章第2節インドネシア」より。
3) Philip Loh Fook Seng, *Seeds of Separatism : Educational policy in Malaya 1874-1940*, Oxford University Press, 1975, p.106.
4) 高田洋子「フランス支配下のベトナム、民族運動の高まり」桜井由躬雄編『もっと知りたいベトナム　第2版』弘文堂、1995年、82-93頁。

第2節　共通文化と教育

　東南アジア諸国は植民地化の波が押し寄せる以前から各種の世界文明の影響を受けてきた。インドのヒンドゥー文明・仏教文明、アラビアのイスラーム文明、中国の儒教・道教文明、西欧のキリスト教文明などである。こうした東南アジア外の外文明が東南アジアに共通に入った時に各地域や国によって受け入れ方が一様ではなく、相異なる世界を作り上げることになった。外文明という横糸に各地域・国家の縦糸が織り成す文様によって内文化という織物が織り上げられたともいえる。外文明の一環として入ってきた共通の性格をもつ教育も、内世界の教育・文化の影響を受けて変化している。第3章で検討されたように、キリスト教、イスラーム、ヒンドゥー教、仏教、儒教等の教育に対する影響は、各地域や国家によって一様ではない。それは、英語や中国語の教育にも当てはまるであろう。

　イスラームは、インドネシア、マレーシアの公立学校において奨励されたが、タイやフィリピンの私立学校において強い規制を受けた。各国のイスラームの教育運営には相違がみられるのである。キリスト教の教育は、フィリピンにおいて大衆化し、特にカトリックの学校は多く設立された。一方、タイ、マレーシア、シンガポールなどにおいては、キリスト教教育は近代教育普及の先駆的役割を果たしたが大衆にまで広まらなかった。英語、中国語の教育は、各国において教授用語、カリキュラム、授業時間数、テキストなどの面で異なっている。東南アジア諸国には共通文化・類似の教育がみられるが、異なる内世界、異なる教育政策の影響などにより教育状況も多様に相違していることが、第3章において明らかにされた。

　この節では、共通に認められる教育が、各国においていかに異なっているのかを民族との関係からみて比較し、主な相違点をまとめてみる。大陸部の少数民族教育、東南アジアの識字教育についても要点を指摘した。また、筆者が行ったタイ、マレーシア、フィリピン、インドネシア高校生の世界観、

社会観を分析することにより、それらの共通性、相違性を探ってみた。

1 共通文化と各国の教育の取り組み

　東南アジア諸国の華僑・華人は、多くの国において華僑学校を設立し、華語教育や中国文化の教育を行ってきた。ところが、各国においてナショナリズムが強くなると、華僑は反感をもたれ、民族学校である華僑学校は政府による弾圧を受けた。タイでは、華僑学校が廃止の追い込まれたこともあるし、インドネシアでは、厳しい規制を受けたのち1965年に廃止されてしまった。マレーシアでは、中等教育、高等教育レベルにおいて公立の華僑学校は認められず、私立中等学校（華文独立中学）の設立をみるにいたった。タイの私立華人学校では、華語の授業時間は制限されている。近年、国際化の進展により中国や台湾との交流が進んだこともあって、華語教育の見直し傾向がみられる。マレーシアでは、マレー語国民小学校において華語を正課として教える試みが行われている。公的修了資格試験で華人以外の生徒も華語を選択できるようになった。1997年に華人提案の私立「新紀元学院」が認可され、中国文学は華語で教えてもよいことになった。近年、タイにおける私立の華人学校では、小学校のみに認められていた華語教育が中等学校においても可能になった。

　英語は国際性を有するが、東南アジアでは民族語に属さない点が華語と異なっている。タイ、マレーシア、シンガポール、フィリピン、などでは、初等教育レベルから英語を教えている。しかし、授業時間や内容は相違している。フィリピン、シンガポールでは、教授用語にさえなっている。一方、英語学校は、ナショナリズムの影響を受け規制の対象にもされた。マレーシアの公立学校では、1971年以降小学校1学年から順次英語学校を廃止する政策を取った。また、フィリピンの小学校およびハイスクールでは、英語に加えてフィリピノ語も教授用語にすることとし、理数科は英語、その他の教科はフィリピノ語を使用するバイリンガル教育を実施している。更に、近年の国際化の影響から、英語教育が重視されているケースもみられる。タイでは、従来、国立学校では英語を中学校から教えていたのに、1989年以来、小学校

の高学年から教えることができるようになった。マレーシアでは、1990年代になり高等学校、専門学校、短期大学レベルの英語を教授用語とする私立学校・カレッジが人気を得て増加している。

イスラーム教育は、伝統的にコーラン塾やポンドックにおいて行われてきたが、20世紀になって近代学校にも取り入れられた。マレーシアでは、イスラーム教は国教であり、公立学校の宗教の時間に教授される。インドネシアでは、公教育制度の中に、イスラーム学校がマドラサとして普通学校（スコラ）と別に位置づけられている。しかし、イスラーム教徒が少数派の国では、イスラーム学校は弾圧や規制を受けている。南タイの私立イスラーム学校は、近年、イスラーム教ばかりでなくタイ文部省が制定するカリキュラムに沿って普通教科も教えることが要求されるようになった。

東南アジアへのキリスト教の伝導は、大航海時代の16世紀から始まったが、17世紀には、カトリック・ミッションは教育事業に着手し、タイ、マラヤ、フィリピンにおいてミッションスクール、セミナリーや大学を設立した。17-19世紀のキリスト教ミッションの活動は、植民地政策と深く関連していた。ポルトガルやスペインの植民地国では、カトリック・ミッションが、後にオランダやアメリカが支配した国では、プロテスタント・ミッションが優勢となった。19世紀になると各地にキリスト教ミッションスクールが設立された。しかし、フィリピン以外の国では、それ程普及しなかった。タイ、マラヤ、インドネシアなどにおいて、それは西欧の近代的知識や科学技術を学ぶ機関として機能し、近代学校のモデルとされた。

また、マラヤでは、イギリス植民地時代に都市に設立されたミッションスクールには、華僑やインド系住民の子弟が入学し、農村に居住していたマレー人子弟は入学できなかった。それが教育機会や社会進出の機会において民族格差を生むこととなり、のちのブミプトラ政策にも大きな影響を与えた。ミャンマーにおいて、イギリス植民地時代にキリスト教徒となり英語教育を受けて植民地支配に協力したカイン族は、独立後、ビルマ族が政権を掌握すると政府によって抑圧の対象とされた。キリスト教系カイン族は、ミャンマー政府の政策に反発し、教育面においても独自の言語や宗教（キリスト教）によって教育している。

少数民族の教育を大陸部の山地民に限ってみてみると、山地民は、従来、狩猟や焼き畑農業に従事する移動民族であった。彼らは、現在のタイ、ベトナム、ラオス、ミャンマー、中国の国境を越えて生活していた。その民族が国民国家の成立と共に分断されたのである。また植民地政策によってもその分断が強化された。例えば、ミャンマーでは、イギリスの分割統治を基本とする植民地政策によって、学校制度は、母語学校、英語学校、母語・英語学校の三分岐制度になっていた。母語学校では、カレン族はカレン語、シャン族はシャン語で教育を受けることができたが、学校間に統一性はみられなかった。戦後における大陸部各国の少数民族政策は、国民統合のために共通言語、国民文化の受容を求めたが、実質上は、主要民族の文化、教育への同化政策であった。それに対し、ミャンマーのカレン族、シャン族などは、分離・独立運動を展開し、キリスト教派のカレン族は独自の学校制度まで樹立した。タイの山地民は、不信、反発、無関心の態度を示しつつも徐々にその政策を受け入れたが、1992年には少数民族団体連合による宣言を発表し、民族文化の公教育への導入を要求した。少数民族に対しては、国民統合の関係から国家的教育の普及も必要であろうが、彼らの地域的、民族的、宗教的共同体のニーズを考慮した教育の提供も課題となっている。

　東南アジアの人々の識字率は、今日、かなり高くなった。とりわけ、タイ、フィリピン、ベトナム、シンガポールのそれは高いが、カンボジア、ラオスではいまだに低い状況がみられる。また、フィリピンを除けば、いずれの国においても女性の識字率が男性のそれより低くなっている。更に、少数民族や移民集団の識字率も低くなっている。国民の識字状況は、教育の普及状況と関連している。西欧諸国の植民地支配を受けた時代には、多数の民衆は教育を受ける機会が少なく非識字状態におかれていた。独立後は、学校教育を通じて国語や公用語の普及に力を入れたため、識字者が増えたが、成人の間では非識字者が多かった。各国政府は、成人向けにUNESCOの支援も得て、地域開発と結びつけつつ機能的識字教育を展開した。

2 高校生の世界観、社会観

フィリピンはキリスト教文化、タイやミャンマーは仏教文化、マレーシア、インドネシアはイスラーム文化が支配的である。では、そのような文化的環境で育った青少年は、いかなる世界観や社会観をもっているのであろうか。彼等の世界観や社会観にいかなる類似性や相違性があるのであろうか。このことをタイ、フィリピン、マレーシア、インドネシアの高校生に対して1986年および1987年に行った世界観・社会観に関するアンケート調査結果から考察してみたい。この調査は、タイの中等学校5校、仏教日曜学校1校、フィリピンのハイスクール6校、マレーシアの中等学校2校、インドネシアの中等学校3校で行った。タイとフィリピンでは、首都（バンコク、マニラ）と地方都市（ペチャブリ、パンガシナン）の学校、マレーシアでは首都クアラルンプール近郊の学校、インドネシアでは地方都市バンドンの学校であった。タイの回答者は568人、フィリピン470人、マレーシア202人、インドネシア人206人で、彼らは、殆どが15歳～18歳の高校生であった。

調査した高校生は各国とも一部の地域、学校に限られているため、調査結果から各国を代表する世界観・社会観とはいえないにしてもある程度の傾向をみてとることができよう。

社会観の調査結果は、表5-2-1と表5-2-2に示した。まず、「誰を最も尊

タイ、フィリピン、マレーシア、インドネシア高校生の社会観

表5-2-1 あなたは下記の誰を最も尊敬していますか（2つ選択）

(％)

国家・地域		人物	回答数(人)	国家の長	市長また は村長	親	教師	宗教人	1人も いない	その他	わからない
タイ	首	都	477	24.7	0.0	51.4	12.6	5.9	0.0	4.4	1.0
	地	方	525	28.4	0.0	50.7	13.5	2.7	1.7	2.1	0.9
	計		1,002	26.7	0.0	50.9	13.1	4.2	0.9	3.2	1.0
フィリピン	首	都	488	6.2	0.6	47.7	17.2	12.9	0.0	13.1	2.3
	地	方	334	14.4	11.9	45.2	8.1	13.8	0.0	5.1	1.5
	計		822	9.5	5.2	46.7	13.5	13.3	0.0	9.9	1.9
マレーシア			392	16.8	0.8	46.9	14.1	12.3	1.0	4.3	3.8
インドネシア			325	4.8	0.6	58.5	25.3	8.6	0.0	2.4	1.5

第2節 共通文化と教育　287

表5-2-2　あなたが最も大切だと思う人（もの）はどれですか（2つ選択）
(%)

国家・地域		人・もの	回答数(人)	神・人	教会・寺院・モスク	国家	家族	学校	友人	恋人	自然	その他
タイ	首都		506	6.5	1.4	29.6	33.0	1.4	9.5	2.6	9.7	6.3
	地方		541	4.9	1.5	34.0	37.5	6.7	6.3	2.6	2.6	3.9
	計		1,047	5.7	1.4	31.9	35.4	4.1	7.8	2.6	6.6	5.1
フィリピン	首都		530	44.2	2.3	2.8	42.1	2.4	2.3	2.3	1.1	0.5
	地方		332	49.7	7.9	3.0	33.4	2.7	0.3	0.6	1.8	0.6
	計		862	46.3	4.4	2.9	38.7	2.6	1.5	1.6	1.4	0.6
マレーシア			375	44.3	3.5	5.9	38.9	4.3	0.3	0.5	1.0	0.8
インドネシア			381	49.6	11.9	4.7	22.8	3.2	0.0	1.3	4.9	1.6

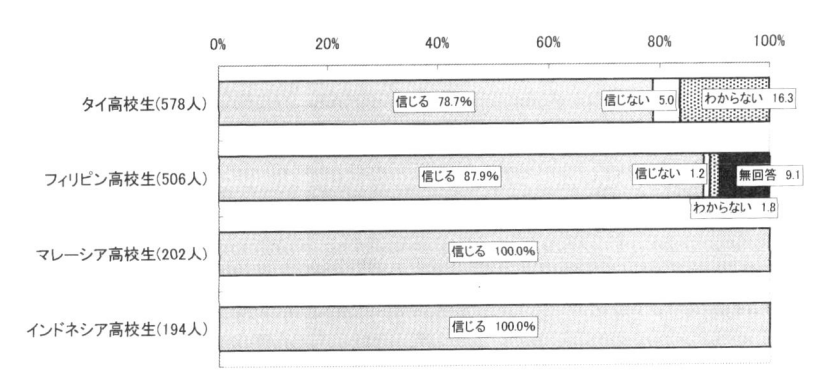

図5-2-1　神・仏を信じる

タイ高校生(578人)　信じる 78.7%　信じない 5.0　わからない 16.3
フィリピン高校生(506人)　信じる 87.9%　信じない 1.2　無回答 9.1　わからない 1.8
マレーシア高校生(202人)　信じる 100.0%
インドネシア高校生(194人)　信じる 100.0%

敬していますか。」という質問をした。それに対し、タイ、フィリピン、マレーシア、インドネシアの高校生とも共通して「親」を指摘する率が最も高くそれぞれ50.9%、46.7%、46.9%、58.5%を占めた。次いで、タイでは、国家の長（国王）が26.7%であったが、フィリピン（9.5%）、マレーシア（16.8%）、インドネシア（4.8%）では低かった。その次には、教師、宗教人（僧侶や神父など）が続いた。また、「最も大切だと思うもの（人）は何ですか」という質問に対し、「家族」がタイ、フィリピン、マレーシア、インドネシアの高校生とも共通して率が比較的高く、それぞれ35.4%、38.7%、38.9%、22.8%を占めた。フィリピン、マレーシアおよびインドネシアでは、「神」がそれぞれ46.3%、44.3%、49.6%と最も高く、タイでは、「神・仏」は5.7%と低かっ

た。タイでは、「国家」が31.9%だったのに対し、フィリピン、マレーシア、インドネシアでは「国家」が2.9%、5.9%、4.7%と低かった。

世界観調査の結果は、図5-2-1〜図5-2-10に示した通り、タイ、フィリピン、マレーシア、インドネシアの高校生とも肯定的意見の比率が共通して高かったのは、次のような回答であった。以下、括弧内の数字はタイ、フィリピン、マレーシア、インドネシアの順で百分率を示す。

- 「神仏を信じる」（タイ：78.7%、フィリピン：87.9%、マレーシア：100.0%、インドネシア：100.0%）。
- 「人間は世界で最も偉大な生物である」（64.7%、88.3%、85.1%、98.0%）
- 「人間は自然と調和して生きるべきで、そのバランスを崩すべきでない」

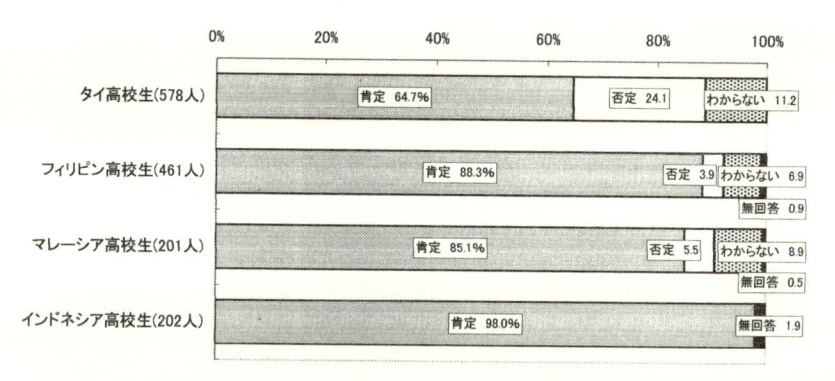

図5-2-2　人間は世界で最も偉大な生物である

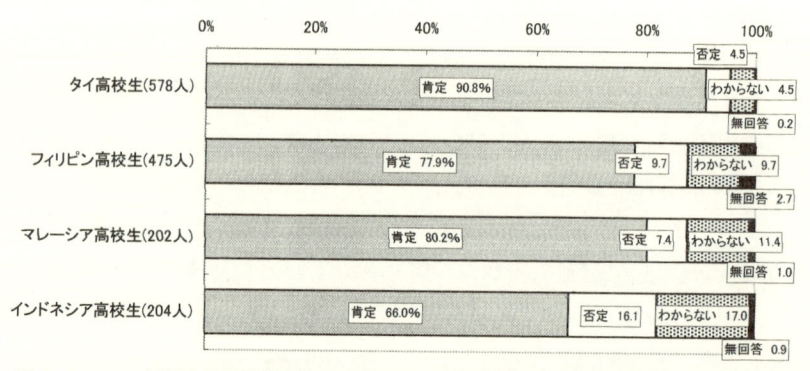

図5-2-3　人間は自然と調和して生きるべきで、そのバランスを崩すべきではない

第 2 節　共通文化と教育　289

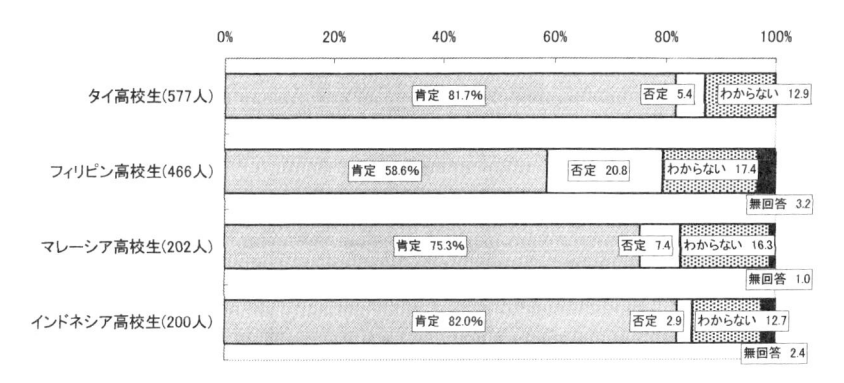

	0%	20%	40%	60%	80%	100%

タイ高校生(577人)　肯定 81.7%　否定 5.4　わからない 12.9
フィリピン高校生(466人)　肯定 58.6%　否定 20.8　わからない 17.4　無回答 3.2
マレーシア高校生(202人)　肯定 75.3%　否定 7.4　わからない 16.3　無回答 1.0
インドネシア高校生(200人)　肯定 82.0%　否定 2.9　わからない 12.7　無回答 2.4

図 5-2-4　宗教は現在の世界危機から人を救うことができる

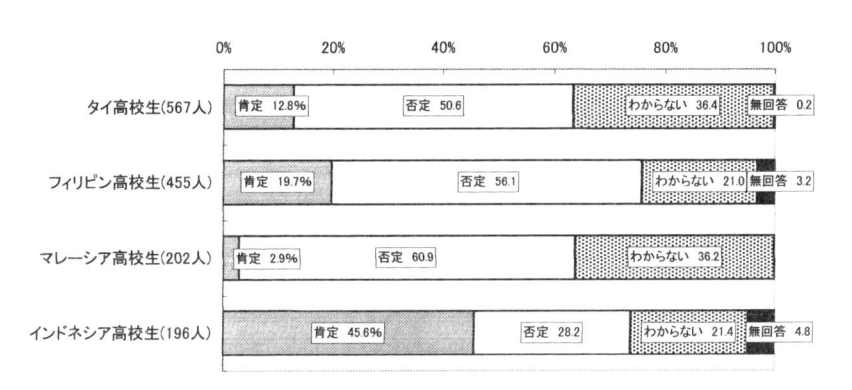

タイ高校生(567人)　肯定 12.8%　否定 50.6　わからない 36.4　無回答 0.2
フィリピン高校生(455人)　肯定 19.7%　否定 56.1　わからない 21.0　無回答 3.2
マレーシア高校生(202人)　肯定 2.9%　否定 60.9　わからない 36.2
インドネシア高校生(196人)　肯定 45.6%　否定 28.2　わからない 21.4　無回答 4.8

図 5-2-5　草木などの植物は霊魂をもっている

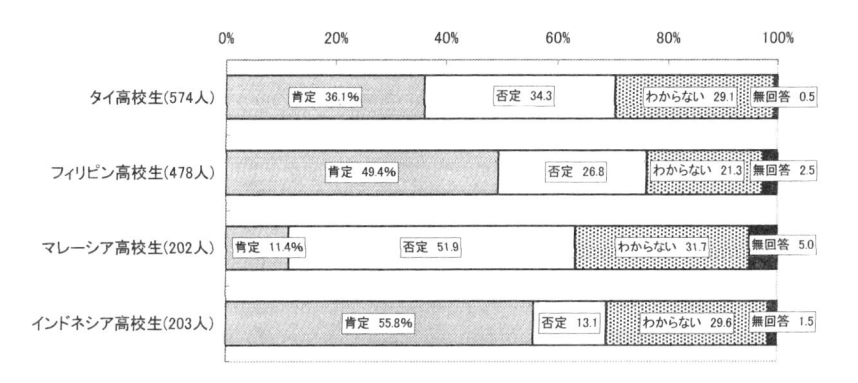

タイ高校生(574人)　肯定 36.1%　否定 34.3　わからない 29.1　無回答 0.5
フィリピン高校生(478人)　肯定 49.4%　否定 26.8　わからない 21.3　無回答 2.5
マレーシア高校生(202人)　肯定 11.4%　否定 51.9　わからない 31.7　無回答 5.0
インドネシア高校生(203人)　肯定 55.8%　否定 13.1　わからない 29.6　無回答 1.5

図 5-2-6　科学は現在の世界危機から人を救うことができる

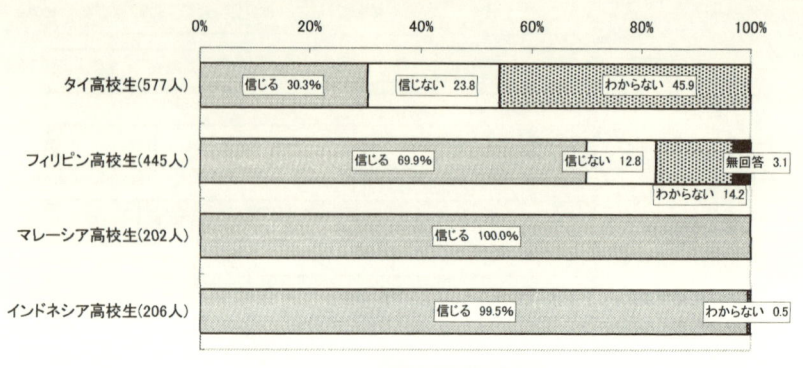

図5-2-7 地獄の存在を信じる

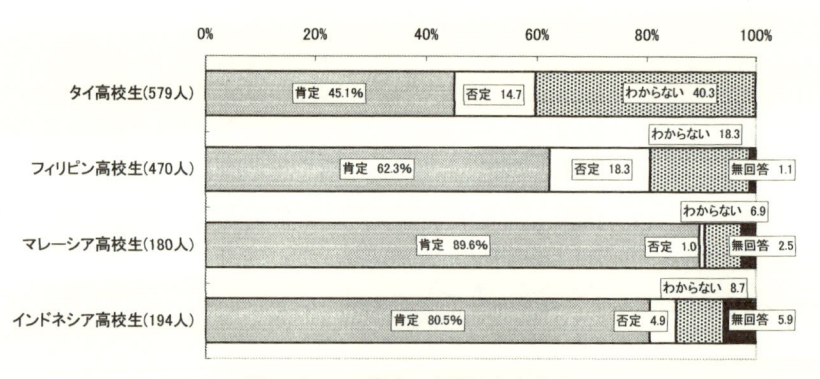

- タイ高校生(577人): 信じる 30.3%、信じない 23.8、わからない 45.9
- フィリピン高校生(445人): 信じる 69.9%、信じない 12.8、わからない 14.2、無回答 3.1
- マレーシア高校生(202人): 信じる 100.0%
- インドネシア高校生(206人): 信じる 99.5%、わからない 0.5

図5-2-8 霊魂・幽霊は存在する

- タイ高校生(579人): 肯定 45.1%、否定 14.7、わからない 40.3
- フィリピン高校生(470人): 肯定 62.3%、否定 18.3、わからない 18.3、無回答 1.1
- マレーシア高校生(180人): 肯定 89.6%、否定 1.0、わからない 6.9、無回答 2.5
- インドネシア高校生(194人): 肯定 80.5%、否定 4.9、わからない 8.7、無回答 5.9

（90.8%、77.9%、80.2%、66.0%）
- 「宗教は現在の世界危機から人類を救うことができる」（81.7%、58.6%、75.3%、82.0%）
- 「宗教教育は重要である」（85.9%、92.4%、100.0%、98.3%）
- 「道徳教育は重要である」（88.8%、96.9%、67.%、92.5%）

一方、比率が共通に低かったのは、次のような回答であった。
- 「人間は動物を妨害することなく共存できる」（27.2%、52.4%、31.5%、53.9%）
- 「草木などの植物は霊魂をもっている」（12.8%、19.7%、2.9%、45.6%）
- 「科学は現在の世界危機から人類を救うことができる」（36.1%、49.4%、

第2節 共通文化と教育　291

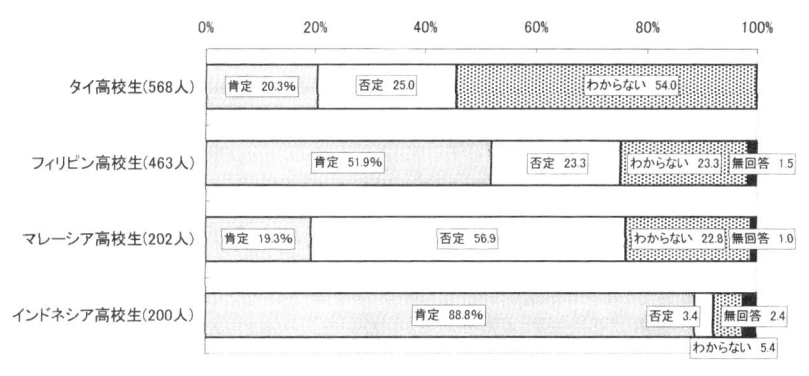

図5-2-9　死後再び人間あるいは他の形で生まれかわる

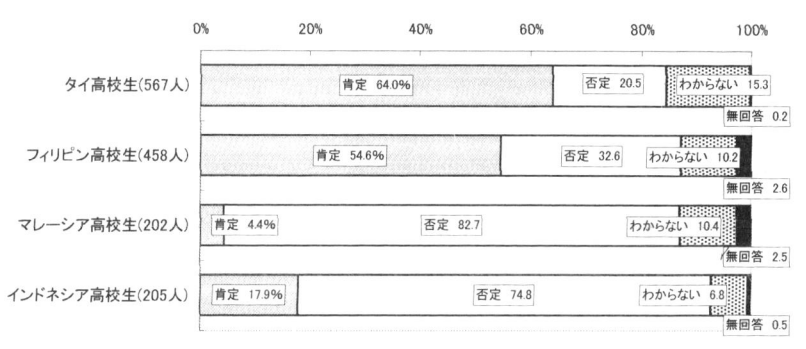

図5-2-10　自然を科学によって征服し人類のために利用
することは人類にとって良いことである

11.4%、55.8%）

また、4国の間で比率が異なっていたのは、次のような回答であった。
- 「地獄の存在を信じる」（30.3%、69.9%、100.0%、99.5%）
- 「天国の存在を信じる」（29.5%、91.8%、99.5%、97.6%）
- 「霊魂・幽霊は存在する」（45.1%、62.3%、89.6%、80.5%）
- 「死後の世界を信じる」（18.3%、79.2%、95.6%）
- 「死後再び人間あるいは他の形で生まれ変わる」（20.3%、51.9%、19.3%、88.8%）
- 「自然を科学によって征服し、人類のために利用することは人類にとって良いことである」（64.0%、54.6%、4.4%）

更に、宗教・道徳教育について自由記述欄を設けた。宗教・道徳教育が重要であるという点はほぼ一致しているが、個々の意見は多少違っていた。宗教教育では、フィリピンの高校生は、「神・キリストへの信仰と愛」、マレーシアやインドネシアの高校生は、「アッラーへの信仰とイスラーム教の戒律・実践方法」を強調したのに対し、タイの高校生は、「仏教の知識とその生活実践、寺院参拝と黙想」を重要と指摘していた。道徳教育に関して、4国の高校生が共通に「良い心、良い行動、良いマナー」、「親への敬愛」、および「いろんな人々と平和に暮らすこと」を挙げていた。その他、タイの高校生の中に、「道徳と科学は統合されるべきである」、フィリピンの高校生には、「環境をきれいにすることが大切」、マレーシアの高校生には、「アジアの人間として、共通に尊重し合うアイデンティティをもつべきである」という意見もあった。

以上述べたところから、タイ、フィリピン、マレーシア、インドネシアの高校生の間で共通に観取される世界観、社会観の中で肯定的に捉えられているのは、次の点である。

①宗教の影響が強く、神仏を信じ、宗教・道徳教育を重要と考えている。
　また、宗教は現在の世界危機から人類を救うことができると考えている。
②人間観として「人間は世界で最も偉大な生物であるが、人間は自然と調和して生きるべきである」という見方が強い。
③家族を大切にし、親を敬愛することが大切であると思っている。
④道徳的には、「良い心、良い行動、良いマナー」が重要である。

また、共通に否定的な捉え方であったのは、次の点である。

①人間と動物の共存が可能である。
②科学は現在の世界危機から人類を救うことができる。

一方、4国の高校生の間で世界観、社会観が異なっていたのは次の点である。

①宗教観、死後の世界観が相違する。特に、タイ高校生とフィリピン、マレーシア、インドネシアの高校生の間では、地獄・天国の存在、神に対する考え方、霊魂の存在感、宗教的実践（礼拝、黙想、戒律等）などが異なっている。これは主として、仏教とキリスト教、イスラーム教の信仰

の相違に基づくものと思われる。
② 死後再び生まれ変わるという輪廻転生に関して、インドネシア学生の割合が高かったがタイ、マレーシアの学生では低かった。
③ 国家および国家の長に対する考え方の相違である。タイの高校生は、国家を重視し国王を敬愛する考え方・態度が強いが、フィリピン、マレーシア、インドネシアはそれほどでもない。
④ 異民族共生の考え方は、マレーシアの高校生にみられた。それは、「違った民族の人々と平和に暮らす」、「東洋社会の人間として、共通に尊重しあうアイデンティティをもつべきである」の意見に表れている。そうした意見はタイの高校生にはあまり聞かれなかった。
⑤ 科学への信頼度は4国の高校生とも高くはないが、それでもタイの高校生は比較的高いのに対し、マレーシアの高校生は低かった。タイ高校生には、「合理性を養い批判的態度を身に付ける」、「科学と道徳は統合されるべきである」という意見がみられた。一方、マレーシアの高校生は、そうした意見はみられず、「道徳教育と宗教教育は切り離すことができない」といい、「科学による自然の征服」や「科学は世界危機から人類を救う」の項目に対しても低い支持率であった。

この調査は、近代教育と伝統教育の両方の影響を受けていると思われる高校生を対象としたが、宗教、神、家族、国家、自然などに関係する基本的な世界観、社会観は成人にも当てはまるものと思われる。

(村田　翼夫)

第3節　国民統合と教育

1　国民統合政策のタイプ

　東南アジアの殆どの国は、欧米諸国による植民地支配を受けた経験をもつ点も大きな特色である。第2次大戦後、植民地支配から独立した時に、各民族集団が自発的に独立を勝ち取って民族国家を樹立するというよりは、マレーシア、インドネシア、フィリピンなどのように植民地支配地域を踏襲して独立するケースがみられた。その結果、新生独立国家は、同一の民族で構成されるのではなく、同じ民族が別々の国家に分離して居住する事態が生じたのである。そして、多くの人々は、出自の民族的アイデンティティと、所属する国家の国民としてのアイデンティティが一致せず、二重アイデンティティをもつか、両者のアイデンティティの分裂に陥っている状況もみられる。それ故、東南アジア諸国は国民としてのアイデンティティを強める国民統合を重視しているわけである。

　国民統合のための民族政策としては、前述の大陸部にみられる王国世襲型国家では、民族関係が「中央－周辺型」の形態であり、同化政策 (assimilation policy) を取る傾向が強い[1]。同化政策は、中央で勢力を張る主要民族の言語、文化様式を周辺の少数民族に強制することにより国民統合を図ろうとするものである。ワトソン (Dr. Keith Watson) は同化政策を「少数民族または移民集団が、一定期間のうちに、社会の主要集団の main stream に吸収されることをいう。彼等は、ホスト社会または主要集団の言語、文化様式、態度や信条を採用することが期待される[2]」と定義している。そして、「法律、教育、社会的地位などにおいて少数民族の権利はほとんど認められない。学校教育は、同化をもたらすために効果的に利用され得るものと考えられている」と述べている。タイ、ミャンマー、ベトナムなどにおける国家の教育政策は、基本

的に同化政策であった。

　他方、島嶼部に多い植民地域世襲型国家で「均衡多元型」の民族関係をもつ国では、比較的緩やかな統合政策（integration policy）または文化多元政策（cultural pluralism policy）が採られている[3]。統合政策に関して、ワトソンは、適応／統合政策として次のように定義している。「適応政策においては、少数派集団の文化、価値観、習慣、言語などは、多数派集団のそれより劣ったものとみなされ、多数派権力集団の生活様式、価値観に適応することが求められる。統合主義は、少数派集団の宗教的、知的、文化的権利は法的に認められていながら、教育の多様性は認められない。少数民族集団は、二言語主義的もしくは二文化主義的な適応を経た後、やがてホスト社会に統合されることを期している[4]」と。マレーシア、フィリピン、スリ・ランカなどは、この統合政策を取っているものとみなされよう。

　インドネシアは、独立後、多様な民族に対して国語であるインドネシア語の普及を図り、パンチャシラ（国家五原則）を重視して国民統合のための教育を実施してきた。その点では、同化政策を採用してきたといえよう。しかし、インドネシアのスローガンに「ビネカ・トゥンガリイカ」（多様性の中の統一）とあるように、300余りもある多様な民族集団の言語は、地方語の教授用語として使用を認め、宗教教育もイスラーム、仏教（儒教を含む）、カトリック、プロテスタントの中から自由に教育してもよいとされ、実際に、国立・私立学校では各種の宗教教育が実践されてきた。1994年のカリキュラムでは、小・中学校において地域科が設けられ、地域の実情に応じて地方の言語、芸能、文化などを教えることにした。こうした教育実態をみると統合政策を取っているともいえるのである。

　マレーシアは、マレー人、中国人、インド人が併存する複合社会であった。独立後もその民族社会を反映して、公的にはマレー語学校、華語学校、タミル語学校の併設を認めるような文化多元政策が取られた。しかし、1960年代以降、マレー人優先のブミプトラ政策が取られ、実質的にはマレー人社会中心の統合政策であった。文化多元主義政策をワトソンは、「異なる民族集団の文化的、社会的多様性を認めつつ、彼等の政治的、および経済的統一を目指す[5]」としている。

シンガポールは、この文化多元主義政策を採用していると、ワトソンは述べている[6]。統合政策と関連して新たな理念やイデオロギーの下で異なる民族集団の統合を図る総合主義政策というものも考えられる。総合主義政策は、「異なる民族・文化集団をあらゆる民族、文化集団的要素を含んだ新たな混合的なものへと結合させようとする。学校教育において、共通の教授用語を使用する必要はないものの、共通の学校教育パターンを通して共通のナショナル・アイデンティティを随伴する。国民各自は、特定の集団にアイデンティティを示すのではなく、学校教育と通婚を通じて、創造された新たな社会に対してアイデンティティを示すようになると考えられる[7]」と定義される。社会主義国家を目指した旧ソ連や中国は、理念的にはこの総合主義であった。国際貿易国家を目指し、新たにシンガポーリアンを育成するという意味ではシンガポールはこの総合主義を取っているともいえようが、多様な宗教、言語を認め英語と民族語のバイリンガル教育を行っている点では、文化的多元政策ともみなされよう。

　ミルトン・エスマンは、東南アジア地域の民族関係について、前述の「中央―周辺型」、「均衡多元型」に加えて、第三に多数派の現住民と異質な華僑・華人のような民族集団との関係にみられる「パリア型」(pariah entrepreneurial minorities pattern)、第四にフィリピンやタイのイスラーム教徒にみられる民族統一要求型 (irredentist pattern)、および第五にシンガポール型の5類型に分類した。多数派である華人系の民族色が強く現れないシンガポール型を独立させている点は興味深い[8]。

2　民族、国家、共同体

　東南アジア地域は、一大文明圏である中国とインドの間に位置する狭間地域にある。古来から中国文明とインド文明の影響を受けつつも、そこには大文明圏の特色である固有の原理や世界観が支配しているわけではない。多民族国家でありつつも、民族関係では「中央―周辺型」関係、「均衡多元型」関係など多様なタイプを含み、国家は、王国世襲型や植民地域世襲型が見出され、国民国家の形態を取っているが、その性格はフィクション性を強く帯び

た、いわば、周縁的性格が強いのである。東南アジアには、かつて、大陸部では、タイ族系のムアン型駅市国家、カンボジア平原に生起したプラ国家や、島嶼部にはヌガラ型国家が盛えたという[9]。しかし、これらの国家はいずれも小規模国家であり、一大原理・世界観を強制する帝国にはなりえなかった。このことも東南アジアの諸国家に周縁的性格という特色を与えている。

　東南アジアの民族、国家と教育の関係を検討する際には、基本的にこの国家の周縁性について配慮しなければならないであろう。教育において、例えば、国公私立の学校において実施されている仏教、イスラーム、キリスト教などの宗教教育は、外来宗教をモデルにしている。タイのシャム教育勅語は日本の教育勅語をモデルにし、フィリピン、タイ、マレーシア、インドネシアなどで実践されているボーイスカウト、ガールスカウト運動は、イギリスに起源をもっている。その他、近代教育制度である義務教育、教員養成制度、国家試験制度、カリキュラム改革などは、先進国の近代制度をモデルにするものが多かった。これらのことも国家の周縁性と関係しているであろう。いうまでもなく、外文明、外国制度に由来をもつにしても、第3章でみたように、各種の教育制度、政策、内容などが各国の文化、歴史的社会的事情、政策などによって独自の変化・発展を遂げていることは間違いない。

　各国は多様な民族で複合社会を構成し、国民統合に困難性を有している状況については既述の通りである。マレーシアに典型的にみられたように、華人系社会、インド系社会の人々は、それぞれ中国、インドの言語・文化の保持に固執していた。少数民族の山地民も固有の言語・文化の保持を願っている。そのため民族集団は、その民族性の保持発展を図る教育も行っている。それらは、私立学校やノンフォーマル教育団体によって行なわれる場合が多い。国家による上からの政策に基づく教育に比べれば、民間団体による下からの自主的な教育といえよう。例えば、私立学校の例としては、タイの華人系初等・中等学校、南タイのマレー系社会に多くみられるイスラーム学校、マレーシアの華文独立中学、ミャンマーにおけるカレン族の初等学校、フィリピンの華人系学校などが挙げられる。国立学校ではマレーシアの華語学校、タミル語学校の例がある。

　これらの学校では、各民族集団の民族語、民族の歴史・文化などを身につ

けさせ民族性の保持を確保させようとする。しかし、民族性の保持発展は、一方で、国民文化、国民性の形成を阻害し、時には拒否することにつながりかねない。従って、国民形成政策を推し進めようとする政府は、民族集団による教育に対し、国民の分離・分裂を招く温床であると認識して、国民教育と矛盾対立しないように規制を加えて圧迫、廃止等の措置を取るケースもみられる。規制の対象としては、カリキュラム、教科書、教授用語、言語学習、国家課程修了試験、教員の資格、授業料の制限等が挙げられる。一方、民族は違うにしても同じ地域に住んでいること、あるいは同じ宗教を信じていることから同一の共同体に属するという意識をもつことが考えられる。その共同体は、国内の場合もあろうが、国境を越えた共同体ということもありうるのである。例えば、タイ、ミャンマー、ラオスなどの山岳地帯に居住する山地民は、カレン族、ラフ族、メオ族、アカ族、モン族など民族も、エスニシティも異なっているが、同じ地域の山岳地帯に生活することから、少数民族団体を組織して各国の政府に対し福祉の権利要求や、民族文化や識字の教育要求などを行っている。

また、東南アジアにはイスラーム教徒が多い。アセアン10か国の人口4億6,315万人のうち約40％がムスリムである。彼らは、唯一神アッラーを信じ、同じ教義を学び同じ慣行を実践し、類似のイスラーム教育を受ける。その結果、ムスリム達はウンマと呼ばれるイスラーム共同体の一員であるという意識をもつのである。その共同体は、国家を越えた性格をもつため、ムスリムが少数派の国では、国家よりウンマへの帰属意識や忠誠心が強くなりかねない。従って、南タイ、フィリピンのミンダナオ島、ミャンマーの南部などのムスリムが国境を越えてイスラーム共同体へ走ることを警戒して、政府は国家の枠内の教育機会や社会進出の機会の提供を心がけている。

近年、東シナ海経済圏、南シナ海経済圏やシンガポール・マレーシア・インドネシアを結ぶ成長のトライアングル（国際金融貿易基地）などが、経済的発展の著しい地域として注目されている。その基底には、華人系の緊密なネットワークが存在している。彼等のネットワークは、経済的、商業的人的交流、経済的パートナーシップに加えて、技術研修や留学に基礎をおく学術ネットワークも包含している。最近の技術研修には、機械や電機といった工業技術

にとどまらずコンピュータ、バイオ、化学技術の相互学習も含んでいる。マレーシア、シンガポールのみならず、香港、台湾、日本などの高等教育機関への留学中にもった華人系間の交流関係が帰国後学術ネットワークとして機能している。

　国民統合にとって、これら国境を越えた民族、共同体やネットワークは、脅威であるかもしれないが、それらとの共存なくしては、東南アジア諸国の国民統合は成立しえないであろう。あるいは、少数民族やムスリム、華人系の人々が、国家よりも民族や共同体に信頼をおき、それへのアイデンティティが強く、それによって人々の結合が強固になるとすれば、人々の社会単位として国家以外のものが考えられるのかもしれない[10]。

　それに関連して、国家を基盤とする地域共同体を目指す地域統合ということも考えられる。東南アジアにはアセアン（ASEAN）という諸国連合が存在する。1998年にはミャンマー、ベトナムの加盟も認められ10か国となった。アセアン加盟国は運輸・通信、貿易・観光、財政・金融、農業、エネルギー等多方面において協力し合っている。教育においても東南アジア文部大臣機構（SEAMEO）や各種の教育センターを設立して協力を進めている。教育センターには、理数科教育センター、医療保健教育センター、農業教育センター、英語教育センター等があり、そこに各国の代表者が集まって研究したり、教員、行政官、研究者が研修を受けたりしている。このアセアンが地域統合を達成するためには、加盟諸国の間に紛争がないこと、加盟各国政府が共同行動を取れること、加盟各国の政府や国民がアセアンに帰属意識をもつこと、域外諸国がアセアンを認識すること等の条件が必要である[11]。現在のアセアンがこれらの条件を満たしているとは考えられないが、地域統合を図ろうとするのであれば、各加盟国においてアセアンへの帰属意識をもたせるような教育を行うことも課題となろう。

3　教育の作用——両義性——

　国民統合の観点からみれば、教育には求心的作用と遠心的作用の両機能があると考えられる。求心的作用は、同一の教育を施すことにより、国民統合

を促進する機能である。遠心的作用は、別々の異なった教育を施すことにより、国民統合の視点からは、むしろ国民の分離・分裂を促す機能をもつと思われる。

　各国政府は、国民統合のために国民教育の確立に力を入れてきた。それは、近代化政策の重要な柱の一つとなっている。その手段としては、公教育制度、国家カリキュラムの制定、国家試験制度、教員養成制度、国定または検定教科書制度の整備などが課題であった。また、主な施策として、国語または公用語の普及を図る共通言語政策、設定された国家原理の浸透を図る教育活動、価値観の共有を目指す道徳・宗教教育の展開などがみられる。これらは教育の求心的作用に期待したものである。他方、民族や移民集団のエスニシティを強調する教育を行えば、それらの教育に個別性、固有性は認められても共通性に欠けるところから、国民統合の観点からすれば遠心的作用が働くことになる。

　東南アジア諸国の教育をみると、一方で、近代化政策を進めるために産業的精神（インダストリアル・マインド）の育成を心がけて科学技術教育を重視し、技能・技術者や近代的経営者の養成に努めている。それと同時に、国民意識やエスニシティを保持するために伝統文化を尊重して教育を行おうとする動きがみられる。それは各国のカリキュラムや教育活動に現れている。いわば、普遍的な科学技術に基づく産業的精神に力点をおくか、国や民族が有する固有の文化を重視するかということである。興味深いのは、国によって産業的精神の育成を重視するか、伝統文化の保持を重視するかの比重のおき方が異なる点である。カリキュラムのみならず、実際の教育活動においていずれに重点がおかれているか留意する必要があろう。中等カリキュラム分析からすると、タイやシンガポールが産業的精神を重視しているのに対し、マレーシアやフィリピンは産業的精神と伝統文化の調和を図っている[12]。

4　国民統合教育の葛藤と課題

(1) 国民教育と民族のエスニシティ

　国民として国民的アイデンティティをもたせるように国民共通の言語、価

値、国家原理の教育を行うことは必要であろう。しかし、共通性の内容が多数民族の言語、価値、宗教のみで少数民族のそれらが含まれないとすると同化政策になってしまう。共通の教育を行いつつ、国民的アイデンティティを高めると同時に、どの程度まで異民族のエスニシティ[13]を認め彼らの固有文化の教育発展を図るのか、この点に国民統合教育の大きな葛藤がみられる。各国において、民族語による教育、民族語を選択教科にすること、バイリンガル教育の実施、民族語や民族文化を教える私立学校の認可などが試みられている。いうなれば、少数民族あるいは移民集団の言語、宗教、価値観などエスニシティを維持発展しつつ、いかに国民統合を図るかが重要課題である。前述のように同化主義政策を取っていた国においても統合主義の方向へ変化する兆しがみられるが、それがどの程度、少数民族のエスニシティを認めるのか、見極めなければならない。

(2) 国家開発、地域開発と教育格差

1960年代から1970年代にかけて東南アジア各国は、開発独裁と呼ばれるように独裁政権によって経済発展を目指し、経済開発計画または経済社会開発計画を立案してその実現に努めた。それと関連して教育開発計画も立てられた。

経済社会開発計画において重視されたのは、国家の工業化であり、経済成長率の増加、科学技術の発展、などであった。その結果、多くの国ではある程度の目標を達成したが、一方で、都市と農村、地域間、民族間の生活水準の格差を縮めることができず、拡大の傾向もみられた。国民形成政策は、容易には国民の間に浸透せず、逆に同政策に対する反発とエスニシティ運動を促すことにもなった。近代化政策を進めれば国民の生活が豊かになり、国民統合が促進されると考えられたが、必ずしもそうとはならず、民族的アイデンティティに対する自覚を促し、民族紛争や国民分裂の危機も生じた。それらは、タイにおける南部マレー人イスラーム教徒による分離独立運動、マレーシアにおけるマレー人と華人との対立暴動、ミャンマーにおけるカイン族・シャン族など少数民族の分離独立運動、フィリピンにおけるミンダナオ島モロ族の分離独立運動、スリ・ランカにおけるシンハリ人とタミル人との

民族紛争などにみられた。

　教育面でみると、都市と農村、民族間、社会階層、性などによる教育機会、教育の質の面において格差が生じる場合もみられた。多くの国において都市の学校は拡充されたが、農村の学校は停滞気味であった。1960年代までタイの都市の子ども達が小学校6年の教育を受ける者が多かったのに対し、農村の子ども達は、小学校4年で終わる者が多かった。民族による教育格差も生じている。例えば、シンガポールでは、華人系児童生徒に比べマレー系、インド系児童生徒の学力が低いということが問題になっている。タイ、ミャンマー、ベトナムなどでは、タイ族、ビルマ族、キン族など主要民族の子どもは、ほとんど初等教育を受けるようになっているのに対し、少数民族である山地民の子ども達は初等教育の教育機会にも恵まれていない者がいる。彼らの識字率も低い。東南アジア各国では、国家の経済社会開発を進め国家の発展を図ると、経済的社会的格差や教育格差を拡大するという葛藤に悩んでいる。こうした教育格差は、長期的にみれば社会、民族の不和、亀裂、そして分裂を招く誘因となりかねない。国家の経済社会開発を図ると同時に、このような教育格差を生じないようにすることが、国民統合を進める上で重要である。

　そういう意味で、近年注目されるのは「もう一つの開発」(Alternative Development)である。それは、開発により生じる社会的格差、環境破壊、伝統文化の軽視、住民の人間性喪失などを避け、地域開発に重点を置き環境に優しく、地域文化を重んじ、人間性の向上につながる持続可能な開発を目指すものである。その典型例として、スリ・ランカにおけるアリヤラトネ博士が提唱し実践している「サルボダヤ・シュラマダーナ運動[14]」、タイの地方農村において実践されている「仏法に基づく新たな開発」等がある。後者の例では、筆者が1999年にタイの中部、北部地方における16寺院の活動を調査したところ、僧侶主導の下に農村開発、教育開発（幼稚園や仏教日曜教育センターの運営など）、ハーブ栽培、森林保護（木の幹に僧の袈裟を掛けて守るなど）、伝統文化の保持、HIV患者の看護などが行われていた[15]。

　それと並んで政府や企業が中心になって展開してきた従来の開発に対して、NGOの地域開発に果たす役割も大きくなっている。中でも、社会の底辺にお

いて貧困で苦しんでいる人々の自立を助け、自治能力を育てるための援助を行う点は意義深い。例えば、アジア地域の教育開発に対する支援を行っている日本のNGOには、日本ボランティアセンター（JVC）、曹洞宗ボランティア、シャプラニール、PHD協会、ラオスに絵本を送る会等がある。これらのNGOは、国際的活動として、学校建築、給食、識字教育、技術指導、文房具供与等の実践により、地域開発に貢献している。同活動が、今後、地域の持続可能な開発や教育格差解消にいかにつながっていくのか、その展開が注目される。

(3) マイノリティへの配慮と民主化

上述のように地域開発において環境・文化を重視し、持続可能な開発が強調される傾向がみられるが、それと関連して各国において民族マイノリティや先住民族の文化や教育を尊重しようとする動きも窺われる。

タイのケースをみると、華人学校における華語授業が1989年に小学校4年から6年まで延長され、1992年には中等学校において実施できるようになった。山地民に対するノンフォーマル教育において山地民の文化を尊重したプログラムや民族語の使用が認められるようになった。南タイのイスラーム教徒の児童に対して、1980年にイスラーム教育カリキュラムを正規教科として導入（1991年および1994年改定）したことにより小学校におけるイスラーム教育が可能となった。

インドネシアでは1994年に小・中学校カリキュラムに特設された地域科は、各州の自由裁量によって地域の多様な文化やニーズに合致した教育を行えるようにした。例えば、西カリマンタン州では学習指導要領で「様々な民族、エスニック集団のアダット（慣習）や伝統は賞賛に値する高い価値を内包する」としてアダットや伝統を奨励している。授業目標に「地域の伝統文化を尊重する態度を育てること」と述べ、先住民族であるダヤク族、ダヤク文化など諸民族文化の尊重を掲げている[16]。

シンガポールの小学校、中等学校では、マレー系、インド系児童生徒の母語能力の低下と共に学力が向上しない問題に直面し、彼らの母語指導が試みられている。フィリピンの小学校、ハイ・スクールにおいて英語とフィリピ

ノ語によるバイリンガル教育が行われてきたが、小学校低学年では地方語であるタガログ語、イロカノ語、セブアノ語のいずれかを教授用語とする実験が試みられている。南部のイスラーム教徒に対しアラビア語も教授用語として認めている。ベトナムでは、ドイモイ政策の展開に伴う教育格差の拡大に配慮して、少数民族教育の問題が検討されている。地方によって少数民族の言語に配慮した教育を行っている。

　マレーシアのサラワク州では、先住民族であるダヤク（イバン、ビダユ、オラン・ウルを含む）やメラナウの子ども達に対する教育機会提供の配慮がなされ、初等教育、前期中等教育を受ける児童が1960年代以来増え続けている。同年齢層の割合からみるとダヤクで初等教育を受けた児童が1970年に24％であったのが、1988年には43％に達した。しかし、先住民族の伝統や文化に配慮した教育はまだあまりなされていない。それでも、新しいシラバスに基づく初等教育の地域科教科書には先住民族の人口や文化を掲載し、それを教え始めている[17]。

　このように、近年、東南アジア諸国ではマイノリティの文化を配慮した教育が試みられるようになっている。タイのような同化主義を取っている国も、基本的な政策は変わらないにしてもマイノリティの文化を認めつつ緩やかに統合を図る統合主義的傾向が観取される。

　また、タイやマレーシア、シンガポールにみられるように、近年の経済社会開発の結果、中間層が台頭し彼らの政治への参加の動きが活発化し民主化が促進される傾向がみられる。教育の普及が国民の政治、社会・教育改革に対する参加への覚醒を促し、民主化を進展させている面も認められる。マイノリティの文化・教育に対する配慮がなされるようになると共に、従来、政治や社会・教育活動に関わりをもたなかった人々（民族マイノリティ、移民集団を含む）が、それらに関与するようになり、トップダウンの政策にボトムアップの民意が反映するようになれば、国民統合が促進されるであろう。そのような政策を実施することも大きな課題である。

(4) トランス・ナショナル、グローバリゼーションと国民統合

　トランス・ナショナル、グローバリゼーションの波は東南アジアの国々に

も押し寄せている。各国における英語教育の重視、タイ、マレーシア、シンガポールなどにみられる華語授業の増加、タイ、マレーシア、インドネシアの中等学校における日本語教育の導入、タイやマレーシアにおける国際学校、国際カレッジの増加などはその現れであろう。

英語教育に関し、マレーシアでは、1971年以降公立小学校1年生から順次、英語による教育をやめ英語学校を廃止した。中等学校ではマレーシア語で統一的に教育されることになった。それでも、国際化の動きもあって各学校では英語教育を重視しているが、マレーシア語とのバランスからどの程度まで英語教育を認めるのか模索が続けられている。近年増加している私立高等教育機関では、英語を教授用語にしている。中国との経済交流の活性化の影響もあって華語が見直され、1998年に設立された私立「新紀元学院」ではマレー語、英語と並んで華語が教授用語として認められた。

タイでは、従来、華語教育を厳しく規制してきたが、現在、中国、台湾との貿易振興の意図もあって、私立の華人系小学校のみならず中等学校でも中国語を教授することは可能になっている。シンガポールは、国際貿易国家を目指して英語教育の力を入れてきたが、それのみでは国民意識、民族性が保持されにくいということから反省がみられ、共通価値の教育、民族語教育にも配慮を加えている。

マレーシア、インドネシア、南タイのイスラーム学校やマレーシア、シンガポールの華人系やインド系が通うビジネス・スクールでは、コンピュータによるインターネットを通して情報交換や情報発信を行うことが多くなっている。その情報は国境を越えて飛び交っている。情報交換は同じ文化圏の間で行われるが、情報発信は異文化世界・社会にも向けられている。

物的、人的、および情報の国際交流が盛んになるに伴い、英語教育、中国語教育の振興、国際学校の設立、インターネットの普及などにより教育の国際化を進めることは必要であろうが、それらを国民教育とどのように関連をもたせるのかが重要な課題である。

(5) 民営化、分権化の促進と国民教育の発展

教育の活性化を図り、また国家財政の困難性を克服したいということから、

東南アジア諸国の政府は、教育の民営化と分権化を促進しようとしている。

例えば、タイでは第7次国家経済社会開発計画（1992-96年）、第7次国家教育開発計画（1992-96年）、文部省の教育改革案（1996年）などにおいて教育の民営化と地方分権化が奨励されている。特に、民間組織が教育に投資し、私立学校の設立運営に参加することが歓迎されている。地方自治体やその住民、児童生徒の親が教育経営に参加することも奨励され、教育の活性化、多様化、および質的向上が図られている。1999年8月に制定された新国家教育法においても民間による教育管理・運営（第5章第3部）を重視し、地方に新たな教育地区を設立して（第5章第1、2部）地方分権化を図ることを規定している[18]。

マレーシアでは、以前から外国人のための国際学校以外に、私立の華文独立中学が設立されている。最近、「第7次マレーシア計画」（1996-2000年）において民営化や法人化を促進し、国際的競争力の向上に努める方針を提示した。それにより、民間部門の教育参加が奨励され、私立高等教育機関の拡充が図られている。私立高等教育機関の形態は、カレッジの新設、企業による私立大学の新設、外国に本部をおく高等教育機関の分校の新設、外国の大学との連携等がみられ、それらの機関へ入学する学生は急増している。しかも同機関の教授用語は英語であり、国際分野で活躍できる人材育成を図っている。

インドネシアの私立学校の割合は、1994年に前期中等教育レベルで30.8％、後期中等教育レベルで54.3％も占め国民教育に果たす役割は大きい。このように私立学校の多いインドネシアにおいても、公教育の一部を私学に依存したいということもあって民営化が強調され、奨励されている。また、地方分権化も促進されようとしている。この動きに呼応して各小・中等学校において地域科が設けられ、地域の言語、文化、慣習などを学ぶことにした。

シンガポールでは、教育を分権化し規制を緩和する政策が実施され、学校に自由裁量権が認められるようになった。自主学校（independent school）と自治学校（autonomous school）では、カリキュラム編成権をもつこと、自主学校は教員の採用、授業料の設定を行うことまでも可能になっている。

教育の民営化、分権化は、教育の活性化、多様化を図るものであり、円滑に機能すれば好ましい効果を挙げることができよう。私立学校は財政基盤の弱い公立学校を補ってその代替的機能を果たしているとも考えられる。しか

し、特定の学校や地方への教育投資が多くなることから、学校間格差、地方間格差を招いたり、私立学校が国家規制の枠を逸脱し国民教育から離反したりすることが危惧される。国家財政が危機的状況に陥っている東南アジア諸国では、教育の民営化、分権化、規制緩和が一層強調されている。教育格差を拡大しないで、国民教育の範囲内において私学教育、地方教育の特色発揮を促しつつ、それらのことにいかに対処するかが課題となっているのである。

(村田 翼夫)

注
1) 綾部恒雄『現代世界とエスニシティ』弘文堂、1993年、72-74頁、81頁。
2) Keith Watson, Ethnic and Cultural Diversity and Educational Policy in an International Context, James Lynch, Celia Modgil and Sohan Modgil (eds.), *Cultural Diversity and the Schools*, Vol.4—*Human Rights, Education and Global Responsibilities*, The Falmer Press, 1992 p.249.
3) 『現代世界とエスニシティ』(前掲書)、81頁。
4) *Op.cit.*, Keith Watson, p.250.
5) Keith Watson, Education and Cultural Pluralism in South East Asia, with Special Reference to Peninsular Malaysia, *Comparative Education*, Vol.16, No.2, 1980, p.145.
6) *Ibid.*, pp.145-147.
7) *Op.cit.*, Keith Watson, 1992, pp.250-251.
8) Milton J.Esman, Communal Conflict in Southeast Asia, Nathan Glazer and Daniel P.Moynihan (eds.), *Ethnicity—Theory and Experience*, Harvard Univ. Press, 1975 pp.393-410
9) 大陸部の稲作盆地のタイ族間に分布した村落が集まってムアン型駅市国家を構成した。ムアンの長はチャオと呼ばれる王で、その下に世襲的官僚ピャターオがいた。王の権威は、最初の開拓者または外世界から権威を認められることに基づいていた。
　　 6-8世紀真臘が支配したクメール地域を中心にした平原に領域的都市国家群が設立されたが、その連合体がプラ型領域都市国家である。同国家は中央集権的なピラミッド体制になっていた。真臘ではヒンドゥー教を保護し、支配の正統性の根拠とした。ヌガラ型国家は、島嶼部沿海部河口の商業機能をもつ港市に発達した小規模国家である。メコン河口に発達した扶南もヌガラ型国家であった。王は、権威の正統性を海を通して導入された外的な文化の具現者として維持した(石井米雄・桜井由躬雄『東南アジア世界の形成』講談社、1990年、第1、2章参照)。
10) 例えば、高谷好一は「住民が世界観または価値観を共有している地域範囲である世界単位」という概念を提案し、生態適応型、ネットワーク型、大文明型の三類型を

提示している(高谷好一『「世界単位」から世界を見る』京都大学学術出版会、1996年、4-14頁)。
11) 高埜健「ASAEAN 各種委員会の活動—地域統合への意義と影響—」岡部達味編『ASEAN における国民統合と地域統合』日本国際問題研究所、1989年、196頁。
12) W. Wielemansand and Pauline Choi-Ping Chan (eds.), *Education and Culture in Industlializing Asia*, Leuven University Press, 1992, pp.225-412.
13) エスニシティは、従来、「一つの共通な文化を意識的に分かち合い、何よりもまずその出自によって定義される社会集団」(Nathan Glazer, Ethnicity: A World Phenomenon, *Dialogue*, Vol.8, No.3/4, 1975, p.35)とされたが、近年は、「民族集団の表出的行為の側面を認識のレヴェルで捉えようとする概念である」(『現代世界とエスニシティ』(前掲書)、21頁)と考えられている。
14) A.T. アリヤラトネ博士が1958年にスリ・ランカにおいて学生達と一緒に被差別部落で始めた自助活動運動。シュラは「労働または人間エネルギー」、ダーナは「与える、分かち合い」、サルボダヤは「すべての人の目覚め」を意味する。この運動は、目覚め、四聖諦、自立、非暴力、相互依存など伝統的な仏教思想に基礎をおく。貧しい100か村の開発計画として始められたが、1980年代半ばから1万以上の村で実施されている。トップダウン型の開発と異なるボトムアップ型の人間・社会発展を目指すスリ・ランカ最大の NGO である。
15) 調査は、11-12月にロップリ、シンブリ、ナコンサワン、ピサヌローク、ランパーン、ランプーン、チェンマイ、パヤオの8県で行った。仏法に基づく新たな開発の考え方や実践については、次の論文が参考になる。

　Sulak Sivaraksa, *Alternative Development from a Buddhist Perspective*, Thai Inter-religious Commission for Development, Santi Pracha Dhanmma Institute, 1994.
16) 中矢礼美、「インドネシアにおける地域科カリキュラムの機能に関する批判的研究」日本比較教育学会編『比較教育学研究』第23号、1997年、114-123頁。
17) Jayum A Jawan, *The Iban Factor in Sarawak Politics*, Malindo Printers, 1993, pp.84-88
18) Office of the National Education Commission, Office of the Prime Minister, Thailand, *Phrarachabanyat Kaansuksaa haeng Chaart, Pho So 2542*, (『国家教育法、仏暦2542年』), 1999.

第4節　国際教育交流・協力の意義と課題

1　国際教育交流と協力

　今日、アジア諸国に対しては各方面において日本の影響が強まっており、従来のように経済分野ばかりでなく教育・文化の分野でも影響がみられるようになってきた。日本は、外国からの情報受信に基づいて発展する受信型国家であるといわれてきたが、国際化の進展に伴い、日本からの発信機能も強化されつつあるように思われる。1993年に文部省が発行した教育白書は、そのタイトルを「文化発信社会に向けて」として、教育・学術・文化・スポーツの国際交流・協力の必要性を強調している。

　特に、最近では、開発途上国に対する協力・援助が、経済・社会分野に限らず教育分野でも重視されるようになってきた。具体的には、留学生に加えて技能技術や経営のノウハウを学ぶ研修生が増大したり、開発途上国に対する理数科教育や教育経営分野の協力・援助が増えたりしている。

　高等教育レベルの交流について第4章第2節で山本が述べているが、日本への留学生はアジア人留学生が約9割を占めている。東アジアの留学生が77.3％、東南アジアの留学生は10.1％である。それに対し、日本から外国へ出かける留学生は、中国、韓国を除けば、殆ど先進国であるアメリカ、イギリス、ドイツなどに集中している。近年、高等教育レベルの交流において注目されるのは、受け入れ研修生の増大である。日本企業のアジア進出の影響もあって、彼等は公私の機関において短期の技能・技術、経済・経営の知識等に関する研修を受けている。1996年には4万5千人余りに達しているが、8割近くはアジア諸国の研修生であり、東南アジアの研修生は約3割であった。新たな研修コースとして大学院レベルの研修も行われるようになってきた。アジア経済研究所では、1990年から大学院レベルの開発スクールを開設

し、日本人と外国人に対し6か月の英語による研修コースを提供している。その中に工場見学、機関訪問や地方への研修旅行も含めている。また、1999年度から国際協力事業団 (JICA) が、長期研修制度を開設し、英語コースをもつ大学院と提携して学位を取らせる研修を実施することにした。

このような留学生や研修生を通して日本はアジア諸国に対していかなる影響を与えているのであろうか。また日本のいかなる教育がアジア諸国において受容されてきたのであろうか。このことについて、筆者が代表者になって1997年度から3年間にわたって文部省科研費研究（基盤研究(B)(1)）を行った。それは、日本に留学していた元留学生、日本で研修を受けた元研修生に対しアンケート調査を行い、アジア各国への日本の教育の影響を総合的に比較分析することを目的とするものであった。いわば、日本の教育の発信機能と発信内容を研究したわけである[1]。

元留学生・研修生の回答結果の分析結果によれば、個人的に日本から取り入れているもの、または取り入れたいものとして、①集団活動、②自主的な学習・研究、③慣習が多く指摘された。集団活動では、小グループ活動、朝礼・朝会、制服、研究室制度などが挙げられた。自主的な学習・研究は、学校や大学において生徒・学生達が自主的に実践を通して学習や研究、特に実験・実習を進めることを指している。注目されるのは、「枠内小集団自主活動」と呼べるような、小集団内の一定の枠内において児童・生徒・学生が自主的に学習・研究するシステムが評価されている点である。慣習の項目で最も多いのは、時間厳守、次いで年功序列、読書の習慣、礼儀正しさなどが挙がっていた。タイ、マレーシア、インドネシアの回答者には、読者の習慣の項目が多く、個人的に自分の子供に読書をさせるよう心がけているという言及もみられた。

社会的に取り入れたいものとしては、①教育制度の面では、教育法の整備、教育行政の地方分権化、教員の地位・給与の向上、教員研修制度等、②教育活動では、学校掃除、給食、朝礼、制服等が挙がっていた。③施設設備の面では、図書館、博物館、体育館、公民館、プール、コンピュータ等の整備が指摘され、特に都会と農村の間に差がないことに驚きの目が向けられ、安全面や障害者の利用を考慮した設備がよいと評価されていた。一方、取り入れ

たくないものとして、仕事上の男女格差、年功序列、長時間労働、入学試験制度、子どものよくない躾、塾等が挙がっていた[2]。

以上のような日本の教育の影響に関する実態調査結果も踏まえて、国際教育協力の課題を考えてみたい。

2 国際教育協力の課題

国際教育協力の近年の動向について第4章第1節で豊田が述べているように、経済成長を促進するための人的資源開発から教育自体を目的とした人間開発を重視するようになり、その結果、基礎教育への協力を尊重するようになっている。東南アジアでは、理工系分野を中心とした高等教育や専門技術教育への協力が大部分を占めてきた。東南アジアの主要国では、初等教育がほぼ整備されたが、カンボジア、ラオスのようにまだ整備されていない国もある。従って、主要国には、今後、中等教育や教員養成への協力、他の初等教育が整っていない国には、初等教育を中心にした基礎教育の充実が教育協力の第一の課題となろう。

第二に、その協力を行う際に、各教育レベルの量的、質的な男女格差、地域格差、民族格差ならびに環境保全の問題に特に留意する必要があるであろう。OECDの開発援助委員会（DAC）は、1996年5月の第34回上級会合で「21世紀に向けて：開発協力を通じた貢献」と題する報告書を採択した。その中で、社会開発における目標として「2015年までにすべての国において初等教育を普及させること」、「2005年までに初等・中等教育における男女格差を解消し、それによって男女平等と女性の地位の強化（エンパワーメント）に向けて大きな前進を図ること」、「2015年までに現在の環境資源の減少傾向を地球全体および国毎で増加傾向に逆転させること、そのため、すべての国で2005年までに持続可能な開発のための国家戦略を実施すること」を掲げた[3]。基礎教育の重視、男女格差の解消、環境を考慮した持続可能な開発を強調しているのである。

教育協力・援助を行う場合にまず施設設備が考えられるが、東南アジア諸国の元留学生・研修生が日本の教育施設設備で注目していたのは、地域格差

のない状況、安全面・障害者の利用を配慮している点であった。教育制度では、教員の地位・給与の向上、教育行政の地方分権化などが挙がっていた。教員の地位に関しては、東南アジア諸国では、タイ、ミャンマー、インドネシアなどのように伝統的に教員は民衆から尊敬されてきた。しかし、教員の給与は、マレーシア、シンガポールを除けばいずれの国においても低くなっている。今後、教員を専門職として位置づけていく方向で日本の協力が考えられよう。教育活動では、グループ学習、自主的学習・研究、特に日本的な「枠内小集団自主活動」を重んずること、また教員研修、地方分権のあり方では、文部省がトップダウン式に地方公共団体や教育機関を規制したり、知識・技術を教員に授与したりするのではなく、各地方や各教育機関の一定水準を維持しつつも地方教育行政組織、大学、学校など多様な機関の自主性を認め生かすことなど、日本的特徴が参考になりえよう。このような元留学生・研修生が注目し、取り入れたいと願っている日本の教育の特徴を世界へ発信していくよう配慮することが第三の課題である。

　ともかく、いずれの分野を重視し、いかなる内容を選び、いかなる人を指導者にするかといった点は、各国の教育的、社会的、文化的背景を尊重せざるを得ない。第4章第3節では、野津が日本語教育による協力について論じ、東南アジア諸国において日本語教育を実施する教育機関は、大学ばかりでなく中等学校にも拡大し、しかも学習者には実利志向が強いこと、しかし、日本語教育のあり方を多民族国家の中で再考する視点が欠如していることを指摘していた。確かに、東南アジア諸国では、多くの日系企業が進出しそこで就労したい人々は、実用的な日本語を学びたいと思っている。また、それらの国々の教育機関では、国語ばかりでなく民族語や英語が教育され、複数の共通語が学習されているのである。これからは、そうした複合民族国家の社会的、文化的背景を考慮した日本語教育でなければならないであろう。教材の作成、教育方法などにおいて、純粋な日本語、日本文化に拘泥すれば、無意識に日本文化を押しつけることになりかねない。多文化を配慮した工夫を要するところである。

　以上のことから、東南アジア諸国を初めとする途上国に対し効果的な教育協力・援助を行っていく第四の課題は、日本の教育・文化の特色を認識する

のみならず、各国の教育制度・政策、教育内容・方法等の特色を理解し、更にそれらの教育状況をはぐくんでいる国家社会の経済的条件や文化的、社会的条件を考慮することであろう。前節で検討したように、東南アジアの人々のもつ世界観・社会観にも共通性と相違性がみられるのである。そのことに十分留意する必要がある。

(村田　翼夫)

注
1）村田翼夫（研究代表者）『アジア諸国に対する日本の教育の影響に関する実証的比較研究―教育協力・援助の影響を中心として―』1997-98年度文部省科学研究費補助金（基盤研究(B)(1)）研究成果報告書、1999年。
2）同上、189-199頁。
3）経済協力開発機構（OECD）『21世紀に向けて：開発協力を通じた貢献』(*Shaping the 21st Century: The Contribution of Development Cooperation*)、1996年。

文献目録

総論篇

比較教育学

(1) 日本語文献

1) 単行本

豊田俊雄『アジアの教育』アジア経済研究所、1978年。

沖原豊編『現代教育学シリーズ10 世界の学校』東信堂、1981年。

岡正雄・江上波夫・井上幸治監修『民族の世界史6 東南アジアの民族と歴史』山川出版、1984年。

土屋健治・白石隆編『東南アジアの政治と文化』東京大学出版会、1984年。

小林哲也・江淵一公編『多文化教育の比較研究—教育における文化的同化と多様化—』九州大学出版会、1985年。

日本国際政治学会編『アジアの民族と国家—東南アジアを中心として—』(『季刊国際政治』84) 有斐閣、1987年。

小林哲也・江原武一『国際化社会の教育課題—比較教育学的アプローチ—』行路社、1987年。

岡部達味編『ASEANにおける国民統合と地域統合』日本国際問題研究所、1989年。

馬越徹編『現代アジアの教育—その伝統と革新—』東信堂、1989年。

『アジア文化 特集：東南アジア諸国の文化と教育』第14号、アジア文化総合研究所、1989年。

吉田正晴編『教育科学講座第8巻 比較教育学』福村出版、1990年。

レ・タン・コイ、前平泰志・田崎徳友・吉田正晴・西之園晴夫訳『比較教育学—グローバルな視座を求めて—』行路社、1991年。

企画・編集代表 矢野暢『講座東南アジア学』全10巻 別巻1、1991年。

綾部恒雄『東南アジアの論理と心理』第一書房、1992年。

P.G.アルトバック・V.セルバラトナム編、馬越徹・大塚豊訳『アジアの大学—従属から自立へ—』玉川大学出版部、1993年。

蒋田剛正『アセアン諸国の言語政策』穂高書店、1993年。

P.G.アルトバック、馬越徹監訳『比較高等教育論—「知」の世界システムと大学—』玉川大学出版部、1994年。

二宮皓編著『世界の教育―比較教育文化論の視点にたって』福村書店、1995年。
小野沢純編著『ASEANの言語と文化』高文堂出版社、1997年。
田原恭蔵・林勲・矢野裕俊編著『かわる世界の学校』法律文化社、1997年。
綾部恒雄『国家の中の民族―東南アジアのエスニシティー』明石書店、1996年。
石附実編著『比較・国際教育学 補正版』東信堂、1998年。
R.P.ドーア、松居弘道訳『学歴社会 新しい文明病』岩波現代選書、1998年。
西川長夫・山口幸二・渡辺公三編『アジアの多文化社会と国民国家』人文書院、1998年。
高倉翔・村田翼夫編著『バイリンガルテキスト：日本の教育、制度と課題、教科教育（*A Bilingual Text: Education in Japan, Present System and Tasks/Curriculum and Instruction*）』学習研究社、1998年。
ユルゲン・シュリーバー編著、馬越徹・今井重孝監訳『比較教育学の理論と方法』東信堂、2000年。
アンディ・グリーン、大田直子訳『教育・グローバリゼーション・国民国家』東京都立大学出版会、2000年。

　2）研究論文・報告書類

村田翼夫・梶田美春（研究代表者）『東南アジア諸国における教員の現職教育』1980-81年度文部省科学研究費補助金（一般研究C）報告書、1982年。
村田翼夫編『第三世界における国民統一と宗教・道徳教育：第三世界教育研究報告書』筑波大学教育学系比較教育研究室、1987年。
村田翼夫（研究代表者）『東南アジア諸国における多文化と国民教育』1989年度文部省科学研究費補助金（一般研究C）中間報告書、1990年。
村田翼夫（研究代表者）『東南アジア諸国における多言語社会と教授用語―国民統合政策との関連を中心として―』1989-90年度文部省科学研究費補助金（一般研究C）最終報告書、1991年。
文部省大臣官房調査統計企画課『諸外国の学校事情　アジア・オセアニア・アフリカ編』1996年。
金子忠史（研究代表者）『学校と地域社会との連携に関する国際比較研究中間報告書（Ⅰ）（Ⅱ）』国立教育研究所、1996年。
馬越徹（研究代表者）『アジア地域の中等教育の内容と評価法に関する調査研究』1996-98年度文部省科学研究費（国際学術研究）研究成果報告書、1998年。
村田翼夫（研究代表者）『アジア諸国に対する日本の教育の影響に関する実証的比較研究―教育協力・援助の影響を中心として―』1997-99年度文部省科学研究費補助金（基盤研究(B)(1)）研究成果報告書、1999年。

　3）定期刊行物

日本比較教育学会『比較教育学研究』。
アジア政経学会『アジア研究』。
アジア文化総合研究所『アジア文化』。

アジア経済研究所『アジア経済』。

(2) 英語文献
1) 単行本
Lebar, F.M, Hickey, G.C. and Musgrave, J.K., *Ethnic Groups of Mainland Southeast Asia*, New Haven: Human Relations Area Files Press, 1964.
Kunstadter, P., *Southeast Asian Tribes, Minorities, and Nations*, Vol.1 & 2, Princeton: Princeton University Press, 1967.
Postlewaite, Neville T. and Murray, Thomas R. (eds.), *Schooling in the ASEAN Region: Primary and Secondary Education in Indonesia, Malaysia, the Philippines, Singapore and Thailand*, Oxford: Pergamon Press, 1980.
Inglis, Christine, and Nash, Rita (eds.), *Education in Southeast Asia: A Select Bibliography of English Language Materials on Education in Indonesia, Malaysia, Philippines, Singapore and Thailand, 1945-1983*, UK: Gower Publication, 1985.
Wijeyewardene, G., *Ethnic Groups across National Boundaries in Mainland Southeast Asia*, Singapore: Institute of Southeast Asian Studies, 1990.
Lewin, Keith M. and Stuart, Janet S. (eds.), *Educational Innovation in Developing Countries: Case-Studies of Changemakers*, China: MacMillan Press, 1991.
Wielemans, Willy and Chan, Pauline Choi-Ping (eds.), *Education and Culture in Industrializing Asia: The Interaction between Industrialization Cultural Identity and Education*, Leuven: Leuven University Press, 1992.

2) 研究論文・報告書類
Heine-Geldern, R., "Conception of State and Kingship in Southeast Asia", *The Far Eastern Quarterly*, 2 (1), 1942, pp.15-30.

3) 定期刊行物
Comparative Education Review.
Comparative Education, Carfax Publishing Compare: A Journal of Comparative Education.
International Journal of Educational Development.

国際理解教育

(1) 日本語文献
1) 単行本
魚住忠久『グローバル教育の理論と展開―21世紀をひらく社会化教育―』黎明書房、1987年。

天野正治・中西晃編著『国際理解の教育』日本教育図書センター、1988年。
川端末人・多田孝志編著『世界に子どもをひらく―国際理解教育の実践的研究―』創友社、1990年。
文部省教育改革実施本部編『国際理解と協力の進展』1993年。
国民教育文化総合研究所『教育総研理論フォーラムNo.11「せんせい、私たちの気持ちをよく聞いて」―民族的少数者からの提言―』1993年。
魚住忠久『グローバル教育―地球人・地球市民を育てる』黎明書房、1995年。

   2) 研究論文・報告書類
東京学芸大学海外子女教育センター『共生社会の教育―帰国子女教育プロジェクト中間報告―』1993年。

   3) 定期刊行物
日本国際理解教育学会『国際理解教育』。
国際理解教育研究所『国際理解』。
東京学芸大学海外子女教育センター『海外子女教育センター研究紀要』。

異文化理解

   (1) 日本語文献
   1) 単行本
石附実・鈴木正幸編『異文化接触と日本の教育⑧ 現代日本の教育と国際化』福村出版、1988年。
権藤与志夫編『世界の留学―現状と課題―』東信堂、1991年。
江淵一公『異文化間教育学序説―移民・在留民の比較教育民族誌的分析―』九州大学出版会、1994年。
江淵一公『異文化間教育学研究』玉川大学出版部、1997年。
井上雍雄『教育交流論序説』玉川大学出版部、1994年。
小林哲也『国際化と教育』放送大学教育振興会、1995年。
江淵一公編著『トランスカルチュラリズムの研究』明石書店、1998年。

   2) 研究論文・報告書類
総務庁行政監察局編『留学生受入れ対策の現状と問題点』大蔵省印刷局、1988年。
本名信行・竹下祐子『アジアのなかの日本語教育：現状と課題―タイ王国での調査から―』青山学院大学総合研究所国際政治経済研究センター、1994年。
文部省学術国際局留学生課『我が国の留学生制度の概要―受入れおよび派遣―平成11年度』1999年。

   3) 定期刊行物
異文化間教育学会『異文化間教育』。
『留学交流』ぎょうせい。

教育開発・教育協力

(1) 日本語文献
1) 単行本
鶴見和子・川田侃編『内発的発展論』東京大学出版会、1989年。
丸山静雄『アジアの開発と援助―取材50年の体験的考察―』新日本出版社、1991年。
スティーブン・ブラウン、安田靖訳『国際援助』東洋経済新報社、1993年。
北村かよ子編『国際開発協力問題の潮流』(経済協力シリーズ168)、アジア経済研究所、1993年。
ティエリ・ヴェルヘルト、片岡幸彦訳『文化・開発・NGO―ルーツなくして人は生きられない』新評論、1994年。
多谷千賀子『ODAと環境・人権』有斐閣、1994年。
田中治彦『南北問題と開発教育―地球市民として生きるために―』亜紀書房、1994年。
豊田俊雄編『開発と社会―教育を中心として―』アジア経済研究所、1995年。
佐藤寛編『援助と社会の固有要因』(経済協力シリーズ177)、アジア経済研究所、1995年。
西岡尚也『開発教育のすすめ』かもがわ出版、1996年。
佐藤寛編『援助研究入門―援助現象への学際的アプローチ』アジア経済研究所、1996年
ヴォルフガング・ザックス編、三浦清隆他訳『脱「開発」の時代』晶文社、1996年。

2) 研究論文・報告書類
国際協力事業団国際協力総合研修所『アジア・太平洋諸国における人造り協力のあり方に関する研究』1989年。
川野辺敏(研究代表者)『アジア・太平洋諸国の国際教育協力・援助の実態と課題』1988-89年度文部省学術研究費補助金(国際学術研究)報告書、1990年。
国際協力事業団企画部『教育援助にかかる基礎研究―基礎教育分野を中心として―、報告書』1997年。

3) 定期刊行物
広島大学教育開発国際協力研究センター『国際教育協力論集』1998年-1999年。
国際協力総合研修所『国際協力研究』。
海外経済協力基金開発援助研究所『開発援助研究』。
開発教育協議会『開発教育』。

(2) 英語文献
Osler, Audrey (ed.), *Development Education: Global Perspectives in the Curriculum.* London: Cassell, 1994.
International Journal of Educational Development.

各国篇

タ　イ

(1) 日本語文献

1) 単行本

末廣昭『タイ　開発と民主主義』岩波書店、1993年。

小野澤正喜編『アジア読本　タイ』河出書房新社、1994年。

北原淳・赤木攻編『タイ：工業化と地域社会の変動』法律文化社、1995年。

綾部恒雄・石井米雄編『もっと知りたいタイ　第2版』弘文堂、1995年。

新澤正禎『タイの職業教育―統計資料で見る―』アジア経済出版会、1995年。

2) 研究論文・報告書類

村嶋英治「現代タイにおける公的イデオロギーの形成―民族的政治共同体（チャート）と仏教的王政―」日本国際政治学会編『国際政治』第84号、1987年。

村田翼夫「タイにおける言語教育と教授用語の変遷」村田翼夫（研究代表者）『東南アジア諸国における多言語社会と教授用語―国民統合政策との関連を中心として―』1989-90年度文部省科学研究費補助金（一般研究C）最終報告書、1991年。

井上紀子「タイにおける英語教育」村田翼夫編『東南アジア諸国における言語教育―多言語社会への対応―』筑波大学教育学系比較・国際教育研究室、1991年。

チラ・ホングラダロム・糸賀滋編『タイの人的資源開発―過去・現在・未来―』アジア経済研究所、1992年。

渋谷恵「タイにおける山地民教育政策の展開」『比較・国際教育』第2号、筑波大学比較・国際教育学研究室、1994年。

速水洋子「北タイ山地における仏教布教プロジェクト：あるカレン族村落群の事例」『東南アジア研究』第32巻第2号、1994年。

村田翼夫「タイにおける仏教日曜教育センターの普及―その原因に対する考察―」『比較・国際教育』第3号、筑波大学比較・国際教育学研究室、1995年。

鈴木康郎「タイにおける華人系学校政策の動向―規制緩和措置の検討を中心として」『比較・国際教育』第3号、筑波大学比較・国際教育学研究室、1995年。

村田翼夫（研究代表者）『タイにおける文化政策の展開とノンフォーマル教育―近代化社会へのタイ的適応―』1994年度文部省科学研究費補助金（一般研究C）報告書、1995年。

玉田芳史「タイのナショナリズムと国民形成―戦前期ピブーン政権を手がかりとして―」『東南アジア研究』第34巻第1号、1996年。

(2) 英語文献

1) 単行本

Keyes, C.F., *The Golden Peninsula: Culture and Adaptation in Mainland Southeast*

Asia, New York: Macmillan, 1977.
Ethnic Adaptation: The Karen on the Thai Frontier with Burme, Philadelphia: ISHT, 1979.
Watson, Keith, *Educational Development in Thailand,* Hong Kong: Heinemann Asia, 1980.
McKinnon, J. and Bhruksasrri W. (eds.), *Highlanders of Thailand,* Oxford: Oxford University Press, 1983.
Chantana Chanbanchong, *A Historical Analysis of the Policy Concerning Character Building Activities in Compulsory Schools in Thailand (1921-1990)*、筑波大学大学院博士課程教育学研究科学位論文、1992。
Office of the National Education Commission, *Education in Thailand 1998, 1999.* Bangkok: Office of the National Education Commission, 1998, 1999.
Office of the National Education Commission, *National Education Act of B.E. 2542 (1999),* 1999.

2) 研究論文・報告書類

Kitahara, Atsusi and Akagi, Osamu (eds.), *State of Thai Studies in Japan,* Japan: The Thai Seminar of Japan, 1996.

(3) タイ語文献
1) 単行本

Suansunantha Teachers' College. *Karnsuksaa Thai,* Bangkok: Aroonkarnphim, 1992 (『タイの教育』).
Ministry of Education. *Nungroypii Krasuangsuksaathikarn.* Bangkok: Ministry of Education, 1992 (『文部省100年史』).

2) 研究論文・報告書類

Office of the National Education Commission, *Phaenphattanaa Setthakit Lae Sangkom Haeng Chart Chababthii 8 (1997-2001)* (『第8次国家社会・経済開発計画（1997年〜2001年)』).
Office of the National Education Commission, *Phaenphattanaa Karnsuksaa Haeng Chart Chababthii 8 (1997-2001)* (『第8次国家教育開発計画（1997年〜2001年)』).

3) 定期刊行物

Office of the National Education Commission. *Warasarn Karnsuksaa Haeng Chart* (『国家教育誌』隔月刊).

インドネシア

---

(1) 日本語文献

1) 単行本
西野節男『インドネシアのイスラム教育』勁草書房、1990年。
石井米雄編『インドネシアの事典』同朋舎、1991年。
宮崎恒二・山下晋司・伊藤眞編『アジア読本 インドネシア』河出書房新社、1993年。
綾部恒雄・石井米雄編『もっと知りたいインドネシア 第2版』弘文堂、1997年。
2) 研究論文・報告書類
西野節男「インドネシアの国民統一と宗教・道徳教育」第三世界教育研究報告書『第三世界における国民統一と宗教・道徳教育』筑波大学教育学系比較教育研究室、1987年。
西村重夫「パンチャシラ道徳教育の諸相」『九州大学比較教育文化研究所紀要』第38号、1987年。
西野節男「インドネシアの言語教育」村田翼夫（研究代表者）『東南アジア諸国における多言語社会と教授用語─国民統合政策との関連を中心として─』1989-90年度文部省科学研究費補助金（一般研究C）最終報告書、1991年。
服部美奈「イスラームにおける通過儀礼と宗教教育に関する序論─インドネシア・西スマトラ州パリアガン村における事例研究─」日本比較教育学会編『比較教育学研究』第22号、1996年。
中矢礼美「インドネシアにおける地域科カリキュラムの機能に関する批判的研究」日本比較教育学会編『比較教育学研究』第23号、1997年。

(2) 英語文献
Education Sector Unit, East Asia and Pacific Region, World Bank, *Education in Indonesia: From Crisis to Recovery*, 1998.

マレーシア

---

(1) 日本語文献
1) 単行本
水島司編『アジア読本 マレーシア』河出書房新社、1993年。
綾部恒雄・石井米雄『もっと知りたいマレーシア 第2版』弘文堂、1994年。
歴史教育者協議会編『シリーズ 知っておきたい東南アジアⅡ：シンガポール・マレーシア・ブルネイ・インドネシア』青木書店、1994年。
サイド・フシン・アリ編、小野沢純・吉田典巧訳『マレーシア─多民族社会の構造─』勁草書房、1996年。
萩原宜之著『現代アジアの肖像14 ラーマンとマハティール─ブミプトラの挑戦─』岩波書店、1996年。
竹熊尚夫『マレーシアの民族教育制度研究』九州大学出版会、1998年。
2) 研究論文・報告書類

杉本均「マレーシア新初等教育カリキュラム―もとめられているものと目指すもの―」日本比較教育学会編『比較教育学』第15号、1989年。
杉村美紀「マレーシア華人集団内部での国民教育に対する対応の違い」村田翼夫（研究代表者）『東南アジア諸国における多文化と国民教育』1989年度文部省科学研究費補助金（一般研究C）中間報告書、1990年。
杉村美紀「マレーシアにおける教授用語の国語化をめぐる課題」村田翼夫（研究代表者）『東南アジア諸国における多言語社会と教授用語―国民統合政策との関連を中心として―』1989-90年度文部省科学研究費補助金（一般研究C）最終報告書、1991年。
竹熊尚夫「マレーシアにおけるマレー系エリート教育の発展とその特色―全寮制中等学校の場合―」日本比較教育学会編『比較教育学研究』第17号、1991年。
永岡真波「マレーシア人留学生の日本留学選択動機」日本比較教育学会編『比較教育学研究』第18号、1992年。
手嶋將博「マレーシアの環境教育におけるイスラム的価値の導入―初等教育『理科』・『地域科』のカリキュラム分析を通して―」日本比較教育学会編『比較教育学研究』第25号、1999年。

(2) 英語文献
1) 単行本
Solomon, J.S., *The Development of Bilingual Education in Malaysia*, Pelanduk Publications, 1988.
Rogers, Marvin L., *Local Politics in Rural Malaysia*, S. Abdul Majeed & Co., 1993.
Sharifah Maimunah bte Syed Zin, and Lewin, Keith M. (eds.), *Insights into Science Education: Planning and Policy Priorities in Malaysia*, Ministry of Education, Malaysia, 1995.
Rosnani Hasim, *Educational Dualism in Malaysia*, Oxford University Press, 1996.
Nicholas, Colin, *The Orang Asli and the Contest for Resources: Indigenous Politics, Development and Identity in Peninsular Malaysia*, International Work Group for Indigenous Affairs (IWGIA), DOCUMENT No.95, Copenhagen, 2000.

2) 研究論文・報告書類
A Review of Recent Educational Development and Emerging Policy Trends in Malaysia, Bahagian Perancangan & Penyelidikan Pelajaran Kementerian Pelajaran Malaysia, 1978.
Mahathir bin Mohamad, *Report of the Cabinet Committee: To Review of the Implementation of Education Policy*, Ministry of Education Malaysia, 1985.
The Integrated Curriculum for Secondary School, Ministry of Education Malaysia, 1989.

(3) マレーシア語文献
1）単行本

K. Ramanathan, *Politik dalam Pendidikan Bahasa 1930-1971*, Siri Pendidikan Fajar Bakti, 1985（『言語教育政策1930-1971年』）.

Yaamub Isa, *Almanak Pendidikan*, Berita Publishing Sdn. Bhd, 1996（『教育年鑑』）.

2）研究論文・報告書類

Seminar Kebangsaan Penilaian Pelaksanaan KBSR, Pusat Pendidikan Kurikulum Kementerian Pendidikan Malaysia, 1990.

"Akta Pendidikan 1996 (Akta 550) & Education Act 1996 (Act 550)", *International Law Book Services (ILBS)*, 1996.

シンガポール

(1) 日本語文献
1）単行本

田中恭子『シンガポールの奇跡―お雇い教師の見た国づくり』中公新書、1984年。

黄彬華・呉俊剛、田中恭子訳『シンガポールの政治哲学―リー・クアンユー首相演説集―㊤・㊦』勁草書房、1988年。

田村慶子『「頭脳国家」シンガポール 超管理の彼方に』講談社現代新書、1993年。

綾部恒雄・石井米雄編『もっと知りたいシンガポール 第2版』弘文堂、1994年。

太田勇『国語を使わない国―シンガポールの言語環境―』古今書院、1994年。

大原始子『シンガポールの言葉と社会―多言語社会における言語政策―』三元社、1997年。

杉谷滋編『シンガポール 清潔な政府・巧妙な政策』お茶の水書房、1999年。

田村慶子『シンガポールの国家建設―ナショナリズム、エスニシティ、ジェンダー』明石書店、1999年。

糸林誉史『シンガポール 多文化社会を目指す都市国家』三修社、2000年。

2）研究論文・報告書類

池田充裕「シンガポールにおける言語教育政策と国民統合」村田翼夫（研究代表者）『東南アジア諸国における多言語社会と教授用語―国民統合政策との関連を中心として』1989-90年度文部省科学研究費補助金（一般研究C）最終報告書、1991年。

池田充裕「シンガポールにおける言語教育政策の展開と国民意識の変容―言語使用に関する調査分析を手がかりとして」日本比較教育学会編『比較教育学研究』第19号、1993年。

池田充裕「シンガポールにおけるマイノリティ教育政策―マレー系住民に対する教育支援政策を中心にして―」日本教育制度学会編『教育制度学研究』第6号、1999年。

田中恭子「シンガポールの儒教教育」アジア政経学会編『アジア研究』第37巻第1号、1990年。

(2) 英語文献

Evangelos A. Afendras and Eddie C.Y. Kuo, *Language and Society in Singapore*, Singapore Univesity Press, 1980.

Raj Vasil, *Asianising Singapore: The PAP's Management of Ethnicity*, Heinemann Asia, 1995.

Jason Tan S. Gophinathan and Ho Wah Kam (eds.), *Education in Singapore: A Book of Readings*, Prentice Hall, 1997.

(3) 中国語文献

『李光耀談新加坡的華人社会』、1991年。

フィリピン

(1) 日本語文献

1) 単行本

マリア・ロザリオ・ピケロ・バレスカス、河口和也他訳『アジアの子どもの社会学―フィリピンの子どもたちはなぜ働くのか―』明石書店、1991年。

宮本勝・寺田勇文編『アジア読本 フィリピン』河出書房新社、1994年。

綾部恒雄・石井米雄編『もっと知りたいフィリピン 第2版』弘文堂、1997年。

市川誠『フィリピンの公教育と宗教―成立と展開過程―』東信堂、1999年。

2) 研究論文・報告書類

原喜美「フィリピンの国民統一と宗教・道徳教育」第三世界教育研究報告書『第三世界における国民統一と宗教・道徳教育』筑波大学教育学系比較教育研究室、1987年。

渋谷英章「フィリピンにおけるバイリンガル教育政策」村田翼夫（研究代表者）『東南アジア諸国における多言語社会と教授用語―国民統合政策との関連を中心として―』1989-90年度文部省科学研究費補助金（一般研究C）最終報告書、1991年。

ベトナム

(1) 日本語文献

1) 単行本

古田元夫『ベトナム共産主義者の民族政策史―革命の中のエスニシティ―』大月書店、1991年。

ディヴィッド・スローパー／レ・タク・カン編著、大塚豊監訳『変革期ベトナムの大学』東信堂、1998年。

2) 研究論文・報告書類

325

近田政博「ドイモイ体制下におけるベトナム高等教育の構造変化―ソビエトモデルからの転換」日本比較教育学会編『比較教育学研究』第24号、1998年。

石村雅雄・近田政博「ベトナム」馬越徹（研究代表者）『アジア地域の中等教育の内容と評価法に関する調査研究』1996-98年度文部省科学研究費補助金（国際学術研究）研究成果報告書、1999年。

ヴォ・ヴァン・セン監修、近田政博訳「ベトナム教育法（翻訳）」『名古屋高等教育研究』第1号、名古屋大学高等教育研究センター、2001年。

(2) 英語文献

Dang Nghiem Van, Chu Thai Son and Luu Hung, *Ethnic Minorities in Vietnam*, The GIOI Publishers, Hanoi, 1993.

United Nations Development Programme, Programme of the Government of Vietnam, *A Programme Initiative for Ethnic Minority Development in Vietnam*, 1994.

Ministry of Education and Training, Socialist Republic of Vietnam, *Vietnam Education and Training Directory*, Education Publishing House, 1995.

The World Bank, *Vietnam, Education Financing Sector Study*, 1996.

Viet Nam Inter-Censal Demographic Survey 1994, Education in Viet Nam : Trends and Differentials, Statistical Publishing House, Ha Noi, 1996.

Pham Minh Hac, *Vietnam's Education : The Current Position and Future Prospects*, The Gioi Publishers, 1998.

(3) ベトナム語文献

Pham Minh Hac, *Muoi Nam Doi Moi Giao Duc*, Xuat Ban Giao Duc, 1996（『教育刷新の10年』）.

ミャンマー

---

(1) 日本語文献
1) 単行本
飯田茂『カレン族の文化受容』創文社、1971年。
田辺寿夫『ビルマ民主化運動1988』梨の木社、1989年。
アウンサン・スーチー、ヤンソン由美子訳『自由』集英社、1991年。
田村克己・根本敬著『アジア読本　ビルマ』河出書房新社、1997年。
2) 研究論文・報告書類
文部省大臣官房調査統計課『ビルマの教育―文部省・外務省両省派遣アジア教育協力調査団報告書』1973年。
牧野勇人「ミャンマー連邦における宗教・民族の多様性と国民教育」アジア文化総合研究

所『アジア文化 第14号―特集東南アジア諸国の文化と教育―』1989年。
牧野勇人「多民族国家ミャンマー連邦の同化政策と教育」村田翼夫(研究代表者)『東南アジア諸国における多文化と国民教育』1989年度文部省科学研究費補助金(一般研究C)中間報告書、1990年。
牧野勇人「多民族国家ミャンマー連邦における言語教育」村田翼夫(研究代表者)『東南アジア諸国における多言語社会と教授用語―国民統合政策との関連を中心として』1989-90年度文部省科学研究費補助金(一般研究C)最終報告書、1991年。
吉中麻樹『ミャンマーの中等教育段階における公民教育―「良き市民」像のあり方―』筑波大学大学院教育研究科修士論文、1998年。

スリ・ランカ

---

(1) 日本語文献
1) 単行本
杉本良男編『もっと知りたいスリランカ』弘文堂、1987年。
2) 研究論文・報告書類
徐淑子「多民族国家スリランカにおける国民教育の問題点―シンハラ・タミル対立に関連して―」村田翼夫(研究代表者)『東南アジア諸国における多文化と国民教育』1989年度文部省科学研究費補助金(一般研究C)中間報告書、1990年。
徐淑子「多民族国家スリランカにおける言語教育――言語主義と英語教育―」村田翼夫(研究代表者)『東南アジア諸国における多言語社会と教授用語―国民統合政策との関連を中心として』1989-90年度文部省科学研究費補助金(一般研究C)最終報告書、1991年。
セートゥンガ・プラサード『日本の対スリ・ランカODA教育援助政策に関する研究―望ましい教育協力を生みだす決定・実施プロセスを求めて―』筑波大学大学院博士課程教育学研究科学位論文、1997年。

索　引

（ ）内の略語は次の通りである。（人）人名、（タ）タイ、（イ）インドネシア、（マ）マレーシア、（シ）シンガポール、（フ）フィリピン、（ベ）ベトナム、（ミ）ミャンマー、（ス）スリ・ランカ、（日）日本

A
alternative development ……………302
AOTS（日）→海外技術者研修協会
APEID（開発のためのアジア教育革新計画）
………………………………232
APPEAL（教育の完全普及に関するアジア・太平洋地域事業計画）…… 227,232,235,236
ASEAN（東南アジア諸国連合）
………………iii,v,247,263,298,299

B
BHN→基礎生活分野
bumiputra（マ）→ブミプトラ

D
DAC→開発援助委員会

E
Education for All→万人のための教育世界宣言

H
HPAEs（高いパフォーマンスを示している東アジア経済）…………241,242,245,246
HRD→人的資源開発

I
IAIN（イ）→国立イスラム宗教大学
IEA（国際学力到達度評価機関）………245

J
JICA（日）→国際協力事業団
JVC（日）→日本ボランティア・センター

K
KAFA ……………………………204

L
lingua franca→リンガ・フランカ

N
NGO ………………………302,303
NEP（マ）→新経済政策
NEP（シ）→国民教育計画

O
ODA（日）→政府開発援助
OECD ……………………240,247,311

P
PAP（シ）→人民行動党

S
SAP校（シ）→特別補助計画校
SEAMEO→東南アジア文部大臣機構
SMKA（イ）→宗教国民中等学校
SMP Kecil（イ）→小規模中学校
SMP Terbuka（イ）→公開中学校
SPM（マ）→マレーシア教育資格試験
STPM（マ）→高等教育資格試験

U
UNDP→国連開発計画
UNESCO→ユネスコ

V
vernacular school ………………………21

あ
アウストロアジア系 ……………………4
アウストロアジア語族 ……………5,120
アウストロネシア系 ……………………4
アウストロネシア語族 …………………5
アカ族……………………………45,298
アキノ（人）（フ）……………110-114,181
アセアン→ASEAN
アジア経済研究所（日）………255,256,309
アジア的価値…………27,28,84,92,278
アズハル大学 …………………………204
アダット………………………………303
アニミズム ………………15,36,37,55
アバンガン（イ）………………………55
アユタヤ王朝（タ）……………19,37,277

328 索引

アリヤラトネ(人)(ス) ……………… 302
アンダーソン(人) ………………………… 57
アンワル(人)(マ) ……………………… 191
い
イスラーム寄宿塾→ポンドック・プサントレン
イマーム ……………………………………… 20
イロカノ語 ………………………… 101,115,304
印僑 ………………………………………… 4,8,275
インドネシア語(イ) ……… 5,22,30,54,57,59-61,
　　　　　　　　67,101,186,192,229,230,263,295
インド系児童 ……………………………… 302,303
う
内世界 …………………………………………… iv,282
ウ・ヌー(人)(ミ) ……………………… 25,135,138
ウラマー …………………………………… 57,58,197
ウンマ ……………………………… 196,204,298
え
英語母語中学校(ミ) ………… 134,135,273,275
エスニシティ ………………………… i-iii,30,
　　　　　　　　　　　　215,298,300,301
エンパワーメント ……………………… 247,311
お
王国世襲型 ………………………… 29,294,296
オラン・アスリ(マ) ………………… 9,28,72
か
ガールスカウト ……………… 26,47,105,280,297
海外技術者研修協会(日) ………………… 254
回教寺院→モスク
外国人研修生(日) ……………………… viii,256
外国人労働者(日) ………………………………… ii
開発援助委員会 …………………………… 311
開発銀行 …………………………………… 202
開発スクール(日) …………… 255,256,309
開発政策 ………………………… 16,24,67,196,243
開発独裁 ……………… v,12,16-19,24,29,301
外文明 ……………………………………… iv,282,297
学生革命(タ) ……………………………… 24,46
華僑学校 ………………… vi,21,37,41-43,185,283
華語学校 ………………… 81,88,89,190,279,280,297

華語教育 ……………… vi,vii,25,76,88,89,185,
　　　　　　　　187,189-193,283,305
華語推進運動 ………………… 28,92,93,278
華人学校 ……… i,vi,25-27,41,43,60,61,73,107,
　　　　108,185,186-190,192-194,280,283,303
価値教育 …………… 110,111,156,157,213,278
価値教育プログラム(フ) ………… 110,111
学校教育基本法(イ) ……………………… 60
華文独立中学(マ) ………… 28,76,77,81,
　　　　　　　　188,277,283,297,306
カラチ会議 ……………………………… 244,245
カレン語 …………………… 133,134,140,141,224
カレン族 ………………………… i,8,133,139-141,
　　　　　　　224,276,277,285,297,298
き
キターブ …………………………… 20,56,197
機能的識字 ………………………… 231,232,285
機能的識字者 ………………………………… 45
キ・ハジャル・デワントロ(人) ………… 24
基本教育令(イ) …………………………… 57,58
キヤイ ……………………………… 20,56,57,197
九・三〇事件(イ) ……………………… 186,192
教育開発 ………………………… 245,246,302,303
教育開発計画 …………… 45,49,221,301,306
教育開発会議 ……………………………… 244,248
教育協力 ……… iv,vii,viii,240,247,248,311,312
教育投資 ……………………………………… 49,307
教育の民営化 ……………………… 49,306,307
教育法(1961年)(マ) ……………… 74,76,188
教育法(1996年)(マ) ………………………… 81,191
教育令(1957年)(マ) ………………………… 74
共有価値(シ) ……………………… 28,96,97
キリスト教教育 …………… vi,vii,208-210,
　　　　　　　　　212,214,215,282
銀河系的政体構造 …………………………… 10
均衡多元型 ……………… v,10,29,295,296
キン族(ベ) ……………………… 25,119,120,
　　　　　　　　　122,123,127,221,302
く
クォック・グー(ベ) ……………… 22,121,122,

　　　　　　　　　　　　221,229,278
クメール王国 ……………………… 37
クメール族 ……………4,5,9,119,122,166
グローバリゼーション ………iii,viii,304,315
け
ケソン(人)(フ)………………………104,108
研修生(日)………………vii,viii,249,253,
　　　　　　　　254,256,258,260,309-312
こ
公開中学校(イ)……………………63,64
高地における教育開発政策(タ)………45
公定ナショナリズム(タ)…………23,39,40
高等教育交流 ……………………vii,249
公民教育 ……………… 28,62,65,278
国際イスラーム大学(マ)…………80,205
「国際英語」……………………… 266-268
国際協力事業団(日) ………354,260,310
「国際語」……………………… 266-269
国際交流基金(日)………………258-260
国際識字年 ……………………… 226
国際識字の10年 ……………………226
呉慶瑞(ゴー・ケンスイ)(シ)…………91
国民型学校(マ) ………30,74,75,76,165
国民学校(マ)……………i,27,30,60,61,74,
　　　　　　　　　75,81,163,186,230,280
国民教育計画(シ) …………………96
国民教育制度法(イ)………………62,64,66
国民誓詞(シ) ………………… 26,90,96
国立イスラーム宗教大学(イ)……66,202,205
国立言語研究所(フ)…………………104
国立フィリピン大学(フ)………………103
国連開発計画 ………………………202
国家原理 ……………v,24,25,38,46,77,
　　　　　　　106,199,214,220,280,300,301
国家教育審議会(ス) …………… 148
国家教育哲学(マ)……………………77
国家信条(タ)→ラッタニヨム
国境警備警察(タ)………………220,221
コミュニケイティブ・アプローチ(タ)
　　　　　　　　　　　　……174,175

コーラン学習→プンガジアン・アルクルアーン
コロンボ計画 ………………………259
さ
サバ・サラワク(マ) …………71,72,76,79
サリット(人)(タ) …………………… 43
サルボダヤ・シュラマダーナ運動(ス)…302
サンガ ………………………… 14,15
産業的精神 ………………………300
山地民開発委員会(タ)……………… 45
サント・トマス大学(フ) ………102,208,273
サントリ(イ) ……………………55,56
し
寺院教育(タ) …………………19,37,277
識字キャンペーン……………………229,231
自主学校(シ) …………………… 306
持続可能な開発 ……………302,303,311
自治学校(シ) …………………… 306
自治区政策(ベ) …………………… 123
実力主義(シ) ………………… 86,91,92
シナ・タイ語 ………………………… 5
シナチベット語 ……………………… 5
市民軍事訓練(フ) ……………… 26,105
ジャウィ ……………………ii,20,28,65,204
シャム教育勅語(タ) …………… 23,39,297
シャリアー …………………… 203-205
シャン族(ミ) ………133,139,224,276,285,301
周縁的性格 ……………………… 279
儒家倫理(シ) ………………… 94,95,278
宗教イスラーム高校(イ) ……… 66,202,203
宗教国民中等学校(イ) ………………78,203
宗教知識科(シ) ………………28,93-96
「巡礼の旅」(イ)………………………57
小規模中学校(イ) ………………… 63
上座部仏教 …………… 6,7,19,133,159
少数民族山岳地域委員会(ベ)……… 127
少数民族自治区(ベ)………………25,123
植民地域世襲型 ……………… 29,295,296
ジョムティエン会議(万人のための教育世界会議) …………… 226,240,245

私立学校法(タ) ……………… 25,42,214,280
私立高等教育機関法(マ) …………… 80
シンガポール国立大学(シ) ………91,165
新紀元学院(マ) ………… 81,191,283,305
新経済政策(マ) ………………………75
新社会運動(フ) ……………… 26,105,106
新儒教主義(シ) ………………………93
人的資源開発 ………………………311
人的資本 …………………… vii,241,245
シンハラ・オンリー法(ス) ………27,147
シンハラ語(ス) ……… 22,24,27,145-149,
　　　　　　　　151,154,155,169,278,280
シンハラ人(ス)……i,27,145,147,149,152-154
神秘主義教団 …………………………7
人民行動党(シ) ………………………86
す
スコータイ王朝(タ) ……………19,37,277
スコラ ………………… vi,58,59,66,161,
　　　　　　　　198,200,201,273,274,284
スハルト(人)(イ) ……………26,63,64,67
スルタン ……………… 7,72,73,80,198
スルタン・イドリス教員養成カレッジ(マ)
　　……………………………… 73,80
スワーバーシヤ運動(ス) ………………24
スンナ………………………………78,169
せ
青年海外協力隊(日) ………… 248,259-261
「青年の誓い」(イ) ………………54,229
政府開発援助(日) ………………249,253
世界銀行 ………………… 226,240,243
セブ語(フ) ……………… 101,165,183
先住民族 …iii,28,71,72,79,81,86,198,303,304
そ
僧院学校(ミ) ……………… 20,134,135,
　　　　　　　　138,168,169,274,275
総合主義 ……………………………296
祖国解放戦争(ベ) ……………25,119,123
た
ターニン(人)(タ) ………………………46
タイ・カタイ系 ……………………218

タイ語 ……………… 6,25,27,38,41-46,49,
　　　　　　119,133,159,160,166,172,
　　　　　　174,175,202,214,220,221,229
タイ三原理 ………………… 46,47,280
第1次長期25か年計画(イ) ……………62
第2次長期25か年計画(イ) ……………62
第4次教育計画(タ) ……………………46
第6次開発計画(タ) ………………45,63
第7次国家教育開発計画(タ) ……49,306
第7次国家経済社会開発計画(タ) …49,306
第7次マレーシア計画(マ) ………79,306
第三世界 ……………………………iv,136
大乗仏教 ………………………………7
第二言語 ……………………87,90,165
タウヒード ……………………… 20,197
タガログ語(フ) ………… 101,104,106,107,
　　　　　　　　112,115,165,181-183,304
多種族主義(シ) ………………89,90,92,95
多層文化 …………………………36,37
タディカー ……………………………204
タノム(人)(タ) ………………………43
タマユット・ニカイ(タ) ………………7
タマン・シスワ運動(ス) ………………24
タミル語(ス) ……………… 21,22,27,28,75,
　　　　　　　　　　81,87,91,97,145,
　　　　　　147-149,151,155,175,187,277-280
タミル語(特例)法(ス) ……………147
タミル語学校 ……………… 21,25,30,73,
　　　　　　　　187,188,279,295,297
多民族国家………………i,71,119,123,133,146,
　　　　　　176,180,198,261,262,278,296,312
多民族社会………… vii,259,261,264,265,269
タンバイア(人) ………………………10
タンマー・チャリク(仏法の伝道)(タ) …18
ち
地域科(イ) ……… 28,65,67,295,303,304,306
チベット語 ……………………………5
チベット・ビルマ系／チベット・ビルマ語
　………………………………5,217,218
地方語 ……………22,30,55,57,59,103-107,

地方分権化 …… 111-113,159,161,166,227,228,263,264,273,275,276,279,295,304
地方分権化 …… 49,67,155,306,310,312
チャウン(ミ) …… 20,133,278
チャム語(ベ) …… 28,127
中央—周辺型 …… v,10,29,294,296
中華学校→華人学校
中国系学校→華人学校
チュノム(ベ) …… 120,121,228,229,274,278
チュラロンコン王(タ) …… 23,39,40,280

て
テナガ・ナショナル大学(マ) …… 80
テヘラン会議(非識字撲滅のための文部大臣会議) …… 231,232
伝統的価値 …… 26,90
伝統的国家 …… v,11,14,15,17,19,23

と
ドイモイ政策(ベ) …… 27,127,128,190,222,304
同化政策 …… 25,29,41,44,108,122,140,285,294,295,301
東京義塾(ベ) …… 24,121
統合学校(シ) …… 89
統合政策 …… iii,iv,viii,18,29,36,41,76,175,183,196,206,218,295,296
東南アジア文部大臣機構 …… 299
東遊運動(ベ) …… 23,121,276
特別補助計画校(シ) …… 92
トランスナショナル …… iii,304

な
ナショナル・アイデンティティー …… 46,296
南洋大学(シ) …… ii,26,91,187,188,190

に
二言語教育 …… 26,30,87,89-92,165,179,187
二言語主義 …… 91,190,230,280,295
二重経済 …… 11
日本語教育 …… vii,258-263,265-269,305,312
日本文化 …… 247,262,263,268,269,312
日本ボランティアセンター(日) …… 303
人間開発 …… 311

ぬ

ヌガラ型国家 …… iv,v,297

ね
ネ・ウィン(人)(ミ) …… 25,136,138,139,219
ネグリ(土侯国) …… 6,71,101,165,198,201
ネグリト …… 6,101

は
バイリンガル教育 …… 26,105,106,111-113,181,264,265,278,283,296,301,304
発信機能(日) …… 309,310
パッタニー土侯国(タ) …… 19,38,43
パテトラオ …… 220,223
ハディース …… 58,196,203
ハビビ(人)(イ) …… 67
バプテスト派 …… 8
バラモン教 …… 36,37
バランガイ(フ) …… 101,106
パーリ語 …… 19,136,227,274,278
反植民地主義 …… 12,14
バーンズ報告(マ) …… 74
汎タイ運動(タ) …… 39,42
バンダラナーヤカ(人)(ス) …… 27,147
パンチャシラ(イ) …… 26,28,55,59,62,65,199,212,280,281,295
パンディタ・スクール(フ) …… 109
万人のための教育世界会議 …… 226
万人のための教育世界宣言 …… 226,235,236

ひ
東インド会社 …… 209
非識字者 …… 122,135,136
非識字率 …… 234,248
ビジョンスクール(マ) …… 81
ビジョン2020年(マ) …… 79
ビネガ・トゥンガリイカ(多様性の中の統一)(イ) …… 55,295
ピープルズ・パワー(フ) …… 110
ピブン(人)(タ) …… 40-42
標準型学校(マ) …… 74
標準学校(マ) …… 74
ピリヴェナ(ス) …… 151,152,274,278
ピリピノ語(フ) …… 22,26,104,106,107

ビルマ化政策(ミ)‥‥‥‥‥ 136,139,140
ビルマ語(ミ)‥‥‥‥‥‥5,133-140,142,219
ビルマ式社会主義(ミ)‥‥‥‥‥‥‥219
ヒンドゥー教‥‥‥‥‥‥7,8,15,19,28,36,55,
　　　　　　　72,87,93,145,209,212,282

ふ
ファーニバル(人)‥‥‥‥‥‥‥‥‥11,71
フィクフ‥‥‥‥‥‥‥‥‥‥‥‥20,197
フィリピノ語(フ)‥‥‥‥‥30,106,111-113,
　　　　　　　115,181-183,279,283
フエ条約(ベ)‥‥‥‥‥‥‥‥‥‥‥121
フェン・ウー報告(マ)‥‥‥‥‥‥‥‥74
複合社会‥‥‥‥‥‥v,11,19-21,71,295,297
複合民族国家‥‥‥‥‥‥‥25,36,213,312
複線型教育制度‥‥‥‥‥‥‥‥‥‥‥21
ブーケ(人)‥‥‥‥‥‥‥‥‥‥‥‥‥11
プサントレン‥‥20,56-58,197,201,202,205,279
仏教日曜学校‥‥‥‥‥‥‥‥‥‥‥152
仏教日曜教育センター(タ)‥‥‥277,286,302
仏教復興運動(ス)‥‥‥‥‥24,146,277,278
ブミプトラ(マ)‥‥‥‥‥‥‥‥71,76,198
ブミプトラ政策(マ)‥‥‥‥‥7,26,29,75,76,80,
　　　　　　　176,177,199,276,284,295
プランテーション‥‥‥‥‥‥‥71,73,276
プリヤイ文化(イ)‥‥‥‥‥‥‥‥‥‥15
プロテスタント‥‥‥‥‥‥‥8,55,94,199,
　　　　　　　209,211-213,284,295
「文化啓蒙」(ベ)‥‥‥‥‥‥‥‥‥‥222
プンガジアン・アルクルアーン(イ)‥56,197
文化多元主義政策‥‥‥‥‥‥‥30,295,296
文化帝国主義‥‥‥‥‥‥‥‥‥‥‥262
文紳階層(ベ)‥‥‥‥‥‥‥‥‥‥‥228

へ
ベトナム語‥‥‥‥‥‥5,22,120-122,125,126,
　　　　　　　189,221,222,228,229,278
ペトロナス大学(テクノロジ・ペトロナス
　大学)(マ)‥‥‥‥‥‥‥‥‥‥‥‥80

ほ
ボーイスカウト‥‥‥‥‥‥‥23,26,40,41,
　　　　　　　111-113,181,229,264
ボウリング条約(タ)‥‥‥‥‥‥‥‥‥14
ホセ・リサール(人)(フ)‥‥‥‥‥26,104
ホーチミン(人)(ベ)‥‥‥‥‥‥‥25,229
ホーチミン市(ベ)‥‥‥‥‥‥119,125,127
ボーノ(タ)‥‥‥‥‥‥‥‥44,200,202,203
ポンドック‥20,21,44,56,57,197,201,274,284
ポンドック・プサントレイン(イ)
　　　　　　　‥‥‥‥‥20,56,201,202,277

ま
マジャパイト王朝(イ)‥‥‥‥‥‥‥‥7
マドラサ‥‥‥‥‥‥vi,26,58,59,66,109,
　　　　　　　197,198,200-203,277,284
マハティール(人)(マ)‥‥‥79,176,191,253
マラ工科専門大学(マ)‥‥‥‥‥‥‥76
マラヤ共産党‥‥‥‥‥‥‥‥‥‥43,88
マラヤ大学(マ)‥‥‥‥‥‥‥‥‥76,253
マラ理科下級カレッジ(マ)‥‥‥‥‥‥76
マルコス(人)(フ)‥‥‥‥26,105,108,109,111
マルチメディア・スーパー回廊(マ)‥‥82
マルチメディア大学(マ)‥‥‥‥‥‥176
マレー・カレッジ(マ)‥‥‥‥‥‥‥73
マレーシア語(マ)‥‥‥‥‥30,175,176,230,305

み
ミッショナリー‥‥‥‥26,102,210,273,275
ミッションスクール‥‥‥‥‥208,210-215,
　　　　　　　219,274,284
緑の革命‥‥‥‥‥‥‥‥‥‥‥‥242
ミャンマー語‥‥‥‥‥‥‥‥‥‥22,25
ミャンマー族‥‥‥‥‥‥‥‥‥‥‥25
民族自決権‥‥‥‥‥‥‥‥‥25,122,128
民族発展アカデミー(ミ)‥‥‥‥‥25,138
ミンダナオ大学(フ)‥‥‥‥‥‥‥‥109

む
ムハマディア(イ)‥‥‥‥‥‥‥‥‥58

め
メソジスト派‥‥‥‥‥‥‥‥‥‥‥210
メオ族‥‥‥‥‥‥‥‥‥‥‥222,298
メオ・ヤオ族‥‥‥‥‥‥‥‥‥217,218

も

「もう一つの開発」……………… 302
モスク………………………19,20,196
モロ民族解放戦線(フ)……………200
モン・クメール系…………………119
モン・クメール語派…………………5
モン・クメール族……………………5
モン族………………4,5,9,133,223,298
モンロー・コミッション(フ)…………104

や
ヤオ族……………………………45,222

ゆ
ユネスコ……135,226,227,232-235,244,248,251
ユーラシアン………………………57

ら
ラザク報告(マ)……………………74
ラタナコーシン王朝(タ)……………23
ラック・タイ(タ)…………40,44,46,280
ラッタニヨム(タ)……………………42
ラッフルズ(人)(シ)………………87
ラフ族……………………………8,45,298
ラーマ五世(タ)→チュラロンコン王
ラーマ六世(タ)→ワチラウット王
ラーマン・タリブ報告(マ)…………74,279
ラモス(人)(フ)……………………114,115

り
李光耀(リー・クアンユー)(人)(シ)……26
リス族………………………………45
立憲革命(タ)…………39,40,42,43,229
留学生(日)………………vii,80,82,240,
247,249-253,309-312
留学生受け入れ10万人計画(日)……250,251
リンガ・フランカ…………………54,115
倫理政策(イ)…………………57,273,275

る
ルク・ネガラ(マ)…………………214,280
ルック・イースト政策(マ)………252,253
ルークスア(タ)……………………40

わ
枠内小集団自主活動………………310,312
ワチラウット王(タ)………………23,40,50
ワトソン(人)……………………294-296
ワヒド(人)(イ)……………………67

執筆者一覧と執筆分担：東南アジア諸国における国民統合と教育　　（執筆順）

村田　翼夫　（序、第1章第4節、第2章第1節、第5章第1・2・3・4節）
　　　　　　筑波大学教育学系　教授
小野澤正喜　（第1章第1・2・3節）
　　　　　　筑波大学歴史・人類学系　教授
西野　節男　（第2章第2・3節、第3章第3節）
　　　　　　名古屋大学大学院教育発達科学研究科　教授
杉村　美紀　（第2章第3節、第3章第2節）
（髙橋）　　広島大学教育開発国際協力研究センター　客員研究員
池田　充裕　（第2章第4節、第3章第1節）
　　　　　　日本学術振興会　特別研究員
渋谷　英章　（第2章第5節、第3章第4節）
　　　　　　東京学芸大学教育学部　助教授
石村　雅雄　（第2章第6節）
　　　　　　京都大学高等教育教授システム開発センター　助教授
牧野　勇人　（第2章第7節）
　　　　　　全国共済農業協同組合連合会研修部　主任調査役
土屋　博子　（第2章第8節）
　　　　　　筑波大学大学院地域研究科　院生
手嶋　將博　（第3章第1節）
　　　　　　筑波大学大学院教育学研究科　院生
渋谷　　恵　（第3章第5・6節）
　　　　　　筑波大学教育学系　講師
豊田　俊雄　（第4章第1節）
　　　　　　東京国際大学　名誉教授
山本　一巳　（第4章第2節）
　　　　　　愛知大学現代中国学部　教授
野津　隆志　（第4章第3節）
　　　　　　神戸商科大学商経学部　助教授

編者紹介

村田　翼夫（むらた　よくお）

1941年生まれ。京都大学教育学部卒業、同大学大学院博士課程単位取得退学。京都大学教育学部助手、国立教育研究所主任研究官、筑波大学教育学系助教授を経て現在、筑波大学教育学系教授。比較・国際教育学専攻。

主要著書：「東南アジア諸国における教育改革」（『教育経営の国際的動向』、ぎょうせい、1987年）、『アジア・太平洋諸国の国際教育協力・援助の実態と課題』（共著、国際教育協力・援助研究会、1990年）、『バイリンガル・テキスト　日本の教育 (*Education in Japan*)』（共編著、学習研究社、1998年）、『アジア諸国に対する日本の教育の影響に関する実証的比較研究』（研究代表、科研費研究報告書、1999年）ほか。

National Integration and Education in Southeast Asian Countries
——Conflict in Multi-ethnic Societies——

東南アジア諸国の国民統合と教育──多民族社会における葛藤

2001年2月28日　初　版第1刷発行　〔検印省略〕

＊定価はカバーに表示してあります

編者 ⓒ村田翼夫／発行者　下田勝司

印刷・製本 中央精版印刷

東京都文京区向丘1-5-1　郵便振替00110-6-37828
〒113-0023　TEL (03) 3818-5521(代)　FAX (03) 3818-5514

株式会社　発行所　東信堂

Published by TOSHINDO PUBLISHING CO., LTD.
1-5-1, Mukougaoka, Bunkyo-ku, Tokyo, 113-0023, Japan

ISBN4-88713-388-X C3037 ￥4400E
E-mail:tk203444@fsinet.or.jp

東信堂

比較・国際教育学【補正版】	石附　実編	三五〇〇円
日本の対外教育──国際化と留学生教育	石附　実	二〇〇〇円
比較教育学の理論と方法	J・シュリーバー編著／馬越徹・今井重孝監訳	二八〇〇円
世界の教育改革──21世紀への架け橋	佐藤三郎編	三六〇〇円
教育は「国家」を救えるか──質・均等・選択の自由〔現代アメリカ教育１巻〕	今村令子	三五〇〇円
永遠の「双子の目標」──多文化共生の社会と教育〔現代アメリカ教育２巻〕	今村令子	二八〇〇円
ドイツの教育	天野正治・別府昭郎・結城忠編	四六〇〇円
21世紀を展望するフランス教育改革──一九八九年教育基本法の論理と展開	小林順子編	八六四〇円
フランス保育制度史研究──初等教育としての保育の論理構造	藤井穂高	七六〇〇円
変革期ベトナムの大学	D・スローパー／レ・タク・カン編　大塚豊監訳	三八〇〇円
フィリピンの公教育と宗教──成立と展開過程	市川　誠	五六〇〇円
国際化時代日本の教育と文化	沼田裕之	二四〇〇円
社会主義中国における少数民族教育	M・メイベリー／J・ハウルズ他　秦明夫・山田達雄監訳	二〇〇〇円
ホームスクールの時代──学校へ行かない選択：アメリカの実践	小川佳万	四六〇〇円
東南アジア諸国の国民統合と教育──多民族社会における葛藤	村田翼夫編	四四〇〇円
ボストン公共放送局と市民教育	赤堀正宜	四七〇〇円
現代英国の宗教教育と人格教育（PSE）	新井浅浩編	五二〇〇円
現代の教育社会学──マサチューセッツ州産業エリートと大学の連携	柴沼晶子編	二五〇〇円
子どもの言語とコミュニケーションの指導──教育の危機のなかで	能谷一乗	二八〇〇円
教育評価史研究──教育実践における評価論の系譜	天野正輝	四〇七八円
日本の女性と産業教育──近代産業社会における女性の役割	三好信浩	二八〇〇円

〒113-0023 東京都文京区向丘１−５−１　☎03(3818)5521　FAX 03(3818)5514　振替 00110-6-37828

※税別価格で表示してあります。